本书为国家社会科学基金一般项目“学校利益相关者视角下 实施高考新方案的教育功效研究 ”（14BGL128）的部分研究成果

高考改革热点与难点问题研究

刘清华 著

浙江教育出版社·杭州

图书在版编目(CIP)数据

高考改革热点与难点问题研究 / 刘清华著. —杭州：浙江教育出版社，2017.12

(高考制度变革与实践研究)

ISBN 978-7-5536-6770-6

Ⅰ.①高… Ⅱ.①刘… Ⅲ.①高考-教育改革-研究-中国 Ⅳ.①G632.474

中国版本图书馆CIP数据核字(2017)第321682号

责任编辑 严笑冬　　**责任校对** 池 清
美术编辑 韩 波　　**责任印务** 陈 沁

高考制度变革与实践研究
GAOKAO ZHIDU BIANGE YU SHIJIAN YANJIU

高考改革热点与难点问题研究
GAOKAO GAIGE REDIAN YU NANDIAN WENTI YANJIU

刘清华 著

出版发行 浙江教育出版社
(杭州市天目山路40号　邮编：310013)
图文制作 杭州林智广告有限公司
印刷装订 杭州富春印务有限公司
开　　本 710mm×1000mm　1/16
印　　张 18.5
插　　页 2
字　　数 283 000
版　　次 2017年12月第1版
印　　次 2017年12月第1次印刷
标准书号 ISBN 978-7-5536-6770-6
定　　价 40.00元
联系电话 0571-85170300-80928
网　　址 www.zjeph.com

总 序

FOREWORD

高考是中国教育改革的关键环节，而整个考试招生制度又是以高考制度为核心的。2014年8月29日，中共中央政治局会议审议通过了《关于深化考试招生制度改革的实施意见》。会议指出，考试招生制度是国家基本教育制度，是人才培养的枢纽环节，关系到国家发展大计，关系每一个家庭的切身利益，关系亿万青少年学生的前途命运。改革开放以来，我国教育考试招生制度不断改进，为学生成长、国家选才、社会公平做出了重要贡献。这是对以高考为核心的考试招生制度的重要而精练的评价。

2014年9月4日，国务院发布《国务院关于深化考试招生制度改革的实施意见》，进一步指出：考试招生制度“对提高教育质量、提升国民素质、促进社会纵向流动、服务国家现代化建设发挥了不可替代的重要作用。这一制度总体上符合国情，权威性、公平性社会认可”。这份纲领性文件充分肯定了考试招生制度的功能与作用，强调了改革开放以来考试招生制度改革取得的成就，是一个实事求是的基本判断。确实，以往高考在科学选拔人才、保证高校生源的质量，促进学生努力向学、提高民族文化水平，维护教育公平、稳定社会秩序，促进社会流动、保持社会活力等方面，一直起着重要的作用。改革开放30多年来，我国基础教育水平的提高、经济的腾飞、社会的发展，都与高考的恢复和改革密不可分。经过高考选拔的人才在接受高等教育后成为国家各行各业的骨干力量和栋梁之材，推动了中国经济的飞速发展，高考制度的积极意义应该充分予以肯定。

同时，该实施意见也指出了目前考试招生制度存在的弊端：“主要是唯分数论影响学生全面发展，一考定终身使学生学习负担过重，区域、城乡入学机会存在差距，中小学择校现象较为突出，加分造假、违规招生现象时有发生。”高考制度也确实存在很多局限性，因为竞争性的统一考试会诱发应试的顽症，如造成学生学习时间长、体育锻炼少、一定程度的偏科、只重分数不重平时表现，等等。虽然各种教育文件中都明文规定全面考核学生的德、智、体、美，择优录取，但在实际操作中，基本上是以“智”即高考分数来衡量学生的。尤其是平行志愿录取模式，更是将分数的重要性推向极致。在某些人口大省，高考分数集中的分数段，提升一分就可能超越千人，因此学生更是竭尽全力地追求分数。

为了克服应试造成的弊端，必须对高考制度进行变革。作为人们共同遵守的办事规程或行动准则，制度一旦形成，便具有一定的稳定性和刚性的约束力。高考制度的利弊都很显著，要对长久以来形成并得到多数民众拥护的高考制度进行变革，具有很大的难度，任何微小的变动都会引起全社会的关注。如何使高考制度与国家人才培养和社会人才需求有机结合起来，使之高效地服务于新时期国家社会经济的发展，是一个全局性问题。因此，必须在长远规划和全面研究的基础上，积极稳妥地推进高考制度变革。

2017年是进行高考综合改革试点的上海、浙江的“3+3”科目改革完成一轮进入录取阶段的年份，也是总结成效和经验、准备推广实施的重要年份，而且是纪念恢复高考40周年的特别年份。高考改革各方面都在推进，出现了许多新气象、新挑战、新问题，亟须进行全面、系统的研究。应高考制度变革的时代与社会需要，我们组织编写了这套“高考制度变革与实践研究”丛书。

本丛书已列入2017年国家出版基金项目。丛书突出高考改革进入新阶段之后的考试招生制度的变化，直面出现的新气象、新挑战、新问题，力图对高考制度变革理论、国外高校招考制度、高考改革热点与难点问题、异地高考政策与随迁子女社会融入、高考录取制度改革、试点省市高考改革、高考改革形势下的基础教育变革、高考法律问题等方面进行系统的研究，为高考制度变革提供理论依据和政策建议，具有特别明显的现实意义和历史意义。

刘海峰

2017年4月12日

目录
CONTENTS

第一章

导论：高考综合改革的复杂性

高考是一项具有鲜明中国特色的教育考试制度。作为中学与大学之间的桥梁，高考不仅对大学选拔新生、中学的教育和教学具有调节与指挥作用，而且承载着整合教育系统、维系社会稳定的重任。它上关国家安定和民族前途，下系青年学生的个人命运和千家万户的喜怒哀乐，历来是社会各界关注的一个焦点。2014年9月，《国务院关于深化考试招生制度改革的实施意见》明确了考试招生制度改革的总体要求、主要任务和措施，标志着高考招生制度改革揭开了新的序幕。与此同时，上海和浙江高考综合改革方案正式出台并率先启动试点工作，其他各省份的考试招生制度改革方案也陆续出台。考试招生制度改革是一项系统工程，人们经常用“牵一发而动全身”来形容高考综合改革的复杂性，其问题表现复杂，影响因素复杂，理论视野复杂。只有理论先行，在试点中不断总结，方可稳步推进高考改革并更好地发挥其积极的教育功能和社会功能。

第一节
问题表现的复杂性

高考综合改革问题表现的复杂性，主要涉及高校招生区域均衡问题、高校自主招生问题、高考科目与内容改革问题、高校招生综合评价问题、高考加分政策问题、高考保送生制度问题、艺体类招考政策问题等。这些问题的根源在于高校需要用高考制度来保证生源的质量，考生需要通过高考进入自己心仪的高校学习，因此考生与高校的矛盾成为高考综合改革需要着力解决的根本矛盾。这提示我们要注意高考改革的全局观，充分考虑不同考生的需求，充分考虑不同高校的要求，力求形成改革共识，尽可能避免出现彼此互相牵制进而阻碍改革前行的状态。

一、高校招生区域均衡问题

高校招生区域均衡问题，直接关系到社会稳定。从1952年我国实施统一高考后，就实行招生名额地区分配录取的方式，要求各校将招生名额报各大行政区的教育主管部门，由各大行政区的教育主管部门上报教育部审批。各大行政区教育主管部门对本区域当年实际参加高考的人数进行调查统计，教育部再根据报考的实际人数调整招生计划的名额分配。此项规定可以视为中华人民共和国成立后高校招生名额地区分配制度的开端。

自1977年恢复高考以来，我国高校招生的名额配置一直采取行政主导的招生计划分配方式。20世纪90年代以来，随着市场经济的深入发展，我国东西部经济发展差距扩大，基础教育和高等教育资源的数量和质量差距明显，高校的本科生招生计划在各省的名额分配也越来越不均衡。近年来，国家注意到了这个问题，出台了各种调整政策：将招生计划向入学机会偏少的人口大省、贫困地区和农村家庭适当倾斜，部属高校和省属重点高校安排一定比例的招生名额投向边远、贫困、少数民族地区，定向招收优秀农村学生，增加农村学生上重点高校的人数，提高中西部地区和人口大省的高考录取率。另外，逐步降低部属高校属地招生计划比例，促进优质高等教育资源在全国范围内的均衡配置。招生计划分配为什么出现越来越大的地区差距？未来的高考招生计划分配改革应该坚持什么原则？所有这些问题，都需要从学理上深入思考。

2014年国务院出台有关高考改革的实施意见，明确提出要缩小不发达地区高考录取率和发达地区的差距。而借发达地区高考生源减少这一契机，调整各地的招生录取比例成了重要的政策选项。2016年江苏、湖北等省出现的“外调高考招生指标事件”，以各省宣布不会减少本科招生计划特别是重点高校的本科招生计划而平息。如2016年，国家根据各地各部门普通高等教育招生计划和相关工作方案，要求高等教育资源丰富、2016年升学压力较小的湖北、江苏等12个省（区、市），在上年常规跨省生源计划和2016年协作计划的基础上，进一步增加面向部分中西部省（区、市）的生源计划。12省（区、市）调出跨省生源计划总数16万，其中湖北省4万，江苏省3.8万，引发各地考生及家长的极大关注。但由于我国高考实行分省按计划录取的办法，所以各地考生和家长对高考录取是否公平很敏感。这是在调整高考录取指标、推进高考公平的进程中必须直面的问题，也是未来高校招生计划政策调整时需要注意的问题。

二、高校自主招生问题

高校自主招生自2003年启动以来，至今已有10多年历史。它是为了解决统一高考所带来的一些弊端，包括不利于学生全面发展、压制创新人才培养的唯分数论等问题。这种模式在一定程度上弥补了统一高考录取的不足，打破了单一高考招生模式，为高中优秀学生提供了更多的平台和机会。

自主招生10多年的发展进程一直伴随着争论。如在考试形式上，是笔试好还是面试好；在考试时间上，是高考前好还是高考后好；在考试内容上，是不超过考试大纲好还是超出考试大纲好，是难一点好还是不难好；在考试规模上，试点高校是多一点好还是少一点好；在选拔对象上，是招收“全才”好还是招收“偏才”“怪才”好；等等。其中，最大的争议是自主招生的公平性问题。很多人认为，相对于统一招生，自主招生对农村学生更不公平。甚至有人干脆说，自主招生是精英角逐的场域，是对学业成绩突出、综合素质优秀的精英人才的选拔，这明显有利于经济资本和文化资本具有显著优势的家庭的学生。高校自主招生过程中，其受众群体出现了较为显著的单一趋势，即城市化、优势家庭阶层传递等考生群体的“精英化”趋向，这使得自主招生选拔出现了一定程度的异化。[①]

未来自主招生该如何走？2014年的高考改革新方案对此有原则性的界定，要求：“完善和规范自主招生。自主招生主要选拔具有学科特长和创新潜质的优秀学生。申请学生要参加全国统一高考，达到相应要求，接受报考高校的考核。试点高校要合理确定考核内容，不得采用联考方式或组织专门培训。规范并公开自主招生办法、考核程序和录取结果。严格控制自主招生规模。2015年起推行自主招生安排在全国统一高考后进行。”但从2015年的自主招生情况看，除了考试时间在高考后，人们并未看到其与过去有多少差异。因而，争论或将继续存在。未来高校自主招生的制度该如何进一步完善和规范，还需要从理论上进行深入研究。

三、高考科目与内容改革问题

高考科目和内容改革对中学教育教学有直接的引导作用，并在很大程度上决定着高校的生源质量。目前我国实施的高考新方案包括了高考、高中学业水平考试和学生综合素质档案评价，正是为了从招生政策上给学生全面发展和个性发展以更好地引导。

自1977年恢复统一高考制度以来，考生在“德”“体”素质基本合格的前提下报考大学，高校招生考试的学生评价指标，主要集中在表现为“智”的学业评价方面，高校是否录取学生主要看其学科考试总分是否达标。其评

① 荀振芳，汪庆华．自主招生：精英角逐的场域[J]．清华大学教育研究，2011(8)：56.

价体系的历史变迁，主要体现为考试科目的演变。恢复高考以来考试科目的变迁，除了1988年上海试验过“上海方案”，1991年湖南、海南、河南试验过“三南方案”之外，总体上有两个变化：一是恢复高考后从“文革”前的5～7门高中课程，变成长时期固定实行的“分科模式”，即文科考生考语文、数学、外语、政治、历史、地理，理科考生考语文、数学、外语、物理、化学、生物；二是2000年“3＋X”科目组的大规模推行，“3”指的是语文、数学、外语三门科目，“X”的科目则各省市不同，大多数省市实施的是文科综合与理科综合。从“分科模式”转向“3＋X”科目改革的基本动因，是为了减轻学生学习负担，体现学生的选择性。大量的省市在“X”部分，选择“文科综合与理科综合”，则是为了引导发展学生的综合能力，并体现高校的文理性向要求。

2014年开始试点高考新方案的考试科目是“3＋6/7选3”。“3”指的是语文、数学、外语，实行统考。“6/7选3”指的是学生从政治、历史、地理、物理、化学、生物6科或者加上技术（含通用技术和信息技术）7科高中学业水平考试中选择3门作为高考科目，成绩计入高考成绩。高考是选拔性考试，高中学业水平考试是水平性考试，如何处理二者的关系并做好试题命制工作，更好地促进学生的发展，同时有利于大学的选才，成为当前学术界讨论的热点问题。高考科目的选择性带来的师资、教室、学生考试成绩等值问题，也是当前研究的热点问题。此外，2016年开始，全国除北京、天津、上海、浙江、江苏外的26个省（区、市），语文、数学、外语三科的高考卷均已经使用全国卷[①]，如何看待由分到合的管理体制改革，也需要从学理上深刻反思。

四、高校招生综合评价问题

对学生实施综合评价是欧美国家大学招生的主要方式，是依据各种资料对学生各方面发展情况进行评价后做出的整体等级评价，其基本意思包含了我国提出的德、智、体全面发展以及个性发展理念。目前，这一理念已经融

① 不包括我国香港特别行政区、澳门特别行政区、台湾省数据，本书中数据如未特别注明，均不包含香港、澳门、台湾地区数据，下不另注。

入我国的统一高考招生和高校自主招生方案。不过，在高考新方案中，综合评价是作为一个与高考、高中学业水平考试并列的单独的评价要素提出来的。尽管文件规定的综合评价本身也包含了思想品德、学业水平、身心健康、艺术素养、社会实践五个方面的内容，但与欧美国家的大学招生综合评价概念相比，存在明显的差异。还有一个特别不同的地方是，发达国家大学招生的综合评价，更多地考虑了种族、地域、民族、性别等因素，是为了调和不同阶层学生群体利益的一个考量，而非我国所说的仅仅指学生素质的全面评价。关于这方面，我们可以从杰罗姆·卡拉贝尔（Jerome Karabel）所著的《被选中的：哈佛、耶鲁和普林斯顿的入学标准秘史》中了解一些。①

自1977年恢复统一高考以来，我国就规定了高校招生要实施德、智、体等方面的综合评价、择优录取原则。但至今实施的综合素质评价，很大程度上仍然是对各种考试成绩的综合评价。这种结果，虽然符合学校教育的认知目标要求，但也容易导致学校主抓考试成绩，而不利于学生的全面发展和个性发展。比如，人们对基础教育弊端的批评文章可谓汗牛充栋，并用“应试教育”一词来概括，常见的说法是“重智轻德体美心(理)说”。还有学者指出，“智”也重视得比较片面。片面性之一，现行高考重智，轻德、体、美、劳，基本上属于“智力中心论”。就此而言，它很像教育史上的“形式训练说”的再现，造成教育过程的偏向性以及由此造成的学生整体素质发展的片面性。片面性之二，就智育而言，现行高考基本上属于“知识中心论”，又像是“实质训练说”的贯彻执行，因而对教育过程的导向必然是重知识轻能力，进而又造成学生智能发展的片面性。其主要原因，在于没有建立一个以学科检测为主，以全面考核为辅的多元化高考制度。②

在高考新方案中，综合素质评价既是亮点，也是难点。说它是亮点在于学生的全面发展和个性发展似乎有希望得到落实，说它是难点在于如何进行综合素质评价，才能保证这种评价在中国国情下的真实性和有效性。按照我

① [美] 杰罗姆·卡拉贝尔. 被选中的：哈佛、耶鲁和普林斯顿的入学标准秘史 [M]. 谢爱磊，周晟，柳林，译. 北京：中国人民大学出版社，2014.

② 胡中锋，董标，李方. 我国高考的回顾与反思——兼论“新高考制度”的出发点 [J]. 江西教育科研，1997(4)：65.

国高考改革进程，未来所有高校招生都要实施学生综合素质档案评价。这对多年来习惯依据考试分数录取学生的高校招生而言，无疑是很大的挑战。因为无论是2003年以来的重点高校自主招生，还是2011年以来的浙江省地方院校的自主招生，都没有涉及学生综合素质档案评价问题。所以，把握好综合素质档案评价的着力点，是高校招生面临的重大挑战。是否实施得好，对高校而言关系到生源质量，对学生而言关系到能否被公平地录取，对高中而言关系到其对学生发展多样化引导是否成功。这就要求高校任何招生综合评价政策的出台，都要有充分的理论依据和实践依据。

五、高考加分政策问题

最初，高考加分政策是国家对高等教育入学机会的一种调整。

我国1952年建立统一高考制度伊始就有高考加分政策，1977年前多属于政策性照顾，之后到2000年主要以奖励为主，21世纪初期则以照顾和奖励并重。[①] 2010年11月14日，教育部会同相关部门联合发布了《关于调整部分高考加分项目和进一步加强管理工作的通知》，取消了各类竞赛加分的保送资格并对体育特长生加分项目进行了缩减。2014年开始，各省（区、市）纷纷对高考加分政策进行大幅度瘦身，有的下调加分分值，有的缩减项目，这些举措获得了民众的广泛拥护。深入反思这种巨大的变化，对保障高考制度的公平公正，具有明显的启示价值。一种好的制度安排应该体现分配的正义，这有助于减少不同地区、不同阶层人们受教育权不平等现象的发生。

《国务院关于深化考试招生制度改革的实施意见》（以下简称《实施意见》）中，仍保留了部分合理的加分项目，这意味着“高考加分政策”在未来相当长的时期内仍会贯彻执行，同时，教育部的“阳光高考”信息平台，将成为权力的监管平台。以奖励为主、补偿为辅的高考加分政策，会在一定程度上拉大不同阶层、地区和社会群体间在高等教育入学机会上的差距，曾在一定时期内有加剧高考制度的不公平性、激化社会矛盾的倾向，因

---

① 李木洲. 高考加分政策的变迁及问题透视 [J]. 山东高等教育，2014(7)：65.

此，淡化奖励、突出补偿或是高考加分政策改革的必然要求。[1] 弱势群体学生都应该成为教育政策补偿的对象，问题是，如何界定弱势群体以及如何进行补偿，仍是一个需要大力探讨的学术问题。

六、高考保送生制度问题

早在1958年，我国一些大学就对工人、农民、工农干部、工农速成中学的优秀毕业生，采取免试保送的办法。由于生源质量下降，1959年停止招收保送生。1984年，国家教委在北京师范大学、山东矿业学院、四川农学院等10多所高校开展招收保送生试点工作，1985年保送生试点范围扩大到包括北京大学等在内的43所高等学校。保送生不需要通过统一高考就可以进入高校学习，但高校招收保送生的资格后来历经多次调整。1999年，教育部规定所有保送生都需要参加综合能力测试。2001年，教育部在压缩保送生名额的同时取消了综合能力测试要求。直到2007年，教育部才又恢复了保送生需要参加高校组织的测试才能入学的要求。

保送生制度实行至今，其存废及教育影响一直是个热点问题。主张取消该制度者质疑该制度的公平性与公正性，认为该制度容易滋生权钱交易的腐败行为，影响社会的公平公正。主张保留该制度者，则要求兴利除弊，大力改革，剔除腐败因素，继续探索合理的保送生制度模式，以扩大高校招生自主权，同时利于中学实施素质教育。按照教育部等五部委2010年出台的政策，从2014年高考开始，五大奥赛的多数获奖者都不再拥有保送资格。新政规定，除了高中阶段获得全国奥赛(数学、物理、化学、生物学、信息学)决赛一等奖并入选国际奥赛国家队集训的学生保留保送资格外，奥赛的全国决赛、省级赛的获奖者都不再有保送资格；高中阶段参加全国青少年科技创新大赛(含全国青少年生物和环境科学实践活动)、“明天小小科学家”奖励活动、中小学电脑制作活动获得一、二等奖，或参加国际科学与工程大奖赛、国际环境科研项目奥林匹克竞赛获奖的学生，也不再具有保送资格。但这些学生如果参加高校自主招生，在同等条件下高校可以优先予以录取。

---

① 傅添，李婷婷. 淡化奖励、突出补偿是高考加分政策的必然要求 [J]. 教育理论与实践，2011（7）：11.

保送生制度作为统一高考制度的补充机制，至今仍在实施。但全国保送生数量有限，每年仅几千学生，且多数为外国语中学的优秀学生。如何适应新的教育形势和社会发展要求，满足新的高校招生要求，改革保送条件和测试要求，值得我们深入研究。可以看到的是，如今已对保送生制度进行全面监管，保送流程被纳入“阳光高考”信息平台。高校如何根据新的培养目标招收符合标准的学生，用好这个绿色招生通道，是一个重要的研究课题。毕竟，我国每年的考生上千万，需要根据人才类型设置不同的招生渠道，形成让各类人才脱颖而出的机制。

七、艺体类单独招考政策问题

艺术、体育类特长学生的单独招考政策，在1949年后就有了一定的规范要求。艺体类特长生的类别很多，第一类是普通高校招收的艺体类特长生，这是高校招生的重要组成部分。这些学生对推动高校素质教育起到了积极的示范和导向作用，成为高校艺体活动的一道亮丽风景线。第二类是艺体专业招收的学生，目的是培养他们成为未来的艺体类高级专业人才。

20世纪90年代初，教育部在全国部分高校启动招收艺术、体育类特长生的试点工作，招生人数控制在国家核定的高校年度招生计划总数的1%以内。体育特长生的招生又叫高水平运动员招生，是指经过教育部批准的招生高校，根据本校高水平运动队项目的建设需要，从参加全国普通高校统一招生考试的学生中特招有体育特长且又符合高等学校年度招生工作规定的学生。

随着时间的推移，这两类特长生的招生工作也出现了不少问题。就对艺术特长生而言，优惠的招生政策导致很多特长生应试心态严重，提升素质的想法不多，这使得学生片面注重艺术特长而忽视了文化课的学习。就体育特长生而言，最大的问题是体育特长生的招生目的比较模糊，即学校并非培养专业的高水平运动员，而体育对考生本人专业学习的促进不大，体育特长仅仅成为学生进入大学的敲门砖；体育特长生职业发展的不确定也影响到人才的培养。[①] 如果把素质教育界定为和应试教育相对立的教育模式，以实现学

① 刘玉祥，程新圩，李立峰. 体艺科特长生招生政策的问题及对策研究——以上海市为例 [J]. 考试研究，2012(6)：66.

生的全面发展的话，从某种程度上可以说，通过招收艺术特长生来推进素质教育的目标基本没有真正实现过。[①] 大学招收体育特长生，其主要目的在于活跃校园文化和在校际体育比赛中争得荣誉。因此，《顶尖大学还需要招收艺术特长生吗》一文中所探讨的问题，对体育特长生而言也一样存在。[②] 未来的艺体类特长生招生政策是存是废，是一个重要的学术问题。

艺体类专业人才培养的招考政策，也有自身的问题。艺术类高考自1999年高校扩招后，其规模急剧扩大，在21世纪初出现了艺考热的现象。以美术为例，除专业美术院校外，一些综合大学、师范类大学、多科大学甚至一些单科大学也纷纷成立二级学院，扩大美术类专业招生规模。其结果就是大量艺考生文化素质相对较低，专业素质也堪忧，毕业后就业较难。对于体育类高考生而言，与艺术生相似的问题是文化素质偏低，最被诟病的是体育类高考加分中丑闻不断，致使体育高考加分失去了培养体育人才的意义。[③] 在高等教育大众化深入发展的形势下，未来如何增强艺体类高考中两类人才选拔的科学性和公平性，完善艺体类高考制度，具有现实和理论研究的重要价值。

---

① 秦春华. 顶尖大学还需要招收艺术特长生吗? [N]. 光明日报，2016-01-26.

② 秦春华. 大学为何偏爱体育特长生 [N]. 光明日报，2016-05-24.

③ 赵仁伟，潘林青，焦国栋. 丑闻缠身，体育类高考加分意义何在 [N]. 新华每日电讯，2010-03-16.

第二节
影响因素的复杂性

影响高考改革的因素，既有社会、政治、经济系统的因素，也有教育系统的因素，还有高考系统自身的因素。这些因素叠加在一起，共同形成了高考改革的动力或者阻力。高考改革实践，就是逐步克服阻力、寻求动力的过程，从而使得高考系统和教育系统、社会系统三者之间形成良性互动并呈现出选人、育人、用人相互促进的格局。

一、社会系统因素

社会系统因素，主要有政治经济因素、文化传统因素以及科技因素，这些因素共同推动或者阻碍着高考改革实践。

（一）政治经济因素影响高考的机制

政治经济因素影响高考改革，主要是影响学生参加高考的权利和机会，影响高考的竞争程度，影响高考的内容以及管理方式。

第一，从学生的高考权利来讲，政治经济因素决定了谁有资格参加高考。我国规定考生必须遵守中华人民共和国宪法和法律，因触犯刑法已被有关部门采取强制措施或正在服刑者是没有报考资格的。另外，一般要求考生在户籍所在地参加高考。改革开放以来，随着市场经济的发展和城市化进程的加快，我国出现了越来越多的流动人工，目前多数省市都出台了随迁子女异地参加高考的资格条件。设定条件，有序放开随迁子女异地高考，正是政治经济因素影响高考的典型案例。政治经济因素影响高考的极端案例，是“文化大革命”期间，取消了统一高考制度。

第二，高考的竞争程度,总体上会明显受高等教育资源供求关系这个政治经济因素的直接影响。1999 年高校扩大招生以来，我国高等教育大众化进程加快，高等教育资源和入学机会的总供给有了质的飞跃，高等教育从精英阶段发展到了大众化阶段，全国高等教育毛入学率由2000年的不到15%发展到2017年的46%。北京、上海、天津的高等教育入学率则已经超过了50%，开始进入普及化阶段初期。受此影响，我国高考机会的竞争已经从过去“上大学”的竞争，发展到了今天的“上好大学和好专业”的竞争。不过，我国的高水平大学特别是世界一流大学的数量，还远远不能满足人们日益增长的教育需求。高考的竞争程度明显受到高等教育资源特别是优质高等教育资源供给不足带来的巨大压力，它从根本上制约着高考的深层次改革，使得高考改革一直在相对有限的“蛋糕”里做出种种程序公平和机会公平的配置机制改革。近年来，每年“两会”期间，都有人大代表和政协委员就高考公平问题提出议案，要求改进高考招生计划分配方案。

第三，不论是考试标准还是招生标准，都要贯彻国家的教育方针，为培养社会主义建设者和接班人服务，为建设创新型国家服务。质量不高的高考，会严重影响国家的人才选拔质量，甚至影响国家的科技和经济的发展，这是我国十分注重高考科目与内容改革的重要原因。而高考主要考查客观知识，偏重记忆、理解等能力，不太注重评价和创新等高级目标的考查。随着我国教育界对西方20世纪六七十年代提出的教育目标分类学的引入学习，高考命题中开始在认知目标上注重知识记忆、理解、应用、分析、综合等多个知识能力目标的考查，但各目标的考查分值是依次降低的，较为忽视21世纪以来国际教育领域比较重视的评价能力和批判性思维能力等的考查。2014年颁布的《实施意见》中，明确提出深化高考考试内容改革，其原则性要求是“依据高校人才选拔要求和国家课程标准，科学设计命题内容，增强其基础性、综合性，着重考查学生独立思考和运用所学知识分析问题、解决问题的能力”。要建设创新型国家，必须强调人的独立人格和主动积极性、创造性，这势必需要考试命题机构把《实施意见》的原则性要求具体化，推进考试内容标准的进一步科学化，从而给学校教育教学明确的学科核心能力基准，引导学生把有限的精力从过于强调记忆知识的学习任务中解放出来，从碎片化的知识分析中解放出来，促进学生在实践应用、发现知识、创新思维等的能力上得到更有价值的发展。当前，多数学校特别注重分析智能，不太注重创新智能和实践智能的综合考查。而教育主管部门虽然提出了综合素质评价要求，却仍然把综合评价列为与考试并列的考核方式，而不是把智力因素和非智力因素结合起来对学生进行综合判断。

总之，高考直接涉及"谁有资格参与高考""以什么样的标准分配进入高等学校的机会""有多少人可以进入高等学校学习""谁最后获得了进入高等学校的机会"等。[①] 同时，高考管理的方式也会随着国家管理制度的调整而发生变化。由此可见，高考受政治经济因素的影响直接而显著。

（二）文化传统因素影响高考改革的内容和管理方式

文化传统是中国人几千年传承至今的心理习惯、思维定式。儒家文化高度重视教育，信奉读书至上，科举时代形成的重视甚至是过度重视教育和考试的传统，使中国在大学招生和其他社会生活中十分倚重考试。以考试成绩作为大学招生的主要依据，已成为包括中国在内的东亚地区高等教育与西方高等教育相区别的一大特色。[②] 高考制度弘扬了传统考试文化中公开平等、竞争择优的本质精神，同时因坚持了以考试成绩为唯一或主要录取依据，形成了对知识本位价值观的继承与坚持；尤其是通过统一的考试内容、程序、方式及保持机遇的均等性，这一系列严密的程序控制，更体现出这一制度的公平原则和优胜劣汰原则。[③]

高考制度坚持以考试强化国家意志、传递主流文化、凝聚国民人心的价值取向，利用统一考试选拔人才，促进政治稳定和社会发展，这一点在1977年恢复高考时体现得尤其明显。20世纪50年代初，中国学习苏联的教育制度，却在大学入学考试方面发展出独具特色的统一高考，其原因恐怕还应部分归因于传统文化的潜在作用。统一考试在一定程度上是考试制度发展的内在要求，而中国受传统文化等的影响，比西方国家更适合采用统一高考。在重人情、关系的文化氛围中，高校入学实行单独招考很容易为走后门者大开方便之门，较难做到保密和公平。[④]

① 陈兴德．高考规律论纲 [J]．教育与考试，2009（3）：22.

② 刘海峰．传统文化与两岸大学招考改革 [J]．高等教育研究，2004（2）：80-85.

③ 胡向东．中国高考面临的文化困境与出路 [J]．湖北招生考试，2009（2）：5.

④ 刘海峰．传统文化与高考改革 [J]．上海高教研究，1996（1）：43-44.

(三) 科技因素影响高考的技术手段

1985年教育部召开了国际标准化考试讨论会，随后在广东进行试验，提出“以教育测量学、教育统计学为指导，利用计算机等手段，严格控制考试误差，使考试更科学、更准确地测量考生的知识和能力水平，为高等学校择优录取服务，为改进教学提供信息，为教育决策提供依据”①。同年，从美国引进标准化考试模式，在数学与外语学科中进行，后扩大到语文、物理、化学等五科，并推广到全国各省、市、自治区进行试验。1989年，国家教委颁布《普通高等学校招生全国统一考试标准化实施规划》，标准化考试在全国逐步推广。标准化考试建设成效明显，考试大纲、试题编制、论述题评分细则、题库建设、分卷考试和机器阅卷相继完成并投入考试实践。

1994年，国家教委还制定了《普通高等学校招生全国统一考试建立标准分数制度实施方案》，规定标准分数制度由省级常模量表分数、等值量表分数和登记量表分数形成。标准分由原始分推导出来，用以说明考生的原始分在所属那批分数中的相对位置，是较为先进和科学的记分方法。在考试中心的推动下，最多的时候有8个省(区、市)的高考采用标准分。但因中国民众不习惯标准分的计分方法，认为原始分更简便明白，且单个分数改变不会影响所有考生的分数排列，方便查分，许多高校也觉得采用标准分无法比较各省市之间同一科目的水平，结果多数省市在实行几年之后纷纷放弃。2007年，最先实行标准分的广东省转为采用原始分，如今只有海南省还在坚持这一制度。

随着计算机及通信技术的运用与发展，1997年天津与广西试点网上远程录取，2000年起多个省市也进行试点。2002年，普通高校招生工作第一次全面实现了网上录取，全国网上录取新生率达到85%。如今，全国高校招生都实行网上录取，不但提升了效率，也促进了高考竞争的公平、公正。

二、教育系统因素

影响高考改革的教育因素，主要涉及高中和大学系统的目标要求。高考改革从根本上说是为了满足高中教育和大学教育培养人才的目标要求，促进

① 杨学为．中国考试改革研究 [M]．北京：北京大学出版社，2003：127.

学生全面而有个性地发展。这是我们讨论为什么要改革高考，需要首先明确的教育思想。

当前高中教育的类型多样，既有普通高中，也有职业高中。其中，普通高中课程变革是21世纪初开始的，目的是适应终身教育和终身学习时代的需求，为学生的全面发展和个性发展服务，这要求高考改革必须与之相适应。

（一）高中课程变革带来高考调整

2003年4月，与义务教育新课程相应的《普通高中课程方案》(实验)和义务教育各学科课程标准(实验)正式颁布，并决定2004年在部分省(区、市)开展试验。2004年，山东、宁夏、广东、海南四省区首批进入高中新课程实验，其后各省(区、市)陆续加入。2012年最后一个省份广西也进入了新课程改革。高中新课程改革，强调知识与技能、过程与方法、情感态度与价值观的整合，这必然带来高考内容和考试标准的调整，以及高考命题体制的变化。

在普通高中课程改革的理念和方向受到普遍认同的同时，由于高考只考新课程的必修模块，其结果就是高考不考的科目学生不选。高中阶段的“应试教育”倾向仍普遍存在：多数教研员认为，学生跨班级选修和选课指导制度的实施情况一般或不太好，选修模块没有开齐、开全，模块开设与否主要取决于此课程与高考的关联程度，而不是学生的兴趣与潜能；约40%的高中学生明确表示为高考而学习，将近30%的学生对选修课持“因高考而选，为高考而学”的态度；大学生尤其是一些重点大学的学生普遍承认自己在高中阶段“只重视高考科目”。[①]

为适应高中新课改的要求，2004年我国开始大规模推进分省命题制度。2004年的高考，我国723万考生使用了15套试卷，是历年高考试卷种类最多的一年。这一年，上海、北京、天津、辽宁、江苏、浙江、福建、湖北、湖南、广东、重庆11个省市自主命制了全部或部分高考科目试题。2005年高考分省命题新增山东、安徽、江西三个试点省份。至此，我国实

① 刘坚. 新世纪课程变革：亲历者的视角 [J]. 北京大学教育评论，2013（4）：11-12.

施自主命题的省市达到14个。分省命题制度的出发点，是为了推进素质教育的实施。2004年3月，时任教育部部长周济曾在接受记者采访时说：“高考是一个指挥棒，我们要不断改进基础教育，加强素质教育，分省命题是一个重要组成部分。其优点是有利于进一步推进基础教育的改革，进一步推进素质教育。中国的基础教育是由各个省分头负责，各省对于本省的基础教育负有直接的、主要的责任。如果各省都能够参与到高考命题中，对于推进本省中小学素质教育的改革和发展有极大的好处。”

（二）高中教育分类发展导致高考分类设置

我国高中包括普通高中和职业高中，它们分属于不同的教育类别，有不同的质量标准和考核方式，因此形成了有交叉但又有差异的高考体系设置，分别是普通高校的招生考试和职业院校的招生考试。

普通高中教育是区别于职业高中、中等专业学校、中等技术学校等以职业技术教育为主要目的的高中阶段教育。2003年，教育部在颁布的《普通高中课程方案》(实验)中明确提出：“普通高中教育是在九年义务教育基础上进一步提高国民素质的、面向大众的基础教育。普通高中教育应为学生的终身发展奠定基础。普通高中教育应全面落实《国务院关于基础教育改革和发展的决定》所确定的基础教育培养目标。”从现代普通高中教育的历史发展看，普通高中教育原本就是大学阶段的“预备教育”——为学生升入大学做准备。

职业高中重点培养在生产、服务一线工作的高素质劳动者，在职业高中里不但要学习高中的基本课程（包括数学、语文、英语等），还要学习一些专业知识。这些专业知识有幼师、种植、养殖、机电、电子电工、汽修、计算机、建筑、旅游、医卫、财会、文秘、商贸、外语、音乐、美术、服装、服饰艺术、表演、烹饪、影视节目制作、楼宇、印刷、动漫知识等。职业高中学生毕业后既可以升入职业院校继续学习，也可以直接就业。

（三）高校培养目标差异要求适度的个性化招生

高校培养目标差异导致招生标准和招生方式的个性差异，其突出表现就是高校自主招生。“有助于扩大高等学校办学自主权”，这是当前我国高考制度改革的重要原则之一。1999年6月13日发布的《中共中央国务院关于深化教育改革，全面推进素质教育的决定》中提出，“按照有助于高等学校选拔人才、中小学实施素质教育和扩大高等学校办学自主权的原则，积极推进高考制度改革。鼓励有条件的省级人民政府进行多种形式的高考制度改革试验，扩大学校的招生自主权和考生的选择机会”。2001年，《国务院关于基础教育改革与发展的决定》中提到高考制度改革时，继续强调了包括扩大高校办学自主权在内的“三个有助于”原则（即有助于高等学校选拔新生、有助于中学实施素质教育、有助于扩大高校自主权）。2002年，《教育部关于积极推进中小学评价与考试制度改革的通知》中提出，要“继续深化高考改革，积极探索综合评价、择优录取的高等学校招生办法。高等学校招生制度改革要继续按照‘三个有助于’原则，坚持德智体全面衡量、择优录取和公平竞争、公正选拔”。长期以来，不管是全国统一高考制度，还是2004年开始大规模推进的高考分省命题制度，始终没有能够解决高校招生缺乏个性的弊病。其主要原因是高校缺乏招生自主权。

首先，高校自主招考主要选择特殊人才。2001年，教育部在南京大学、东南大学以及南京航空航天大学三所高校试行了“自主招生录取”改革。2003年，在借鉴2001年试点经验的基础上，教育部又在全国选取了22所已经进入国家“211工程”的高校，让它们各自拿出5%的招生名额进行自主选拔录取的改革试点。2004年全国自主招生试点高校增至28所，2009年扩大到了76所，至2017年共有90所高校实行自主招生。自主招生主要是指高校利用自行组织的考试，与通过该考试和面试的中学推荐生签订协议，承诺其在随后的高考中可享受降低十分至几十分的优惠录取政策。高校自主招考主要是为了选拔有特殊才能者。如在全国或国际性奥赛、科技创新大赛、电脑制作大赛等赛事中获奖，在文学、语言、书画等方面具有特殊才能并获得较大奖项（如全国“新概念”作文大赛一等奖）的特殊人才。自主招考制度，有利于高校自主选择个性化人才，其缺陷是不利于均衡中学教育基础，考生需要东奔西跑。当今世界上很多国家如日本、美国、韩国、英国、泰国、波兰等的高校，以及我国港、澳、台地区的高校，都有自主招考制度，其测试大多为招生录取评价体系里的一个环节，另有统一考试的标准、高中平时成绩等作为补充。

其次，高校自主招考是统一招考制度的重要补充。主张高校自主招考者的理由主要有二：一是扩大了高校的招生自主权；二是有利于高校不拘一格选拔人才。对高校自主招考试验的批评，人们质疑较少的是其科学性，质疑较多的是效益、公平性。代表性的观点有“低效益说”“不公平说”“滋生腐败说”，这实际上体现了社会大众对高考监督机制的关注。高校自主招考的深层次意义，在于高校选育特殊人才，增加选才渠道，同时引导基础教育走学生全面发展与个性发展的改革之路。就科学性而言，高考改革的一个重要目的在于选拔全面发展和有特殊才能的人才。知识具有层次性，学校教育系统也是一个包括初等、中等、高等教育的有层次的系统。在知识经济时代，高考改革就社会功能而言，主要在于通过高校选才来影响中学育才，引导其人才观与质量标准，最终为我国的发展培育更多的高质量人才特别是创新型人才。

1952年建立高考制度以来，除了“文革”时期中断过11年，一直实行国家统一招考办法，这对于均衡中学教育基础，推动全民注重科技知识教育，传承中华民族传统文化，维护社会的稳定发展，都有着巨大的作用。但统一招考的最大缺陷，就是过于重视笔试成绩，不足以检测考生在其他方面的能力，特别是其实践能力与创新精神等。所以我国实施均衡教育发展战略的同时也实行重点发展战略，首先在部分高水平的重点大学实行高校自主招考，以期望能选育部分特殊人才，弥补统一招考在选择全面发展的人才方面的缺陷。就全局来看，高校自主招考尽管还需要不断完善，但它在高考制度构建的科学性等方面，是国家统一高考制度的重要补充。

三、高考系统自身因素

高考系统自身的因素，是指包括考试系统和招生系统在内的主体性发挥程度，这是影响高考改革的主体因素。没有自身的专业化建设，改革就显得被动，甚至会出现为了改革而改革的情况。

（一）考试系统的专业化建设影响考试的质量与公平

考试是一项科学性很强的专业工作，具有很高的学术性要求。考试机构的学术性功能主要体现在为中学和大学提供更加专业的服务的能力，如开发承接新考试的能力、完成高质量命题的能力、评估分析试题的能力等。从考试机构看，我们要学习世界一流考试机构的经验，健全考试机构的专业性；要在考试标准和测试方式上做长期深入的研究，更好地服务于学校教育教学，引导学生在发展应用能力与创新思维能力方面下功夫。在优质高等教育资源稀缺的情况下，高考的竞争性将是一个长期的世界性现象，我们无法改变高考制度的竞争性，但我们可以改变命题的内容标准，改变竞争的素质标准，改变录取名额区域配置的标准，把成千上万青少年旺盛的学习精力引导到有利于他们更快更好成才的方向，引导到更加公平的竞争方向，促进学生全面而有个性地发展。

（二）招生系统的专业化建设影响招生的质量与公平

招生系统的专业化建设中，十分重要的一点就是加强院校的研究职能。我国现行高校招生管理体制，依然主要是以统一高考成绩作为唯一录取标准的产物。按笔者调研，高校招生办的人员编制一般在3～7人，其机构设置更多的是为了应对繁杂的招生事务管理，而不是基于对学生评价的专业化需求，尚不能适应综合评价的任务要求。调研中，美国一些一流大学的招生办的机构设置、人员编制和专业化程度给了我们极大震撼，这些学校的常设招生机构人员都在20～50人。选才的专业化建设，以选择适合高校培养目标要求的各种类型的人才为目的，以招考机构的学术性组织建设为基础。这种学术性在高校招生机构体现为专业化的综合评价学生的能力，需要不断完善招生各环节的制度设计，以选择更适当的生源。从招生制度方面看，我国高校在政治、经济、社会等方面全面深化改革的新形势下，除了学习借鉴世界一流大学的招生经验，提升招生的水平外，高校招生办还要健全机构并建立专业化的招生队伍，使招生技术和能力能满足学生综合素质评价的需要，建成包括与中学沟通、招生宣传、考生申请、资料录入、素质评价、学生录取、研究决策等在内的以学术实务为基础的部门，提升招生评价的专业化水平，实现高考新方案要求的综合评价任务，改变高校以学业考试分数为唯一录取标准的模式，引导那些已经具备较好学科基本理论知识基础的高中生，把精力放在更有价值的批判性思维能力或者是不断挑战自我的大学先修课程学习上，促进学生更好发展，提升我国的教育国际竞争力。

大学的选才专业化建设中，如何处理好大学招生综合评价和基础教育健康发展、社会稳定的协同关系十分重要。应当看到，现代评价科学意义上的高考公平是一种复合性的制度公平，它必须处理好起点公平、过程公平和结果公平的关系。追求起点公平基础上的过程公平和相对结果公平，是世界一流大学招生的基本经验。也就是说，这种复合公平观必须考虑对弱势群体的补偿，有效地保障招生秩序公平有序。大家熟知的美国加州大学，管辖伯克利、洛杉矶等十多所分校。其招生和学校（中学）关系委员会，由大学各分校代表、高中学校代表、学生及学生家长代表构成，负责制定总体招生政策，管理招生工作，受学校学术事务最高决策机构——大学学术委员会直接领导。各分校均设有招生委员会，由来自各学院的代表组成。分校招生委员会根据加州大学招生总政策制定本校的具体招生政策。此外，加州大学根据本校培养目标的要求，针对工程学位设有自己的招生委员会，还有专门针对社区学院转学学生的招生委员会，从而形成了健全的招生管理机制。这给我们的启示之一，就是要注重招生工作的法治化。

第三节
理论视野的复杂性

高考的理论研究由于涉及高考与社会、政治、经济、文化传统、科技、教育以及高考系统内部因素等的复杂关系，其理论视野十分复杂。总的来说大致可以分为以下几种：高考社会学的相关理论，例如教育公平理论、多元智能理论与成功智力理论、理性选择理论等；高考技术学的相关理论，例如经典测试理论、概化理论和项目反应理论等；高考管理学的相关理论，如公共治理理论和利益相关者理论；等等。

一、高考社会学的相关理论

高考社会学方面的理论，主要揭示高考追求的社会伦理与价值观，比如教育公平理论、多元智能与成功智能理论以及教育决策的理性行为理论。

（一）教育公平理论

高考公平不等同于教育公平，但高考公平属于教育公平研究的重要组成部分。如果说教育公平属于社会公平的子系统，受到其内外因素的双重制约，那么高考公平则受到教育公平和社会公平两个系统的制约。

教育公平理论涉及哲学、伦理学、社会学、经济学、教育学、法学等多学科视角的研究。哲学视角下的教育公平指的是“在政府、市场、教育系统和个人（社群）共同作用下生成的社会事实”，包含“观念的、市场的和社会的公平”三重内涵。伦理学视角下的教育公平研究极为重视对弱势群体的关注和援助。有学者援引罗尔斯的公平学说，将教育公平的内涵界定为“教师在教育职业活动中，公平合理地对待和评价全体合作者，或在教育活动中对待每个教育对象的公平和对教育对象评价的公平。”社会学主要研究了社会分层与教育机会均等的关系，并将“教育公平”与“教育机会均等”视为可以互换使用的概念。同时指出，教育机会均等必须与社会其他系统的机会均等协调一致，才能有效地促进整个社会的平等。经济学研究的教育公平常常与教育资源的分配、享有联系在一起，具体指的是教育资源在区域与地区之间的公平配置以及群体与个体之间教育资源的公平享有。教育学视角下的教育公平则倾向于关注教育过程的公平性，提出了要创造公平的教育条件等。法学视角下的教育公平是一个基本人权问题，关注受教育权利的法律保障以及受教育权利的平等实现。①

需要指出的是，文化资本理论从微观视角来研究个体教育获得的差异或家庭教育决策的过程，有助于理解社会阶层与教育不平等之间的关系，因此在社会分层和教育社会学领域得到广泛关注。布迪厄及其同事在研究中发现，文化资本有助于提高学生的认知能力和学习技能，从而使其更好地掌握学校的课程，取得更好的成绩。另外，文化资本较丰富的家庭由于拥有更多的文化资源和更好的文化氛围，因此孩子的升学期望更高。故文化资本与教育获得有着非常密切的关系，文化资本越多，在学校的表现越好，升学的机会也越大。

（二）多元智能与成功智能理论

智能是在某种社会或文化环境的价值标准下，个体用以解决自己遇到的真正难题或生产及创造出有效产品所需要的能力。这里主要以美国著名心理学家霍华德·加德纳（Howard Gardener）的多元智能理论和罗伯特·J·斯滕伯格（Robert J.Sternberg）的成功智力理论为讨论重点。

1. 多元智能理论

这是现代心理学中智力理论的重要突破，是对传统的偏向认知的智力理论的挑战。多元智能理论是由哈佛大学发展心理学家霍华德·加德纳教授在其1983年出版的《智能的结构》一书中首先提出的。加德纳指出："对于世界上的每一个人来说，不存在谁更聪明的问题，只存在不同的个体各自在哪个方面聪明以及怎样聪明的问题。"每个人都是独特的，同时，每个人又都是出色的。世界上没有两个人的智能组成是一致的，都是用各自独特的组合

---

① 刘亚敏，师东海．21世纪以来我国教育公平的基本理论研究探析[J]．教育理论与实践，2009（7）：21.

方式组合在一起，并且每个人在这些智能上的潜能和发展也是不一致的，人人都有其弱势智能，也有其强势智能，也就是优势区，发展学生的优势智能能够培养学生的自我效能感。

多元智能的结构主要包括：第一，语言智能。指运用词语和语言的能力，包括书面语言和口头语言。妙笔生花和能说会道就是语言智能高的表现。第二，逻辑数理智能。指逻辑分析、逻辑推理能力和数学演算能力。数学家、会计师、电脑程序设计师等都显示出很高的逻辑数理智能。第三，视觉空间智能。指能够在大脑中形成对外部物体、风景或空间的构型，并能够运用和操作该构型的能力。画家、雕塑家、建筑师、飞行员的视觉空间智能较高。第四，身体动觉智能。指能够有效操控整个身体或身体的一部分来完成某项活动或制造某种产品的能力。运动员、舞蹈家、技艺高超的手工工匠、外科医生等拥有较高的身体动觉智能。第五，音乐智能。指感知、鉴赏、创作音调和旋律的能力。作曲家、演奏家等具有较高的音乐智能。第六，人际交往智能。指了解和理解他人的能力，人际交往智能高者善于与人交往，能够处理好人际关系。社会活动家、政治家等拥有较高的人际交往智能。第七，自知智能。指对自己的内心感受较为敏感，能够进行内省、自律和自制的能力。哲学家、心理学家等通常具有较高的自知智能。第八，认识自然智能。指认识自然，并对周围环境中的各种事物进行分类的能力。植物学家、景观园林设计师、猎人、农夫等通常认识自然的智能较高。

如同美国的SAT与ACT一样，统一高考的最大缺陷，就是注重测试语言智能和数理逻辑智能，但对其他方面的智能测试不够，在一定程度上不够公平。

2. 成功智力理论

罗伯特·斯滕伯格认为，成功智力是个体在生活中成功的能力，成功不仅仅是学术成功，比如成为一个成功的科学家，还包括成为优秀的运动员、演员、音乐家、作家、会计、水管工人、秘书、企业管理者等。斯滕伯格认为，一个人的成功往往是使自己的优势最大化并弥补自己弱势的结果。人们成功得益于发展和有效利用各种混合的分析智力、创新智力、实践智力以及智慧智力。

分析智力是指分析和解决问题的能力，强调分析、评估、解释、比较一个问题；创新智力是指利用过去的知识和经验处理新问题的能力，注重创新思维学习，强调综合运用知识，探索解决问题的新方法、创作一个作品、发明一个新东西等；实践智力是指适应不断变化的环境，应用知识解决问题的能力，强调实践学习和学以致用；智慧智力是指保证个人在长期或短期通过积极的伦理道德价值观获得福祉的能力。

从这一理论看，传统的能力考试设计是不够的，它过于强调以记忆为基础的分析智力。不同类型高校的培养目标与使命不同，高校招生乃至教育教学，对多样化的学生成功理念要有清醒的认识，在评价体系建设上各校要有自己的标准，这样才能选择并培养出学术等多方面成功的学生。

（三）教育决策的理性行为理论

理性行为理论来源于社会心理学，被认为是研究认知行为最基础、最具影响力的理论之一。这个理论充分地说明了动机和信息对行为的影响，认为个体倾向于按照能够使自己获得有利的结果并且也能够符合他人期望的方式来行为。[①] 理性行为理论（Theory of Reasoned Action，简称TRA，又译作“理性行动理论”）由美国学者菲什拜因（Fishbein. M）和阿耶兹（Ajzen. L）于1975年提出，主要用于分析态度如何有意识地影响个体行为，关注基于认知信息的态度的形成过程，其基本假设是认为人是理性的，在做出某一行为之前会综合各种信息来考虑自身行为的意义和后果。

该理论认为个体的行为在某种程度上可以由行为意向合理地推断，而个体的行为意向又是由行为的态度和主观准则决定的。人的行为意向是人们打算从事某一特定行为的量度，而态度是人们对从事某一目标行为所持有的正面或负面的情感，它是由对行为结果的主要信念以及对这种结果重要程度的估计所决定的。主观规范（主观准则）指的是人们认为对其有重要影响的人希望自己使用新系统的感知程度，是由个体对他人认为应该如何做的信任程度以及自己对与他人意见保持一致的动机水平所决定的。这些因素结合起来，便产生了行为意向（倾向），最终导致了行为改变。理性行为理论是一

① 于丹，等. 理性行为理论及其拓展研究的现状与展望 [J]. 心理科学进展，2008（5）：796.

个通用模型，它提出任何因素只能通过态度和主观准则来间接地影响使用行为，这使得人们对行为的合理性产生了一个清晰的认识。该理论有一个重要的隐含假设：人有完全控制自己行为的能力。但是，在组织环境下，个体的行为要受到管理的干预以及外部环境的制约。因此，需要引入一些外在变量，如情境变量和自我控制变量等，以适应研究的需要。

中国社会各阶层之间的相对教育偏好或需求结构比较稳定。真正对教育政策或宏观经济环境敏感的是户口、家庭文化资本和兄弟姐妹人数等因素。当教育成本增加和教育的预期收益（相对于进入劳动力市场）下降时，农村居民、低教育家庭或子女数量较多的家庭由于受教育资源限制或缺乏文化资本机制，更容易做出放弃教育的决策。由此看来，要理解改革开放以来中国教育机会的不平等及其演变，仅仅着眼于阶层因素是不够的，尚需关注影响个人或家庭教育决策的微观因素，故理性行动理论等在此应是更合理和有效的分析视角。① 理性行为理论用在高考中，主要体现为学生对学校和专业的选择。② 在新高考的背景下，也可作为高中学生对选科的理论指导，这对新高考的推行将起到至关重要的作用。

二、高考技术学的相关理论

考试测评技术，主要涉及考试命题、阅卷、统计分析等方面。其中尤以测量方面的理论为考试技术中最为根本的理论问题。如对经典考试理论、概化理论、项目反应理论的研究，就是考试命题甚至高校招生评价中极为关键的技术理论问题。当今测量学界最有影响的三大理论是经典测试理论（CTT）、概化理论（GT）和项目反应理论（IRT）。前两者同属随机抽样理论，概化理论是对经典测试理论的扩展和改进，而项目反应理论是从另外一个角度来分析每一个项目的项目特征曲线和项目信息函数。

（一）经典测试理论

经典测量理论采用的是线性的数学模型，经过长期的发展，建立了一系

① 吴愈晓. 中国城乡居民的教育机会不平等及其演变（1978-2008）[J]. 中国社会科学，2013(3)：21.

② Anil Kumar. An Examination of Factors Influencing Students Selection of Business Majors Using TRA Decision [J]. Science Journal Innovative Education. 2013(1): 79-80.

列项目分析的指标，包括平均分、标准差、难度、区分度、信度、效度等。经典测试理论出现于20世纪初，到20世纪50年代逐步形成了完整的体系。经典测试理论的基本思想，是把观测的值（observed-score）看作是真分数和误差分数的线性组合，可归结为如下简单的数学模型：$X=T+E$。其中X是观测值，T是真分数，E是误差。经典测试理论所采用的指针，诸如难度、区分度和信度等，都是一种样本依赖的指针。项目分析法所得的项目统计量受样本的抽样变动影响较大，项目统计量依赖于测量所实施的考生样组。经典测试理论以一个相同的测量标准误作为每位受测者的测量误差指针，这种做法并没有考虑受测者能力的个别差异。经典测试理论对信度的假设，是建立在复本测量的概念假设上的，但是这种假设在实际测试中很难做到，因为不可能要求每位受测者多次接受同一份测试等。对小规模的测验，在不需要十分精确的情况下，利用经典测试理论做指导是十分实用的，而且比较简单、易于操作。①

任何时候，考试对教学的导向都是一个重要的问题。单以经典测试理论中的效度理论而言，就是可以深入探索的学术问题。事实上，一个效度不高的考试，再高的信度都是没有意义的。甚至可以说，在效度较低的情况下，信度越高，结果往往与期望值的偏差越大。不同的效标，让人们评价考试的标准是否科学时，结论往往大不相同。坚持能力立意的命题改革方向，看起来没有太大的问题，可实际情况是每个学科的能力究竟是以记忆能力、理解能力、分析能力、应用能力、评价能力为主，还是以创新思维能力为主，其命题思路和选拔结果就大不相同。比如，以大学一年级、二年级、三年级、四年级的成绩分别作为预测效标，其预测效度评价结果可能就差异很大。如以用人标准这个效标来衡量，与用人的社会贡献这个效标来衡量，抑或用不同行业或者不同学科的人才标准来作为效标，同样是预测效度的结果差异悬殊。因此，究竟什么样的效标适合作为高考命题预测效度的评价标准，依然是一个值得探讨的学术问题。它关系到考试大纲和教学大纲的科学性问题，关系到综合评价改革究竟怎样改的问题，更关系到高校招生用什么标准的问

---

① 薛荣. 从经典测试理论到项目反应理论：谈语言测试的两种数学模型 [J]. 外语研究，2007(4)：61-63.

题，而这些都直接引导着中学的教育教学。无怪乎心理测量学家们发现，“效标”只能在很有限的领域内为测验提供有说服力的效度检验，更多的情况下则是捉襟见肘，难以自圆其说。对此，谢小庆教授指出，在 1985 年效度研究的核心概念是“效标（criterion）”，在 1985 年以后效度研究的核心概念是“证据（evidence）”，到 2006 年效度研究的核心概念演变为“理由（warrant）”，效度研究被视为一种通过构造“理由系统”和“理由网络”对效度所进行的“论证（argument）”，对测验分数做出可接受的（plausible）解释的过程。①

（二）概化理论

概化理论产生之前，人们通常使用经典测试理论对测量误差进行分析。由于经典测试理论的突出局限，测量的理论界和实践领域都需要一个全新的测量理论。1963 年，克伦巴赫（Cronbach）等人在《英国统计心理学杂志》上发表了论文《概化理论：信度理论的丰富和发展》（*Theory of Generalizability: A Liberazation of Reliz-ability Theory*），这标志着概化理论的诞生。他们在 1972 年出版的《行为测量的可靠性》一书中正式提出了这一思路。到 1983 年，该理论开始走向成熟，各种术语等开始走向规范和统一，相关的计算机软件也开发成功。当年出版的布瑞南（Brennan. R. L）的专著《概化理论纲要》（*Elements of Generalizability Theory*）以及相应的软件GE-NOVA，对概化理论的发展起了很大的推动作用。

概化理论相对经典测试理论的优越性是：在理论假设上扬弃经典测试理论的“经典平行测验假设”，而代之以“随机平行测验假设”，从而使分析问题的条件较容易得到满足。在具体方法上，概化理论利用方差分析技术，将测验变异分成几个部分，每个部分对应于特定的误差来源，从而更便于控制测量误差。概化理论最显著的特点是强调测量的具体情境，它认为测量的根本目的并不是为了获得特定条件下的测量结果，而是要以此推断在更广泛的条件下可能得到的测量结果，以寻求最优化的测量设计，改进并指导实际的测量工作。该理论的局限是，概化理论注重所测心理特质的单维性，在实际

① 谢小庆. 测验效度概念的新发展 [J]. 考试研究，2013(3)：57-59.

应用中同样要强调试题样组的同质性。在计量方法上对各类误差源的考察以方差分析为基础，通过方差分量的估计来实现。但由于数据结构的复杂性，方差分量估计有时会出现负值，这是一个令人困惑人心的统计理论问题。在测量应用上，由于概化分析基于随机抽样模型，加上抽样的异变性，一次抽样数据的分析结果，仅是测验统计规律的描写，其可靠性严重依赖于实测数据的完备性。①

概化理论不仅被用于标准化的常模参照性测验，而且还被广泛用于标准性参照测验、非标准化测验、表现性评价等多方面，对教师的教学评价和人事测评中的面试均有直接的帮助。

（三）项目反应理论

项目反应理论建立在非线性的概率模型之上，根据参数的不同，特征函数可分为单参数、双参数和三参数三种模式。项目反应理论代表了语言测试学领域的发展方向。

项目反应理论的产生可追溯到20世纪40年代，最早由丹麦学者乔治·拉什（George Rasch）提出。但直到六七十年代，由于计算机的广泛运用与普及，才相继出现了一些项目反应理论的研究论文。项目反应理论所采用的试题参数（itemparameters）如难度、区分度、猜测度等，是一种不受样本影响（sample-free）的指针。项目反应理论能够针对每位受测者提供个别差异的测量误差指针，而非单一相同的测量标准误差，因此能够精确推估受测者的能力估计值。项目反应理论可以通过测量估计出受测者个人的能力，不受测试的影响（test-free），并且对于不同受测者间的分数，也可以进行有意义的比较。项目反应理论提出以试题信息量（item information）及试卷信息量（test information）的概念来评定某个试题或整份试卷的测量准确性，可以取代经典测试理论的信度，作为评定试卷内部一致性的指针。它在估计个人能力时，除了能够提供一个较精确的估计值外，对于原始得分相同的受测者，也往往给予不同的能力估计值。它有三条基本假设：①潜在特质空间的单维性假设，这是指组成某个测试的所有项目都是测量同一潜在特质；测

① 敖勇前．概化理论研究综述 [J]．皖西学院学报，2008(2)：49-50.

验只测量考生的某一种能力，而可以忽略其他能力对测验结果的影响。②局部独立性假设，是指对某个考生的能力而言，项目间无相关存在。这是与一维性假设相等同的，它是指考生对测验中不同题目的反应在统计上是互相独立的。也就是说考生在测验中对某题目上的正确反应概率不依赖于他在其他题目上的正确反应概率。③项目特征曲线假设，是对考生某项目的正确反应概率与其能力之间的函数关系所做的模型，指考生对项目所做反应的概率遵循一定的函数关系，这种函数关系可以用项目特征曲线形式表示出来。

项目反应理论既能够全面地解决测验等值问题，又能实现试题参数等值。另外，项目反应理论既适用于常模参照性测验，又适用于标准参照性测验。由于该理论具有参数不变性等优点，可据此编制出“因人施测”的自适应测验等新型测验。但是该理论虽然严谨，却艰深难懂，仅适用于大样本测试资料的分析。[①]

高考技术学方面的理论提示我们，要有高质量的命题，除了考试机构要配备学科专家和教育理论方面的专家，“教育测量与评价”专家在其中尤其起着十分关键的作用。高校和高中的学科教师对教育测量科学知之甚少，命题时都只关注试题考查的知识点，很少关注试题的认知要求，更不关注试题的认知能力要求与考试考查的心理特质及其行为表现的一致性[②]，这种情况必然会导致考试命题质量缺乏稳定性。《国家中长期教育改革和发展规划纲要（2010—2020年）》第十二章《考试招生制度改革》中，特别就考试机构的专业化水平发展提出了要求，要“完善专业考试机构功能，提高服务能力和水平”。加强我国教育测量与评价专业力量的建设，是教育测量与评价专业化的必然要求。

三、高考管理学的相关理论

高考管理就其职能范围而言，主要包含考试管理和招生管理。就高考管

① 薛荣．从经典测试理论到项目反应理论：谈语言测试的两种数学模型 [J]．外语研究，2007(4)：62-64.

② 雷新勇．高考，谁来命题更科学 [N]．中国教育报，2010-12-15.

③ 俞可平．治理和善治引论 [J]．马克思主义与现实，1999(5)：37-41.

理层级而言，既有各级教育行政主管部门的依法宏观管理，也有考试机构和高校的中观管理，还有考试机构内部各业务部门和高校招办的微观管理。就考试机构的内部管理范围而言，既涉及考试组织及其队伍建设、考试流程各环节的学术管理，也有部分代替教育行政部门职能的行政管理，目的是提升考试和招生质量。就招生机构的内部管理范围而言，既涉及招生计划与招生章程的制定，也涉及招生宣传、学生评价录取以及招生政策与质量研究等若干环节。就一般管理过程而言，会涉及考试与招生的计划、组织、领导、控制、创新管理等方面。就考试与招生的属性而言，既有社会性的一面，即考试与招生关系到国家发展和社会进步，需要各级政府部门依法宏观管理；也有自然性的一面，即考试和招生机构的业务工作主要是程序性和技术性较强的工作，需要专业化管理。因此，高考管理学方面的理论研究与学科建构是一门极为复杂的学问，需要学界长期的努力探索。

1. 中国古代依法治考的思想与实践

从历史看，中国古代的科举考试管理给中西方都留下了宝贵的精神财富。自隋朝设立进士科开始，我国实施科举制长达1300年，其对中西方文明产生了重要影响。不但东亚诸国长期效仿实行科举制，而且科举制对英、法、德、美等国文官考试制度的建立产生过重要启示与影响，它们吸取了科举制的合理内核，即考试的平等竞争原则和择优录用方法，而舍弃了科举考试空疏无用的古代经典内容。[①]

任何制度的形成与完善都离不开相应的保障机制，科举制度的发展与成熟也依赖于法律的完善。科举考试形成于隋，勃兴于唐，经过宋代改革而在明朝达到极盛，最后在清末废除。但窥其考试管理制度，却是逐步完善并具有一定的法治性或者说法律特征。唐朝时，科举法规仅散见于律、令中，主要内容涉及“贡举非其人”“应贡举而不贡举”“废举者”等。至宋朝，颁布的有关科举诏令日益增多，形成了《礼部考试进士敕》《至和贡举条制》《熙宁贡举敕式》《政和新修御试贡举敕令格式》《绍兴重修贡举敕令格式》等涉及科举考试的法律法规的编敕。元朝时，《大元通制条格》中专门收录了

① 刘海峰. 科举制对西方考试制度影响新探 [J]. 中国社会科学，2001(5)：188-202.

《学令》，包括了各省会试录取人数、考场规则、关防条目和考试程序等科举法条。皇庆二年（1313年）颁布的《皇庆诏书》基本奠定了元朝科举制度的原则、精神和方法，对科举考试的时间、层级、报名者年龄、道德要求等多方面作了详细规定，并专门拟订了惩罚措施。《皇庆诏书》颁发后，中书省根据诏书精神，对主考官的条件、规格、人数、试卷要求、弥封制度、誊录制度、回避制度、应举人的资格与健康条件等做出了具体规定①。明清时期，科举制度逐渐稳定与成熟，而科举法规也在这一时期更加丰富而完善，并逐渐独立编制形成了专门的科举法规。1384年，明太祖命礼部颁布了《科举集成》，总结科举制度的经验，是我国第一部完整的考试规则。至清朝，则形成了独立编撰的六十卷《钦定科场条例》以及《续增科场条例》和专门的《兵部题准武场条例》。科举法所体现出的法律条文的完善与可操作性、重刑主义与分类治理的思想以及在法意与人情之间的矛盾，不仅反映了中国古代社会法律的基本特点与发展脉络，也凸显了科举法制的基本价值。②

以《钦定科场条例》为例，其法律特征之一是防弊程序上的严密性。条例对科举考试的各个程序进行了严格的规定，包括报名、出题和阅卷、复试、磨勘、殿试等相关内容。其目的是严格考试，以防作弊。其法律特征之二是一定程度的平等性。科举考试条例规定的不拘门第、公开招考、凭文录取、裁抑大臣子弟、体恤寒士等，体现了晚清科举考试具有一定程度的平等性。其法律特征之三是惩治上的严刑峻法。晚清科举条例对违规作弊之徒进行严惩，轻则枷号、革职，重则流放、处死，甚至实行连坐。③可以说，古代科举制度体现出的相对的平等竞争和择优录用精神，今天仍有其合理性。

2. 现代公共治理理论

公共治理理论的兴起，是源于西方政治学家在社会资源的配置中既看到了市场的失效又看到了国家的失效。20世纪后期，大西洋福特主义和福利国家危机、全球化带来的种种不可治理性以及新地方主义的兴起，强烈地冲

① 夏柯．我国历史上各代科举立法的特点[J]．河北师范大学学报（教育科学版）．2014(3)：25.

② 覃红霞．科举学的法律视角——以《钦定科场条例》为例[J]．厦门大学学报（哲学社会科学版）2010(5)：67-74.

③ 曾绍东．论晚清科举考试的法律特征——以晚清科考条例《钦定科场条例》为研究对象[J]．江西社会科学，2005(10)：199-202.

击了传统的社会科学，治理理论应运而生。

治理理论比较清晰地描述了多中心、多层次的管理及其运行机理，并且突出了管理的行政功能。治理理论为如何更新自上而下的科层制决策和执行模式给出了一个重要的努力方向。就去中心化而言，国家权力的让渡既能为社会参与提供空间，也能消除权力垄断导致的低效率。就多中心而言，它试图让决策过程中有更多的公共参与，使得公共政策更关注民意等；多个独立的治理单位通过合作、竞争、冲突可实现一种准市场环境下的竞争收益。就治理结构而言，治理意味着国家与社会、市场以新方式互动，层级制保证了制度性产物的供给，使得市场和网络能够在公共服务中有效率地运行，有效运行的市场和网络则改善了单一层级制必然导致的价值缺失。[①] 整体审视，国家、市场与社会治理是公共治理的有机统一体。国家治理是公共治理的顶层设计，治理理论研究必须把国家治理作为一个制度体系，包括国家的行政体制、经济体制和社会体制。政府治理、市场治理和社会治理是现代国家治理体系中三个最重要的次级体系。市场治理是公共治理的核心，社会治理是公共治理的基础，治理主体中出现以非政府组织、公民为主的社会治理，公共治理理论才得以成为继传统公共行政、新公共管理之后的公共管理主流范式。[②]

一般认为教育为公共服务产品，高考制度属于公共管理的范畴。高考制度上关国家政治稳定，下关老百姓的切身利益，是国家治理的重要方面。政府需要更加注重宏观政策的引导，吸引更多的专业化的利益相关者参与进来，做好高考制度的顶层制度设计。21世纪以来，这方面取得了很大的成就，注重顶层制度设计的明显例证就是《国家中长期教育改革和发展规划纲要（2010—2020年）》在第十二章《考试招生制度改革》中提出了推进考试招生制度改革的总体原则和战略规划目标，指出要“按照有利于科学选拔人才、促进学生健康发展、维护社会公平的原则，探索招生与考试相对分离的办法，政府宏观管理，专业机构组织实施，学校依法自主招生，学生多次选择，逐步形成分类考试、综合评价、多元录取的考试招生制度”。另一个

① 王诗宗．治理理论与公共行政学范式进步 [J]．中国社会科学，2010（4）：96.

② 何翔舟，金潇．公共治理理论的发展及其中国定位 [J]．学术月刊，2014（8）：132-133.

重大顶层制度设计，就是2014年发布的《国务院关于深化考试招生制度改革的实施意见》，提出了高考考试科目改革的基本模式，以及维护高考公平的明确思路举措。尤其是提出了高考改革的总体目标，即2014年启动考试招生制度改革试点，2017年全面推进，到2020年基本建立中国特色现代教育考试招生制度，形成分类考试、综合评价、多元录取的考试招生模式，健全促进公平、科学选才、监督有力的体制机制，构建衔接沟通各级各类教育、认可多种学习成果的终身学习“立交桥”。对高考制度的变革，需要借鉴治理理论的理念，但如何形成国家、社会、市场的共治机制，而又不失问责制，是摆在眼前的现实问题。

就考试法治而言，1977年恢复高考以来，党和政府十分重视考试制度的建设，制定了大量考试方面的政策、法规和规章。《中华人民共和国教育法》规定：“国家实行国家教育考试制度。国家教育考试由国务院教育行政部门确定种类，并由国家批准的实施教育考试的机构承办。”但各省市教育考试机构的组织建设，在名称上很不一致，有“考试中心”“招生考试中心”“教育考试院”“教育招生考试院”“考试局”等各种称谓。在编制上，各省市也不一致，有的属于政府的内设机构，有的属于事业单位，有的介于二者之间。在业务上，各省市考试机构的专业化水平也很不一致，尤其与发达国家的教育考试机构相比，总体的专业化水准和考试创新能力还较低，远不能适应考试科学化的需求。① 1998年4月中央宣传部、教育部、公安部和国家保密局联合出台了《国家教育类考试安全保密规定》，同年5月教育部又出台了《国家教育考试违规处理办法》(后于2012年修订)，2006年12月26日出台了《中外合作举办教育考试暂行管理办法》。此外，还颁发了大量的考试操作性规程，对教育考试的种类、考试执法主体的职责、应考人的权利与义务、考场建设、考试违规处理等问题做了明确的规定，对规范国家教育考试行为，维护公平公正的教育考试秩序，维护考生和考试工作人员的合法权益，发挥了十分重要的作用。但是国家至今没有制定和出台统规范考试事务的“考试法”，致使有关部门在组织考试时，考试条件较随意，考试程

① 刘清华，吴莊．考试改革需要理论理性与实践理性 [J]．考试研究，2015(1)：6.

序不够规范，考试组织良莠不齐，对考试作弊的处罚各行其是，直接影响了国家考试的权威和声誉，不利于应考人合法权益和正常考试秩序的维护。[①]所有这些，无疑给考试管理的理论探讨提出了重大而现实的课题。

3. 利益相关者理论

利益相关者理论是现代西方企业管理理论中一个较新的发展趋向。1984年，R. 爱德华. 弗里曼（Freeman R. Edward）出版了经典著作《战略管理：利益相关者方法》。这本书被誉为利益相关者管理理论的奠基之作。要想对利益相关者进行有效管理，首要的问题就是识别企业的利益相关者。弗里曼在书中给出的利益相关者的经典定义是“能够影响一个组织目标的实现，或者受到一个组织实现其目标过程影响的所有个体和群体”[②]。弗里曼提供了一个系统而完整的利益相关者战略管理框架模型，并认为从“战略计划”到“战略管理”的转变意味着一种重要的行动导向的转变，而仅仅为利益相关者所关切的事项做计划是远远不够的，制定可以被执行和控制的方案和政策，才是计划最终所应朝向的结果。利益相关者理论认为：企业的所有利益相关者都向企业投入了专用性资本并承担了风险，因此，他们有权利成为企业剩余控制权和剩余索取权的享有者。企业的利益相关者不仅仅是股东，还可以是管理者、雇员、顾客、供应商等多种主体。每一种契约参与者都向公司提供了特殊资源，当然享有平等谈判的权利，这样才能确保契约多方主体的利益受到保护。为了准确进行利益相关者识别，管理者需要熟悉利益相关者，并应努力全面评价利益相关者的身份和权益；程序层面涉及利益相关者战略制定，分析企业目标与企业战略如何体现利益相关者的权益，利益相关者行为如何影响企业目标实现；交易层面涉及建立与利益相关者的业务往来，为此需要明确企业与利益相关者之间的最优联系方式是什么，为建立与特定利益相关者的联系需要投入哪些资源和需要投入多少资源等问题。不过，经济学界对利益相关者的界定和分类缺乏一致性，教育界同样如此，不同的研究有不同的划分标准。

关于高考的利益相关者，有的研究认为是中央政府、地方政府、高校以

---

① 李化德，李亦成. 我国考试法治的历史解析与现实思考 [J]. 中国考试，2008（12）：34.

② 林曦. 弗里曼利益相关者理论评述 [J]. 商业研究，2010（8）：66–70.

及考生，有的从历史角度出发认为高中也是核心利益相关者；有的笼统认为公众是高考改革无法回避的参与者，有的则细分了中学校长和教师、大学校长和教师及高招工作人员、家长和学生等七类利益群体。以综合素质评价为例，有观点认为其利益相关主体分为以下三大类：第一类是潜在利益相关者，具体包括第三方评价机构、社区人士、专家等，他们或具有影响力（如第三方评价机构、专家等），或具有合法性（如社区人士等）。第二类是预期型利益相关者，具体包括教育行政部门和家长、高校等。教育行政部门作为国家利益的代言人，是综合素质评价的领导者和“掌舵者”；家长作为学生教育的参与者和受益人，希望通过教育促进子女的发展并提高家庭向上流动的可能性；而高校因为国家“探索基于统一高考和高中学业水平考试成绩、参考综合素质评价的多元录取机制”而成为预期型利益相关者。第三类是权威型利益相关者，具体包括高中的教师、学生、管理人员等。但综合素质评价结果一旦与学生、教师和高中学校的利益高度相关，那么由这些利益高度相关的主体来进行评价时，由于受到“理性经济人”自利性的制约，利益高相关主体极有可能因自身利益的最大化并最终导致评价结果的失真，所以真正的评价主体只能是高校。[①] 显然，研究视角不同，对高考利益相关者有不同的划分维度。从学校教育来看，高考改革对高校、高中、考生等不同利益相关者，有不尽相同的影响作用。问题是这些利益相关者在高考政策中，究竟形成了什么样的利益合作机制，其成效究竟如何，仍然需要深入的实践研究和理论研究。为了对国家教育考试制度改革进行有效设计，有效解决人民群众普遍关心的教育考试方面的突出问题，国家层面成立了国家教育考试指导委员会，各省市考试机构也在充分发挥大学和中学相关专家在考试管理中的积极作用。

不论如何，利益相关者理论为高考的战略管理提供了方法论。当前的共识是，高校是招生录取的主体，政府是宏观管理和监督的主体，其他具体利益相关者在高考中也各有其责任、权力和作用。中央政府作为利益关系人之一，其利益体现在两个方面，一是选拔人才实现国家发展和国家重大战略目

---

① 刘丽群，刘桂君．谁来评价高中综合素质？——基于利益相关者的分析 [J]．课程．教材．教法，2018(1)：115-119.

标；二是作为高考制度改革的设计者和推动者，有效协调各方利益，展现政府的执政能力，实现社会和谐。地方政府利益主要体现在：为本地区民众争取到更多的高等教育资源，创造更多的高等教育机会，实现本地区高考制度的科学和公平。而大学的利益主要表现为，招收符合学校特点和要求的优秀学生，为提高人才培养质量打下基础。就考生个人而言，其主要利益表现为在公平竞争条件下，获得高等教育机会特别是优质高等教育机会。对于中学而言，帮助和培养更多学生进入优质高校学习，一直是其重要目标和利益诉求，这也是普通高中的教育任务使然。这种站在自身立场上的利益诉求和表达是正常的，问题的关键在于能否实现各方利益的均衡。①

① 张应强，李峻．高等教育大众化中的高考制度改革——基于利益相关者理论的分析 [J]．大学教育科学，2010(1)：85.

第二章

录取制度系统分析

《辞海》中对“均衡”的解释为“矛盾的暂时相对统一”,《现代汉语词典》中对“均衡”一词的解释为“平衡”。对高考改革而言，老百姓首先想到的便是改革公平与否。高校招生区域均衡，主要指的就是招生公平问题。从公元前165年汉文帝首次举行书面策试算起，我国的考试选拔制度至今已有两千多年的历史。在此期间，考试选拔制度经历了许多变革，但贯穿始终的主旋律是追求公平。近年来讨论激烈的区域招生录取分数线失衡问题，就是一个直接关系到不同地区考生高等教育机会分配公平的问题。就各种批判意见来看，既有高考起点公平问题，也有高考过程公平问题，但更多人的呼声是希望高考的结果公平，是期望国家所属大学的招生计划在不同省(区、市)高考录取率的大致相等。与此同时，也需要对弱势群体给予一定程度的补偿，从而追求教育发展机会的整体均衡。

第一节
招生区域均衡政策的历史变迁

高考招生区域均衡政策的历史变迁，主要经过了恢复高考前的统一招生阶段、1977—1998年的改革探索阶段和1999年扩招以来的深化改革阶段。在2020年我国全面建成小康社会的目标之下，缩小高考招生区域差距的政策，以最近几年来的举措力度最大。特别是2014年国务院出台的有关考试招生制度改革的实施意见中，提出的增量性招生计划调整目标直接指向各省（区、市）的高考录取率均衡化，也是在回应办人民满意的教育这一宗旨。

一、1977年恢复高考前的统一招生阶段

从20世纪50年代初到70年代中后期，我国制定和实施了区域均衡发展的政策。中央政府通过高度集中的计划指令来实现地区间的均衡发展，采取的政策手段有两种：一是调控财政收入的划拨与分配比例，要求沿海发达地区上缴较高比例的财政收入，同时对中西部地区给予适当的补贴；二是通过计划指令将国家基本建设投资和布局向中西部倾斜。[①]

1949年12月第一次全国教育工作会议明确提出，我们的国家是工农联盟为基础的人民民主专政的国家，我们的教育应该以工农为主体，应该特别着重于工农大众的文化教育、政治教育和技术教育。[②] 为适应国家经济建设和社会发展的需要，使中西部地区的高等教育与沿海地区均衡发展，这个时期我国制定了高等教育均衡发展的宏观调控政策，并进行了大规模的院系调整。1952年，教育部发布了《关于全国高等学校1952年暑期招收新生的规定》，标志着全国统一高考制度的建立。中华人民共和国成立

① 左兵. 建国以来我国区域发展政策对高等教育的影响及启示[J]. 国家教育行政学院学报，2007(11)：38.
② 中华人民共和国教育部办公厅. 教育文献法令汇编（1949—1952）. 1958：6.

初，高考政策的政治性十分明显，那就是升学权利和机会向工农倾斜。正如时任教育部长的马叙伦所说，“由于我们的国家是以工农联盟为基础的人民民主专政的国家，因此我们的教育也应以工农为主体，应该特别着重于工农大众的文化教育、政治教育和技术教育”，“我们的中学和大学，也应该有计划有步骤地为工农青年大大开门”。[①] 高等教育部在《关于1955—1957年高等学校院系调整有关事项的通知》中明确提出：“高等教育建设必须符合社会主义建设及国防建设的要求，必须和国民经济的发展计划相配合，学校的设置分布应避免过分集中，学校的发展规模一般不宜过大，高等工业学校应逐步地和工业基地相结合。”[②]

1953年教育部规定“现被管制的分子；反革命分子和现行破坏活动分子；确因反革命以及品质极端恶劣而被国家企业、机关、部队或高等学校清洗或者开除的分子”[③] 不能参加高考。1955年，还规定下列人员均不录取：“目前依法被剥夺政治权利的分子；五方面反革命分子；政治历史复杂、很难弄清而有可疑材料者；直系亲属被处死而本人坚持反动立场者。”[④] 1958年，教育部要求实行工农、工农干部等保送入学的办法，并要求大幅提高工农学生的比例。1960年，教育部明确提出以政治为主的录取原则。1961年的《高教六十条》第一次明确提出了“教育为无产阶级的政治服务”的方针。1952—1956年，全国高校中工农出身的学生所占的比例从20.5%提高到了34.1%。[⑤] 从1957年开始，工农出身的高校学生比例开始快速增加，从30.8%增加到1961年的60.4%。[⑥] 1964年，北京大学工农出身学生比例高达60%。1965年高校录取新生中，工农出身的学生所占比例高达71.2%。[⑦]

---

① 杨学为. 高考文献1949—1976（上）[M]. 北京：高等教育出版社，2003：2.

② 左兵. 建国以来我国区域发展政策对高等教育的影响及启示 [J]. 国家教育行政学院学报，2007（11）：39.

③ 杨学为. 中国考试史文献集成（第八卷）[M]. 北京：高等教育出版社，2003：99.

④ 杨学为. 中国考试史文献集成（第八卷）[M]. 北京：高等教育出版社，2003：101.

⑤ 罗立祝. 缩小各阶层高等教育入学机会差异，促进教育公平——建国60年高校招生政策文本的视角 [J]. 教育与考试，2010（6）：25.

⑥ 李文胜. 中国高等教育入学机会的公平性研究 [M]. 北京：北京大学出版社，2008：106.

⑦ 中国教育年鉴编辑部编. 中国教育年鉴（1949-1981）[M]. 北京：北京大百科全书出版社，1984：338.

1966年6月13日，中共中央、国务院在《关于高等学校招生考试办法的通知》中指出，当前的高校招考办法“不利于招收更多的工农兵学员进入高等学校。这种考试制度，必须进行改革”。[①] 同年，《人民日报》发表社论提出“旧的资产阶级的教育制度包括招生考试制度，必须彻底改革”。[②] 1966—1971年，高等学校基本停止招生。1972年，部分高校逐渐恢复招生，采取“自愿报名、群众推荐、领导批准、学校复审”的招生办法。这一年，北京大学农民出身学生比例在30%以上，1973年则下降到20%以下。[③] 这一政策的本意是使高校向工农全面开放，但由于没有客观的选拔标准，造成了大量以权谋私、走后门、托关系等现象，最终造成了更大的教育不公平。

二、1977—1998年的改革探索阶段

20世纪80年代以来，随着我国经济模式由计划经济向市场经济转变，高等学校领导体制也随之发生了深刻变化。

1977年，国家强调“要尊重知识，尊重人才”，实施以考试为主的学术评价标准。废除高校招生的推荐制，恢复统一高考制度，成了教育战线拨乱反正的重大举措。1977年，共有570万考生从农村、工厂、部队走进高考考场，最终录取了27万多学生，录取率不到5%。1983年，教育部正式提出“定向招生，定向分配”的方法，规定在中央部门和国防科工委系统所属的某些院校，按一定比例面向农村和农场、牧场、矿区、油田等艰苦行业定向招生。1985年，教育部规定可以从参加统一高考的考生中招收少数国家计划外的自费生，一向由国家“统包”的招生制度，变成了不收费的国家计划招生和收费的国家调节招生同时并存的“双轨制”。因此，20世纪80年代高校招生实行三种办法：国家计划招生，用人单位委托招生，还可以在国家计

① 杨学为. 高考文献（上）[M]. 北京：高等教育出版社，2003：623.

② 杨学为. 高考文献1949—1976（上）[M]. 北京：高等教育出版社，2003：624.

③ 梁巧，李中清等. 无声的革命：北京大学与苏州大学学生社会来源研究（1952—2002）[J]. 中国社会科学，2012(1)：106.

划外招收少量自费生。[①] 20世纪80年代末，在父亲学历是小学的家庭组中只有2.2%的子女获得了大学本科学历、9.4%的子女获得了大学专科学历，而在父亲学历是大学本科的家庭组中有26.7%的子女获得了大学本科学历、33%的子女获得大学专科学历，后者分别是前者的12.1倍和3.5倍。[②] 这个数据表明，在高等教育资源供给不充分的高等教育精英化阶段，父母的文化资本在其孩子们的高考竞争中起到了十分重要的作用。

1992年10月，中国共产党第十四次全国代表大会召开，会议确定我国经济体制改革的目标是建立社会主义市场经济体制。随着社会主义市场经济的建立，国家的经济管理体制、资源配置方式、经济发展战略都发生了重大转变，经济发展的重点从重工业转向了轻工业，重点开发的地区从中西部转向了沿海地区，地方政府对市场调节和配置资源的积极性逐步增强，我国实施了效率优先的非均衡发展战略。招生“双轨制”形式，使得1993年高校用于计划外招生的名额占到了近50%。[③]“分不够，钱来凑”使一部分分数相对较高的贫困考生因经济困难失去上大学的机会。为贯彻党的十四大精神，1993年2月，《中国教育改革和发展纲要》颁布，明确提出不再区分两种计划形式，取消“统招统分”制，同时建立相应的奖学金、贷学金以及专项奖学金制度，学生上大学须自己缴纳部分培养费。1994年4月7日，《国家教委关于进一步改革普通高等学校招生和毕业生就业制度的试点意见》提出，部分高等学校开始进行招生、收费和毕业生就业制度改革的试点。当年，全国有40多所高校实行“并轨”招生。高等学校实行“并轨”招生，消除了国家计划招生和调节招生的录取分数差距。1997年，高校招生录取采用统一的分数和收费标准。曾满超对37所不同层次高校1994级和1997级近7万名大学生的调查表明，干部与知识分子家庭学生在国家重点大学所占比重最高，为41.9%，在地方高校中所占比重最低，为23.2%。[④] 这表明大量高校采用计划外的调节招生，明显加剧了高考录取机会的阶层不公平。

① 杨学为．高考文献1977—1999（下）[M]．北京：高等教育出版社，2003：232.

② 张秀娟．建国以来的社会变迁与高等教育平等演变 [D]．南京师大博士论文，2015：63.

③ 杨晓明．高等教育政策问题研究 [M]．郑州：郑州大象出版社，2011：175.

④ 曾满超．教育政治的经济分析 [M]．北京：人民教育出版社，2000：268.

1997年下半年，一场突然爆发的亚洲金融危机波及亚洲各国。1999年1月，我国发布《面向21世纪教育振兴行动计划》，要求加大招生和毕业生就业制度改革力度，进行高考科目、内容、方法和制度的改革试点，探索建立适合不同地区和学校特点的高校招生、考试、评价的方法与制度。2000年，一直由国家“全包”的师范专业也实行收费，招生并轨改革完成。在1994年至2000年间，干部家庭的学生占上海交通大学新生总数的1/3。2000年第5次人口普查数据显示，城市本科生数是农村的281倍。清华大学、北京大学、北京师范大学等国家重点大学，自20世纪90年代以来，农村学生的比例呈下降趋势：清华大学在2000年是17.6%，比1990年下降4.1%；北京大学在1999年是16.3%，比1991年下降2.5%；北京师范大学在2002年是22.3%，比1990年下降5.7%。而唐山学院、华北煤炭学院等非重点大学，2003年农村学生的比例高达63.3%，比2001年高出7.9个百分点。[①] 这说明消除全国所有高校的计划外招生，是遏制重点高校招生不公平问题的必须举措。不过，招生并轨不能从根本上解决城乡学生在重点高校的招生机会公平问题。

20世纪90年代以来，不少人指出重点大学招生名额省际分配不公平，一些重点大学招生地方化。一些重点大学农村大学生所占比例下降到30%以下，被很多人认为是一个很不公平的社会现象。

三、1999年扩招以来的深化改革阶段

1999年6月15日，中共中央国务院召开全国教育工作会议，会议通过国家高校扩招方案，做出当年即开始实施高校扩招的决定。随着高校的大规模扩招，我国的高等教育由精英教育阶段进入大众化教育阶段。

2000年，教育部将制定加分政策的部分权力下放至省级教育主管部门，高考加分项目急剧增多，使得高考加分成为高等教育不公平的“重灾区”，腐败案例不断出现。教育部出台的高考加分制度，规定特长生、“三好学生”、少数民族学生等在高考中有获得加分的权利，这有助于鼓励个性发

---

① 杜瑞军．高等教育入学妍会的分配标准透视教育公平问题——对新中国50年普通高校招生政策的历史回顾[J]．高等教育研究，2007(4)：32-33.

展，破除“分数至上”的评价标准。2001年4月3日，教育部宣布取消以前对高考考生必须未婚和年龄在25周岁以下的规定，从此，高考报名不再受婚姻状况和年龄的限制，高考报名机会向绝大多数人开放。2003年，北京大学、清华大学等22所高校获得了招生名额5%的自主招生权，但是最初实施的几年里，大多数高校限定了中学名单，因此通过自主招生进入大学的考生绝大多数都是城市重点中学的学生。2004年，教育部实施了省部共建地方高校计划，客观上加速了重点大学招生地方化的力度。《国家教委和上海市人民政府共建上海三所高校》中指出，对复旦大学、上海交通大学、上海外国语大学三所学校进行共建的目的，是探索中央和地方共同建设部属高校的有效途径和方法，加快部属高校的改革和发展，更好地为地方经济建设和社会发展服务。该文件中的第二条规定：上海市财政每年给三校一定数量的共建补贴。对三校从海外和国内其他地方引进的高级人才，在户口指标和减免城市建设费以及土地征用等方面，给予与地方高校同等的待遇。第四条中规定：国家教委支持上海市进行高校布局调整，优化高教结构，提高办学效益，支持三校适当扩大在上海的招生名额、增加毕业生留上海的比例。复旦大学、上海交通大学在上海的毕业生选留数从30%～40%逐步增加到50%左右，上海外国语大学毕业生选留数从55.9%左右逐步提高到65%左右。[①]

2006年，中共十六届六中全会通过的《中共中央关于构建社会主义和谐社会若干重大问题的决定》中明确提出要落实区域发展总体战略，促进区域协调发展,加大对欠发达地区和困难地区的扶持，尽快使中西部地区基础设施和教育、卫生、文化等公共服务设施得到改善，逐步缩小地区间基本公共服务差距。要坚持公共教育资源向农村、中西部地区、贫困地区、边疆地区、民族地区倾斜，逐步缩小城乡、区域教育发展差距，推动公共教育协调发展。2006年开始，教育部要求面向全国招生的各高校将新增计划用于高考大省，用以缓解高考大省的高考竞争压力，并于2008年开始实施《支援中西部地区普通高校招生协作计划》,即每年从全国普通高校招生计划增量中专门拿出一定比例,给东部和高等教育资源丰富的省份,由其所属高校定向

① 征玉韦．高等教育获得机会省际差导研究 [D]．华中师范大学硕士论文，2009：36-37．

到中西部高等教育资源缺乏、升学压力大的省份招生。2006年，同济大学、上海交通大学、复旦大学在上海市的招生比例分别是40.7%、44.2%、49.7%，南开大学和天津大学在天津的招生比例分别是23.3%、27.1%。[①]2009年，上海考生考入复旦大学的机会是全国平均值的53倍。2011年北京大学录取数据显示，北京平均每万名考生升入北京大学的比例为52.5，而安徽仅为1.27，贵州仅为1.48，北京考生升入北京大学的概率是安徽的41.3倍、贵州的35.5倍。这样的招生名额分配制度，无疑使高校较多的大城市学生有更多的机会进入名校。据清华大学发布的《中国高等教育公平状况报告（2011）》显示，家庭背景对考生获得保送资格、自主招生名额、高考加分优惠等方面具有显著影响，国家与社会管理者子女获得加分机会是农家子女的7.5倍。[②]

2014年9月发布的《国务院关于深化考试招生制度改革的实施意见》，在“主要任务和措施”的第一条就提出改进招生计划分配方式。主要的两项政策举措是：①提高中西部地区和人口大省高考录取率。综合考虑生源数量及办学条件、毕业生就业状况等因素，完善国家招生计划编制办法，督促高校严格执行招生计划。继续实施支援中西部地区招生协作计划，在东部地区高校安排专门招生名额面向中西部地区招生。部属高校要公开招生名额分配原则和办法，合理确定分省招生计划，严格控制属地招生比例。2017年录取率最低省份与全国平均水平的差距从2013年的6个百分点缩小至4个百分点以内。②增加农村学生上重点高校人数。继续实施国家农村贫困地区定向招生专项计划，由重点高校面向贫困地区定向招生。部属高校、省属重点高校要安排一定比例的名额招收边远、贫困、民族地区优秀农村学生。2017年贫困地区农村学生进入重点高校人数明显增加，形成保障农村学生上重点高校的长效机制。此外，还宣布2015年起取消体育、艺术等特长生加分项目。确有必要保留的加分项目，应合理设置加分分值。探索完善边疆民族特困地区加分政策。地方性高考加分项目由省级人民政府确定并报教育部备

① 杜瑞军．对我国高等教育入学机会分配的历史回顾——基于对1949年以来普通高校招生政策文本的分析 [J]．复旦教育论，2007（2）：63.

② 钟华．社会公平是否该由教育买单 [N]．中国社会科学报，2012-06-06.

案，原则上只适用于本省（区、市）所属高校在本省（区、市）招生。还要求加强考生加分资格审核，严格认定程序，做好公开公示，强化监督管理。

可见，我国高考制度改革变迁主要是政府主导的、强制性的正式制度变迁。

第二节
新形势下的高校招生区域均衡政策理念

高校招生区域均衡指的是高考录取率的省际协调性、和谐性及平衡性。党的十九大报告明确提出，中国特色社会主义进入新时代，我国社会主要矛盾已经转化为人民日益增长的美好生活需要和不平衡不充分的发展之间的矛盾；必须坚持以人民为中心的发展思想，不断促进人的全面发展、全体人民共同富裕。协调区域发展将是中国未来发展过程中面临的重要课题之一。①

一、政府在招生区域公平中的主导性

从公民政治权利上说，每一个人都拥有一种基于正义的不可侵犯性。差别原则是解决社会经济领域不公平的一种分配的正义，从而改善最不利者的处境，缩小他们与其他人的差距。罗尔斯的机会公平开放原则在承认人的先天能力有差异的基础上，主张解除各种约束人们能力发展的社会限制，主要是让人们享受平等的受教育机会，尽力消除造成人们才能差异的社会根源和环境。② 目前我国仍处于社会主义初级阶段，受经济、政治、文化等方面发展尚不完善的限制，实现人人期待的高考公平还存在现实困难，在未来很长一段时期，招生区域公平还将是人们不断追求的目标。

招生区域公平是权利和机会的实质性公平。高考作为社会个体获得高等教育机会的主要途径，必须体现考生在考试和升学权利与机会上的公平。首先是机会的平等，即必须确保每个社会个体不受家庭背景、民族、性别及资本占有状况等因素的限制与影响，社会的制度安排和非制度安排给每个社会个体的考试机会是平等的。其次是权益的平等，即每个社会个体都享有受法

① 李猛．中国区域非均衡发展的政治学分析 [J]．政治学研究，2011(3)：114.

② [美]约翰·罗尔斯，著．正义论 [M]．何怀宏，等，译．北京：中国社会科学出版社，1997：3-4.

律保护的高考权利和高考可能带来的各种利益，包括考生自主选择高校的权利、享受政策规定的加分权利以及自然灾害等特殊情况下的高考优惠政策等。最后是考试资源的平等。考试资源是指有助于提高考试成绩的所有教育资源及其他社会资源，在具体形式上通常表现为教师、考试辅导资料、考试信息以及对提高考试成绩有帮助的其他信息。[①]

政府在公共政策中发挥主导作用。政府应该尽最大职责为教育事业的发展提供一个强有力的社会保障机制，为全社会提供基本的公共服务产品，包括政策的引导以及提供财政支持，并承担起整合社会的力量办教育的重任等。[②] 教育部、省级行政机构应该履行宏观调控高考招生、制定规范、行政监督等职能，并考虑区域平衡问题。要加强对高考的行政监督，开展政府、社会、家长及考生之间的对话与交流，确保社会各界对高考的知情权、话语权，以促进高等教育资源分配的公平合理。推行阳光录取、网上录取，建立各层次的内外监督网络，鼓励公众和大众媒体积极参与监督高考招生的过程，尽可能将执行者的自由裁量权限制在一个合理的范围之内。[③]

二、教育资源配置在招生区域公平中的均衡性

我国招生计划的分省分配制，其所衍生的高校录取分数线的地域差异，经常被批评为“地方保护主义”“地域歧视”等。城乡教育资源分配不均，教育资源配置（包括经费、师资、学校布局）向城市倾斜、向重点学校倾斜，农村教育经费投入不足等是导致我国当前高等教育入学机会城乡差异的重要因素。

高校数量分布不均衡是招生区域不公平的重要原因之一。高校数量与高等教育机会的多少密切相关。从高等教育资源分布来看，目前，我国教育部直属高校共75所，其中东部地区49所，占总数的65%以上，仅北京就有22所，接近中部地区和西部的总数，而贵州省和青海省没有一所部属院校。从

---

① 王后雄，李佳，李木洲. 高考公平的内涵及属性 [J]. 中国教育学刊，2012(5)：31-32.
② 周斌. 政府与市场角色定位与职能界定——以教育能否产业化为例 [J]. 成都大学学报（社会科学版），2005(1)：83-84.
③ 郭昕，朱春晖. 从教育公平视角探讨我国的高考制度改革 [J]. 湖南科技大学学报（社会科学版），2014(2)：161.

地域来看，我国高校主要集中于华北、华东、东北地区而且各省份分布不均衡，北京、上海、江苏、湖北等省份高等教育资源较丰富，而内蒙古、甘肃、宁夏、新疆等省(区)高校较少。从区域类型、发展水平来看，高等院校主要集中于区域中心城市和经济、文化较发达的地区，而经济欠发达地区的高等院校数量少且发展较慢。造成优秀高等教育资源呈现典型非均衡特征的原因，很重要的一点是区域经济发展不均衡。东部沿海地区的经济发展起步早、经济基础较好，因而东部地区高校在资金支持、教师吸引力、基础设施条件等各方面都具有中西部地区不可比拟的优势。中西部省份经济发展水平相对落后，省属高校数量少、规模小、条件差，能容纳学生的数量较为有限，考生多、计划少的矛盾十分突出。高等教育入学机会在各地区之间分布的失衡，在很大程度上源于地区经济发展的差异。正因为如此，党的十九大报告提出，要实施区域协调发展战略，在经济上加大力度支持革命老区、民族地区、边疆地区、贫困地区加快发展。

高等教育入学机会的差距是基础教育阶段受教育机会不平等的一种积累和延续。示范学校在经费、师资、基建、招生等多方面具有优势，相对普通中学有更好的教学质量和升学率，赢得了更高的社会声誉，也获得了优先挑选优质生源的权利。这造成了教育上的“马太效应”，即所谓的“富校越富，穷校越穷”。[①] 近年来，各地大力发展示范高中，这些学校把优质生源集中起来，不断加大城市高中的优势，结果使城市高中和农村高中更加不平衡。不仅城乡之间、各省之间的基础教育存在巨大差距，即便同在一座城，市内的中小学发展显然也是不均衡的。比如北京四中、人大附中、师大附中等学校在北京属于“第一梯队”，其师资、设施等都是一般学校难以望其项背的。[②] 作为事关公平的社会性资源配置，从各国的历史实践和现实操作来看，政府主导向来是主流。从高中教育的发展来看，农村高中的发展是普及高中教育的关键。从学龄人口变动的趋势来看，2010年、2015年农村高中

---

① 冯虹，杨玉茗，田添．计划分配方式改进对考试招生机会公平的意义——对国务院“关于深化考试招生制度改革的实施意见”的思考 [J]．天津师范大学学报（基础教育版），2015(2)：52-53.

② 张千帆．高考压力从哪里来?——中国优质高等教育资源稀缺的制度根源及其改革方案 [J]．政法论坛，2016(5)：89.

阶段学龄人口占全国高中阶段学龄人口的比例分别达到72%、60%。对全国东、中、西部6省的农村中小学生上学意愿的一项调查显示，“打算上学上到大学”的小学生比例为75.70%，初中生比例为71.52%，农村学生父母对孩子将来能读大学给予很高期望的比例为69.16%。我国普通高中对优质生源的竞争由来已久，省域或地级市域内抢夺优质生源的现象非常普遍，城市优质普通高中的“掐尖”行为屡禁不绝。省域内农村生源的竞争力不断下降，其根本原因在于以招收农村生源为主的普通高中的教育质量与城市普通高中的差距越来越大，在区域内的升学竞争中始终处于劣势。[①]

2005年，国家政策文件的标题中首次出现“义务教育均衡发展”这一提法。2005年《教育部关于进一步推进义务教育均衡发展的若干意见》的出台标志着我国义务教育均衡发展帷幕的正式拉开，也标志着中央政府立场的明确、决心的坚定、力度的强化。《国家中长期教育改革和发展规划纲要（2010—2020年）》第四十六条明确提出了“加强省级政府的教育统筹能力”“统筹管理义务教育，推进城乡义务教育均衡发展，依法落实发展义务教育的财政责任”。从2011年开始，各省、市、自治区又都分别制定了具有地方特色的“十二五”教育发展计划，在多数省级行政区划的计划中都提及了教育均衡问题，如北京提出“推进义务教育高标准、高质量地均衡发展”，吉林提出“实现教育均衡发展和落后地区的跨越发展”，湖北提出要“为每一个适龄儿童与青少年提供充分的、基本均衡的教育机会和高质量的教育服务”。党的十九大报告提出，要推动城乡义务教育一体化发展，高度重视农村义务教育，办好学前教育、特殊教育和网络教育，普及高中阶段教育，努力让每个孩子都能享有公平而有质量的教育。还要健全学生资助制度，使绝大多数城乡新增劳动力接受高中阶段教育、更多接受高等教育。

三、高校录取率在招生区域公平中的均衡性

由于人的天生禀赋及生存环境总是存在差异的，所以招生区域公平永远具有相对性。招生区域公平并不是不讲具体条件、社会背景及经济社会发展水平的绝对公平。从这一意义上说，招生区域均衡不是区域招生名额相同或

① 刘善槐，贾盼盼．我国农村普通高中的生存困境与出路[J]．教育发展研究，2013(22)：34-36.

者占人口比的比例绝对相同。在我国社会主义初级阶段的条件下，比较好解决的是高考制度的应考机会即考试权利的平等，以及国家所属高校的省际高考录取率大致均衡，但难以在短期内解决各省教育资源条件差异所导致的招生录取率不公平，更难以解决个体差异包括家庭经济和文化资本差异导致的受教育机会不平等。

研究发现，学生的高考成绩与其家长拥有的经济、文化资本有直接关系。在家长心目中，孩子进了“重点中学”“示范性中学”“实验中学”，意味着一只脚跨进了大学的门。家长们认为即使交一大笔“择校费”，只要能把孩子送到质量好的学校读书，就是值得的。广州2010年首次公开了市内各区中小学的择校费数额，高达11.39亿元，其中捐资助学费约9.4亿元，择校费约1.9亿元，单笔择校费最高达到了10万元。2012年11月15日，北京某学校被曝小升初择校费为50万～80万元。2008年的一个调查显示，北京高中择校费平均为27518.34元，251所公办学校招收高中择校生，择校生总共约1.1万名，可计算出当年北京高中择校费共达3亿元左右。上海2007年寄宿制高级中学择校费为28000元，市重点高中为21000元，区重点高中为12800元，一般高中为4600元。广州2011年择校费总数为5亿元，具体费用标准是：市一级重点中学3万元，省一级重点中学4万元，跨区择校在原基础上再加1万元，热门名校上浮1万～2万元。作为“公共产品”的基础教育，在市场化的作用下，原本不公平的教育资源分配状况变得更加糟糕。

招生区域不公平导致“高考移民”成为很难治理的顽症。2001年之后我国开始推行分省命题，由于各省（区、市）缺乏统一衡量标准，录取标准的地区差异表面上被掩盖，但从屡禁不止的高考移民现象，可以看出录取标准的地区差异依然存在。按照杭州师范大学刘希伟教授的研究，当代高考移民，大约自20世纪80年代开始出现。随着我国进入高等教育大众化阶段，这一问题一度变得更加突出。在中西部教育相对落后的省份，可以说一直存在高考移民问题。高考移民作为一种违法、违规行为，隐蔽性是其固有特征。为了增强隐蔽性，甚至还有“千万不要考状元”的考量与选择。2009年，宁夏所查处的170名高考移民中，“职转普”注册学籍者25人，伪造中专毕业证者3人。2010年，新疆查处了466名高考移民；

2011年，新疆又清理高考移民267人。2013年，青海省西宁市城西区通过学校初审及与相关部门联合审查，查出报考资料不全以及存在问题的考生456人。后经进一步查证、取证，在报名初审阶段取消3人的报考资格，复审阶段取消4名考生的报考资格，“限报”26人。其原因包括考生家长隐瞒省外迁移资料、空挂户籍、一人两户、冒名顶替、户口迁入时间不合规定等。与此同时，西宁市城中区也查出因户籍问题、学生本人高中三年不在青海就读者12人，复审时取消2人的报考资格，另有7人自愿放弃报考、20人被“限报”。《中国青年报》社会调查中心进行的一项民意调查显示，“91.2%的受访者认为身边就有高考移民”。2014年底，内蒙古呼和浩特市教育局对该市两所民办中学进行突击检查发现，在持自治区外身份证号的690名学生中有590人不在本校实际就读，大多属于空挂学籍。这些学生，每逢学业水平考试等重要节点回校“应卯”考试，其余时间均在原籍就读。《2015年重点高校招收农村学生工作的通知》规定，“国家专项计划”面向农村和贫苦地区考生；“高校专项计划”面向农村考生，由教育部直属高校和其他自主招生试点高校承担，招生计划不少于学校本科招生规模的2%；“地方专项计划”由地方重点高校招收农村学生，招生计划由各省（区、市）根据本地实际情况确定，原则上不少于有关高校本科一批招生规模的3%。一些人（包括城市户籍者）设法将孩子的户籍迁移至实施“专项计划”的县市，甚至是该类县市的农村，从而以贫困地区、农村考生的身份享受这些照顾名额，与农村孩子争夺政策照顾机会。城市考生将户籍迁移至农村，甚至同一县市的城市户籍学生利用“高考扶贫”政策转为农村户籍考生，进一步增加了高考移民身份判定的理论困境。①

在现行全国统考、分省录取的体制下，招生计划在区域、省市间的相对公平是高等教育入学机会公平的起点。一般而言，各省高校招生计划由以下三部分组成：一是面向全国招生的中央部门所属院校对本地投放的名额；二是面向全国招生的省属院校在本地所投放的名额；三是本省所属的地方院校的招生名额。从比例构成来看，第一部分和第二部分大致各占14%，而省

① 刘希伟．“高考移民”的新动向与治理策略 [J]．教育发展研究，2015(15-16)：7-10.

属院校的招生比例则占到72%。从这一意义上讲，本省高校的数量和招生能力也就在很大程度上决定了本地高等教育入学机会的多寡。[①] 当前，需要通过改革解决的突出问题，是要严格控制部属高校属地招生的比例，合理配置各省（市、区）名额指标。部属高校是以中央投资为主建设的高校，理应服务全国人民，而且这些高校多是国家优质教育资源集中地，是考生向往、首选的高校，更应注意公平配置生源计划，减少招生属地化倾向。至于省域之间的高等教育发展水平的差异，则需要长时间的努力才能逐步缩小。同时，从高考录取的总比例看，农村考生与城市考生的机会大体相当，但农村考生上重点高校的比例偏少。如2013年，全国农村高考报名人数占全国报名总人数的59.5%，录取人数占全国录取总人数的58.8%，而本科院校录取的农村学生比例为52.2%，第一批次高校录取的农村学生比例为44.8%，“985工程”“211工程”高校录取的农村学生比例为37%。[②]

可见，2008年以来国家提出对中西部经济水平相对落后的地区采取适当的倾斜政策，增加农村学生上大学的比例，这些举措是合理的，也是可行的它符合经济学中的“帕累托改进原理”，即在其他人的福利没有降低的情况下，使一些人的福利得到改善。

① 李立峰．我国高校招生考试中的区域公平问题研究 [D]．厦门大学博士论文，2006：144.

② 瞿振元．坚持科学选才与促进公平的有机统一——对深化高考改革的几点认识 [J]．中国高教研究，2014(10)：2.

第三节 高等教育供给机会均衡的政策变革

区域高等教育非均衡发展与我国区域经济发展不平衡互相影响，已经成为影响我国社会和谐发展和未来基本实现现代化的重要因素。高校招生区域均衡政策，实质上是指在教育公平思想和教育平等原则的支配下，教育机构和受教育者在教育活动中享有实质性平等教育机会的教育政策与法律制度，从而在省际教育资源和教育群体之间达到教育需求与教育供给的相对均衡。

一、支援中西部省份发展经济

改革开放以后，在中央“三步走”发展战略的指引下，在“先富带后富”“两个大局”以及“梯度转移”“增长极”“中心—外围”等区域发展思想理论的指导下，我国区域均衡发展战略转变为区域非均衡协调发展战略，发展的重点由向中西部地区倾斜转向在优先发展东部沿海地区的基础上带动各区域共同发展。在非均衡协调发展战略的指导下，除了对沿海地区实行投资、财税、信贷、价格等政策倾斜外，还在东部沿海地区兴办经济特区和沿海开放区，“逐步建立起更加开放的外向型经济结构”，“使这一地带逐步成为我国对外贸易的基地，培养和向全国输送高级技术和管理人才的基地，向全国传递新技术、提供咨询和信息的基地”。[①] 1979—1992年期间，东部沿海地区的广东、浙江、福建、江苏和山东省的国内生产总值（GDP）年均增长率分别达到13.26%、12.55%、11.56%、11.20%和10.61%，而广大中西部地区的经济增长速度则低于全国的平均水平。[②]

为了缩小区域差异，国家先后实施了西部大开发、中部崛起、振兴东北

① 中央文献研究室编. 十二大以来重要文献选编（上）[M]. 北京：人民出版社，1986：161.
② 左兵. 建国以来我国区域发展政策对高等教育的影响及启示 [J]. 国家教育行政学院学报，2007（11）：39.

老工业基地等计划，虽然取得了一定的成绩，但是经济发展的不均衡状况依然明显，这在一定程度上制约了高等教育的均衡发展。据《2009年中国统计年鉴》，2008年东部地区GDP占全国的69.81％，而中部、西部地区分别只占16.78％和13.41％。通过分析人均GDP指标也可以看出，2008年全国人均GDP为2460美元，东部地区省份普遍在全国平均水平的2倍以上，以上海最高，为10529美元，中西部地区除了内蒙古略高于全国平均水平以外，均不足全国平均水平，贵州最低，为908美元。东、中、西部经济发展速度差异明显。由于区域经济发展水平在根本上制约着区域高等教育发展的速度、规模，因此高等教育的区域非均衡发展在所难免。

20世纪末，我国政府及时调整区域发展战略，提出并制定了相应的区域协调发展政策。《国民经济和社会发展"九五"计划和2010年远景目标纲要》中明确提出，"从'九五'计划开始，要逐步地、积极地解决地区差距扩大的问题，实施区域经济协调发展战略"，"在今后一个相当长的时期内，要实施有利于缓解差距加大趋势的方针政策，要积极创造条件朝着缩小东西部差距的方向努力"。党的十五大进一步确定了以"合理布局，协调发展，效率为主，兼顾公平"为特色的区域协调发展战略，提出要在保持东部经济发展的前提下加快中西部地区的发展。1999年底，中央提出了西部大开发的战略构想。《国务院关于实施西部大开发的若干政策措施》提出了四项开发政策，即资金投入政策、改善投资环境政策、扩大对外开放政策、吸引人才与发展科技教育的政策，力图通过这些政策来支持西部地区的发展。党的十九大明确提出了贯彻新发展理念，建设现代化经济体系，实施乡村振兴战略和区域协调发展战略。一方面，建立健全城乡融合发展体制机制和政策体系，加快推进农业农村现代化。另一方面，加大力度支持革命老区、民族地区、边疆地区、贫困地区加快发展，强化举措推进西部大开发形成新格局，深化改革加快东北等老工业基地振兴，发挥优势推动中部地区崛起，创新引领率先实现东部地区优化发展，建立更加有效的区域协调发展新机制。

二、教育资源供给政策的均衡化

教育供给政策的非均衡性变化，既体现于基础教育的供给，也体现于高等教育的供给。要全面建成小康社会，高校招生计划需要加快实现省际均衡，在2014年国务院出台的高考政策中已经明确。但仅靠招生计划均衡还不能解决根本问题，高考只是将招生考试中的区域公平问题凸显出来罢了，导致各省高考分数线差异较大的原因，主要是高等学校分布不均，各省市高等教育资源不均衡。[①] 从长远看，要有效降低高考的竞争程度，必须继续大力发展多种形式的高等教育，缓解高等教育供需矛盾。[②]

（一）高等教育区域供给政策

中华人民共和国成立后，为适应国家经济建设和社会发展的需要，使中西部地区的高等教育与沿海地区均衡发展，我国制定了高等教育均衡发展的宏观调控政策。1951年起，根据国家建设的整体计划和各地区的具体情况，全国高等学校有计划、有步骤地进行了全面或重点调整。在当时苏联援建的156个重点工程项目中，有五分之四布局在内地，仅西部地区就占了44项。显然，这次调整的主要目的是为这些重点项目输送工业建设专门人才，调整的重点是从沿海地区向内地迁移高校。1952年下半年，教育部根据“以培养工业建设人才和师资为重点，发展专门学院，整顿和加强综合性大学”的方针，以华北、东北、华东为重点，在全国范围内进行了高等学校的院系调整，新设了钢铁、地质、水利等12个工业专门学院。1955年，沿海地区一些高等学校搬迁至内地，有的是将同类专业、系迁到内地组建新校，有的是将学校全部或部分迁到内地建校，这个时期在武汉、兰州、西安、成都等城市建设了一批高等学校。1957年，国务院将交通大学的大部分专业及师生迁往西安，小部分专业留在上海并与原上海造船学院及筹办中的南洋工学院合并。1959年，西安和上海的两个学校分别独立成为西安交通大学和上海交通大学。经过调整，内地高校的规模和数量得到了扩充，改变了中华人民共和国成立初期高等学校过于集中在少数大城市，尤其是沿海大城市的不平衡状况。比如，陕西高校由3所增加到7所；河南高校由2所

① 刘海峰. 高考改革的理论反思[M]. 武汉：华中师范大学出版社，2007：69.
② 张亚群. 科举革废与近代中国高等教育的转型[M]. 武汉：华中师范大学出版社，2005：261.

增加到4所；内蒙古高校从无发展到有，建有2所。[①]

高等教育的稳健发展需要良善的制度支持和有效的制度供给。1985年5月，《中共中央关于教育体制改革的决定》中提出："为了调动各级政府办学的积极性，实行中央、省（自治区、直辖市）、中心城市三级办学的体制。"1993年2月，中共中央、国务院颁发的《中国教育改革和发展纲要》指出："在中央与地方的关系上进一步确立中央与省（自治区、直辖市）两级管理、两级负责的教育管理体制。中央直接管理一部分关系国家经济、社会发展全局并在高等教育中起示范作用的骨干学校和少数行业性强、地方不便管理的学校。"1994年，国家通过分税制改革，明确中央与地方之间的事权、支出范围、收入范围以及财政转移支付事项，这为强化中央宏观调控能力，调动中央和地方的积极性奠定了制度框架。1998年颁布的《中华人民共和国高等教育法》规定："国务院统一领导和管理全国高等教育事业。省、自治区、直辖市人民政府统筹协调本行政区域内的高等教育事业，管理主要为地方培养人才和国务院授权管理的高等学校。"这样，我国高等教育实行中央和地方政府两级管理、分工负责，以地方政府为主的管理体制便以法律的形式确定下来。由于各地区经济发展不平衡，因而地方政府的财政能力有一定差距，直接导致了高等教育发展的区域不平衡。这种不平衡主要表现为经济发达地区同经济欠发达地区的高等学校生均经费投入差距明显拉大。1997年，广东省地方政府事业性教育经费投入约176亿元，而投入最低的宁夏只有约68亿元。各地区高等教育规模发展的绝对差异也在扩大，各省、市、自治区每万人口大学生的标准差从1978年的3.0上升为2000年的38.5。[②] 客观上，我国现行的"两级管理，以省级政府投资为主"的多元化高等教育投资体制，在调动地方政府投资高等教育积极性的同时，使地方政府承担了更多发展教育的责任，但也带来了重点大学招生地方化的问题。

高等教育均衡化供给的实现需要加强中央政府的调控力度。为提升整体

①左兵．建国以来我国区域发展政策对高等教育的影响及启示 [J]．国家教育行政学院学报，2007（9）：39-40.

② 谢作栩．高等教育大众化进程中的区域发展问题初探 [J]．广东工业大学学报（社会科学版），2001(2)：11-16.

高等教育水平，1995年，国家启动了“211工程”，1998年在此基础上实施了“985工程”。但东部地区的“211工程”建设学校和“985工程”建设学校在数量上几乎是中西部地区的两倍。从高等教育资源的分布上看，目前，我国75所教育部直属高校中，占总人口32%的东部地区拥有的高等院校数量明显高于占总人口52%的中部地区拥有的高等院校数量，人口约为东部地区一半的西部地区教育部直属高校的数量只有东部地区的三分之一。北京、上海、江苏、湖北、广东、四川、陕西、山东、辽宁等省份拥有的普通高校总数、本科院校数量、“211工程”高校数量、“985工程”高校数量一直都是较高的，河南、江西、河北则仅各有一所“211工程”院校，而没有一所“985工程”院校。对中西部地区投入的教育经费过少，中西部地区的知名大学匮乏，这无疑不利于中西部地区高等教育的发展。[①] 因此，加强中央在经济转型中的主导作用，提高中央财政调剂，改善和加强中央宏观调控能力，是解决日益扩大的区域差距问题的前提条件。[②] 在2017年的“双一流”建设中，云南大学、郑州大学、新疆大学终于进入了一流高校建设行列，这对于调整高等教育资源，改变重点大学区域不均衡的状态，具有明显的区域经济发展战略意义。

要实现高等教育的均衡化，需要加大西部支援的力度。2000年3月，教育部制定了十项支持西部大开发的政策，其中有六项是关于高等教育的，如“加强西部高等学校建设力度，促进高等教育的相对均衡发展”“充分发挥高等学校的智力支持力度”“重点建设西部地区远程教育体系，实施‘西部高校校园网计划’”“办好内地高等学校少数民族预科班和西藏班、新疆班”“采取切实措施，鼓励、吸引高层次人才在西部创业”“把西部教育摆在‘十五’教育规划的重要位置”。2001年，教育部实施了“对口支援西部地区高等学校计划”，根据西部地区重点建设高校的学科特点，采取一对一的方式，由北京大学、清华大学等13所高校对口支援石河子大学、青海大学等西部地区高校，对西部高校的人才培养、师资队伍建设、学科发展等方面进行全方位的支援和合作。东西部高校之间的对口支援与合作也取得了一定的

① 刘畅. 区域高等教育非均衡发展现状与对策调整 [J]. 国家教育行政学院学报，2010(4)，51.
② 胡鞍钢，王绍光，康晓光. 中国地区差距报告 [M]. 沈阳：辽宁人民出版社，1997：340.

成效。以受援高校青海大学为例，16年来，清华大学等支援高校全方位、多领域、多层次的全力无私帮扶，使青海大学实现了一年一大步，年年有进步的跨越式发展。与对口支援初期2001年时相比，青海大学教学科研仪器设备总值由2328万元增加到27415.62万元；新增国字号实验室、研究中心、教学团队等14个；学校在三江源、生态、盐湖化工、高原医学、藏医藏药等学科领域已形成鲜明的研究特色，服务社会的能力显著提升。学校从一所名不见经传的普通高校，发展成为国家“211工程”重点建设大学和“中西部高校综合实力提升工程”高校，同时，也给青海高等教育注入了巨大的活力，探索出了一条西部欠发达地区高等教育跨越式发展的新模式。

（二）基础教育特别是义务教育供给开始向区域均衡化发展

1995—2000年间实施的“国家贫困地区义务教育工程”，其主要目的在于推动教育的均衡发展。2000年底，时任教育部部长陈至立在2001年度教育工作会议上的讲话中率先提到教育均衡发展的问题，指出应“调整城乡教育布局结构，努力促进教育相对均衡发展和区域的合理布局”。在2003年出台的《国务院关于进一步加强农村教育工作的决定》中，则首次提出了“省统筹”的政策理念，国家试图通过财政转移支付的方式在硬件上提升农村学校的办学标准。在国家政策文件的标题中首次出现“义务教育均衡发展”是在2005年，当时教育部出台了《教育部关于进一步推进义务教育均衡发展的若干意见》。它的出台，标志着我国义务教育均衡发展帷幕的正式拉开。国家在推进教育均衡发展上，先后从财政支持、教师培训、中央地方共建等入手，体现了人、财、物和政策四大要素的支持。[①] 2010年，国家启动了“中小学教师国家级培训计划”（以下简称“国培计划”），这是提高中小学教师特别是农村教师队伍整体素质的重要举措。“国培计划”包括“中小学教师示范性培训项目”和“中西部农村骨干教师培训项目”两项内容。2010—2012年，中央财政每年投入5.5亿元支持计划的实施。2010年起实施的高校一共有9所，包括北京大学、广州大学、北京师范大学、华东师范大学、江苏师范大学、华中师范大学、华南师范

---

① 张天雪. 区域教育均衡发展：立场与路线 [J]. 教育发展研究，2013(11)：21.

大学、陕西师范大学、江西师范大学。这是提高中小学教师特别是农村教师队伍整体素质的重要举措，对于推进义务教育均衡发展、促进基础教育改革、提高教育质量具有重要意义。

在基础教育执行了近30年“以县为主”的管理体制后，2010年的《国家中长期教育改革和发展规划纲要（2010—2020年）》明确提出要“加强省级政府的教育统筹能力”，“统筹管理义务教育，推进城乡义务教育均衡发展，依法落实发展义务教育的财政责任”。2012年，国务院又制定了教师资格认证制度，提出了“国标、省考、县聘、校用”八字方针，再次提升了教师准入的省级责任。省级政府对教育均衡发展的主要任务有三个：一是制定或完善本地区义务教育阶段学校办学条件的基本要求；二是会同有关部门，进一步调整教育经费的支出结构，重点支持农村地区、贫困地区、少数民族地区的义务教育发展，加大对经济困难地区的教育专项转移支付；三是配合中央政府的“国培计划”，开展省域内的教师全员培训，特别是对农村教师的培训。从2011年开始，各省、市、自治区又都分别制定了具有地方特色的“十二五”教育发展计划，在多数省份的计划中都提及了教育均衡问题。

据《2014年中国教育统计年鉴》的数据显示，北京普通高中生师比为9:1，而河南生师比高达17.5:1；大学本科及以上学历教师主要分布在城市，而乡镇高学历教师数量不足。高中阶段办学条件校际差异明显、城乡教育差距显著成为不争的事实。农村教育资源远比不上城市，高考竞争中，城乡学生实际上处于不同的起跑线上。

三、坚持实施省际均衡化的高校招生政策

我国高等教育自恢复考试招生以来，基本恪守以省为单位的区域配额招生原则。由于我国高校区域布局不平衡，各省基础教育发展不均衡，从而导致区域高等教育入学机会的不均衡。[①] 由于高考在普通民众的高考教育入学机会分配中具有提升实质性入学机会的作用，或许向中西部倾斜的高校招生政策，可以看作是中央实施的宏观高等教育机会调控战略。但这种调整过快，又会导致矛盾冲突，影响社会的稳定。如何把握好调控的力度，尚需要

① 刘海峰，等. 论西部地区的“高考移民”问题 [J]. 教育研究，2004（10）：76.

长远规划的顶层制度设计与有效地执行政策，也需要理论研究。

（一）公平分配高校招生机会

首先是公平分配高校招生机会。部属高校两级管理体制的重大变化，使部属高校与地方政府变成互惠互利的关系，多数地方政府也以给这些高校提供了资助、优惠等为理由，要求这些高校增加在属地的招生名额。为保证公平，教育部要求部属高校将属地招生计划控制在其总招生计划的30%以内。

建立高等教育招生均衡机制，首要的是部属高校应将以区域化招生为主转变为以面向全国的机会均等招生为主。因为，部属高校肩负着为国家培养高素质创新人才的责任，其招收的对象应是全国学业优秀的学生。而吸收优秀学生的最有效的办法，就是给予所有学生相等的机会，而不是根据地理位置先赋予一部分人优先权。[①] 其次，要坚持继续减少和规范高考加分项目。近年来，国家大幅减少并严格控制考试加分项目，2015年起取消体育、艺术等特长生加分项目。对确有必要保留的加分项目，也要求合理设置加分分值。同时要求加强考生加分资格审核，严格认定程序，做好公开公示，强化监督管理。

（二）继续实施定向招生

其次是采用定向招生机制。[②]《国家中长期教育改革和发展规划纲要(2010—2020年)》提出，完善高等学校招生名额分配方式和招生录取办法，建立健全有利于促进入学机会公平、有利于优秀人才选拔的多元录取机制。除了普通高等学校本科招生以统一入学考试为基本方式外，还提出了四种重要的特殊类型招生方式，其中包括定向招生。在实行定向招生的实践中，根据其出发点和就业面向不同出现了以下四种模式：第一，促进偏远、艰苦行业发展的单位定向招生。单位定向生（1983年）是教育部明确定义的最早的定向录取方式，也是最基本的方式，主要面向地质、矿业、石油、军工及边疆民族地区的国家重点建设项目用人单位。随社会经济环境的变化，这种定向模式占国家招生计划的比例已经变得很小。第二，保障入学机会公平的少数民族定向招生。教育部规定，少数民族预科班和西藏高中班毕业生、新

---

① 陈上仁. 浅谈高等教育区域化发展的均衡机制 [J]. 国家教育行政学院学报，2006(10)：54.

② 陈小宏，张浩. 定向招生，促进区域和行业均衡发展 [N]. 中国教育报，2010-11-10，6.

疆高中班毕业生招生录取方式均为“国家指令性定向计划”，以上类别毕业生必须回家乡就业，少数民族预科学生高考录取享受照顾分数最多可达80分。很显然，针对少数民族地区的定向招生计划，一方面是为了提供少数民族学生入学机会，另一方面，也是让受到高等教育的少数民族毕业生回到家乡，服务于家乡的社会发展和经济建设。第三，提升区域社会经济发展的区域定向招生。这种定向招生模式规定了就业的区域。例如，“少数民族高层次骨干人才计划”面向西部和部分省市少数民族自治地区，进行“定向招生、定向培养、定向就业”录取，毕业生回生源地或原单位就业；“非西藏生源定向西藏就业计划”，吸引西藏以外的优秀学生毕业后到西藏就业；通过“国防定向计划”由军队依托地方普通高校培养人才，吸收高素质军队干部。第四，服务地方社会公共事业发展的行业定向招生。最近几年出现的免费师范生、免费医学定向生和新疆艺术定向生都是政府主导，促进基层文化教育、医疗卫生行业事业发展的定向方式，由中央和地方财政拨款，招收的学生免费享受高等教育，毕业后回生源地或按协议规定就业。

定向招生作为一种重要的招生录取方式，在为国家选拔人才方面发挥了重要作用。主要体现在两个方面：一是为农村、偏远地区尤其是西部考生提供了入学机会，一定程度上保障了教育公平。例如，通过招收少数民族预科班和民族班，各类高校已经累计为少数民族地区培养输送了26万名各类建设人才。二是为偏远地区、艰苦行业输送了紧缺优秀人才。如在石油、石化行业，自1992年以来，仅中国石油大学(北京)定向招生培养的毕业生就达600余名，其中大部分为石油、石化需要的专业毕业生；在教育行业，免费师范生政策刚刚实施4年，在校生规模已超过4.5万人，从2011年起，每年有上万名大学毕业生回到家乡走上农村、乡镇中小学的讲台；在军队系统，全国普通高校已经为军队培养了8万余名掌握相关领域专业技术的高素质国防定向毕业生。

(三)实施支援中西部地区高校招生协作计划

由于多种因素的影响，我国中西部地区的经济发展落后于东部沿海地区，有的地方还比价贫困。以云南为例，2008年，中国2610万贫困人口中云南就有近1000万人，而且75%是在少数民族地区。迄今为止，在云南15

个特有少数民族中贫困人口有200多万人，人口不足10万的特有少数民族有一半以上处于绝对贫困状态。①

从2006年开始，教育部要求面向全国招生的各高校将新增招生计划用于高考大省，以缓解高考大省的高考竞争压力。2008年，教育部开始实施"支援中西部地区普通高校招生协作计划"（以下简称"协作计划"），即每年从全国普通高校招生计划增量中专门拿出一定比例，给东部和高等教育资源丰富的省份，由其所属高校定向到中西部高等教育资源缺乏、升学压力大的省份招生。2008年，教育部从招生计划增量中专门拿出了3.5万个"协作计划"名额，用于增加中西部地区的招生指标。2008年，天津、辽宁、吉林、黑龙江、上海、浙江、山东、湖北、广东、海南、重庆11个省市对口支援安徽、贵州、甘肃、内蒙古、河南5省区。2009年"协作计划"支援省份新增江苏、福建和江西，受援省份新增山西，招生人数增至6万人。2010年、2012年、2013年"协作计划"招生人数分别达12万人、17万人和18.5万人。此项政策实施后，成效显著。2008年至2010年，14个省份投放到河南的"协作计划"招生人数，分别有0.69万人、1.27万人和3.2万人。河南省教育厅发展规划处负责人指出，计划所涉及的高校基本为办学质量较好的学校，这对于缺乏优质高等教育资源的河南来说意义重大。②

2010年，北京、上海、天津、浙江、黑龙江、辽宁6个省市增加了跨省招生计划，共调剂出省外招生计划1.9万个，用于山西、安徽、河南、广西、贵州、云南、甘肃、新疆8个中西部省区招生。其中，北京市属高校在京外招生计划增加3000个，既顺应了本市高考考生减少的变化，也有利于缩小地区间高等教育入学机会的差距。上海市属高校计划在沪招生约5.62万人，比上年下降8%。2011年，教育部扩大"协作计划"规模，安排15万个招生计划，由北京等15个省市承担，面向河南等中西部省份招生。此举使"协作计划"受援省普通高考录取率比2009年平均提高了9个百分点，这在

① 冯用军．高等教育区域均衡发展与西南民族地区和谐社会建设研究 [J]．煤炭高等教育，2010(2)：38.

② 张亚群，张智玲．高考招生向中西部贫困地区倾斜政策透视 [J]．考试研究，2014(1)：5.

促进高考区域公平方面迈出了重要一步。[①]《国务院关于考试招生制度改革的实施意见》提出，“到2017年录取率最低省份与全国平均水平的差距，从2013年的6个百分点缩小到4个百分点以内”。虽然这难以彻底改变历史累积形成的差距，但无疑将明显缩小省际高考录取率差距。

① 张亚群. 考试公平VS区域公平：钢丝怎么踩[N]. 中国教育报，2012-01-18，007.

第三章

高校自主招生问题

自1952年建立高考制度以来，除了“文革”时期，我国长期实行国家统一招考办法，这对于规范中学教育，推动全民注重科学知识学习，传承和创新民族文化，维护社会的稳定发展，都有着巨大的作用。但统一招考的最大缺陷就是个性不足。所以我国首先在部分高水平大学实行自主招考，既是希望落实好高校的招生自主权，也是期望能选育出更具有创新潜质的特殊人才，弥补统一招考的缺陷。自2003年推广实施以来，高校自主招生已实行十多年，其间一直伴随着各种争论。在全力推进“双一流”建设的背景下，回顾自主招生的历史，检讨其目标以及政策趋向，对于完善自主招生制度无疑具有重要意义。

第一节
自主招生政策的历史变迁

自1952年建立高考制度以来，一直以统一招考为主线，直到“文革”期间取消统一考试。1977年恢复统一高考以后，高校自主招生经历了90年代的改革试点阶段，2003—2014年的推广实施阶段，以及其后的改革调整阶段。

一、20世纪90年代的试点探索期

1987年，国家教委颁布的《普通高等学校招生暂行条例》规定，要逐步确立“学校负责，招办监督”的录取体制。但在统一高考录取下，几乎都是按照高考分数录取学生，这就把所有高中学生引导在同一条发展轨道上，导致了严重的应试教育，学生的全面发展与个性发展很难落到实处，遑论选育创新人才。在高考是高中教育指挥棒的情况下，高校招生用多元化的标准才可能引导学生的多样化发展。

1993年秋季，本着“扩大高校自主权，实施多样化选拔新生”的宗旨，上海工业大学实行“面向社会，自主招生，择优录取”的试验。该校自行确定报名资格、自行组织入学考试、自行确定录取标准，面向社会自主招生，通过选拔的学生不须参加全国和上海市的统一招生。当年上海工业大学的全部新生都是通过自主招生方式入学的，学校在录取时主要参考学生的中学会考成绩、学校加试成绩以及学生的综合特长等。[①] 1994年4月出台的《国家教委关于进一步改革普通高等学校招生和毕业生就业制度的试点意见》提出："逐步实现选拔新生办法的多样化。以全国统一入学考试为主要的选拔新生手段；同时，在保证质量的前提下，对在培养人才方面有特殊要求的高等学校，经教育部批准，可以按系统或地区，联合或单独组织入学考试。高等学校可根据各自专业的特点自行从中选拔要求考生报考的科目，并自行决定录取标准、自主选拔新生。"

《中华人民共和国高等教育法》第三十二条规定："高等学校根据社会需求、办学条件和国家核定的办学规模，制定招生方案，自主调节系科招生比例。"在法律上明确了高校的招生自主权力。1999年1月出台的《面向21世纪教育振兴行动计划》指出，"加大招生和毕业生就业制度改革力度"，"进行高考科目、内容、方法和制度的改革试点"，"探索适合不同地区和学校特点的高校招生、考试、评价的方法和制度"。1999年2月，教育部出台《关于进一步深化普通高等学校招生考试制度改革的意见》，提出改革高考制度的三项原则，即"有助于中学实施素质教育，有助于高校选拔人才，有助于高校扩大办学自主权"。1999年6月13日，发布的《中共中央国务院颁布关于深化教育改革，全面推进素质教育的决定》指出，要加快招生考试和评价制度改革，改变"一次考试定终身"的不合理现象，通过改革高考制度，推进素质教育在中小学的全面实施，要按照"三个有助于"的总体原则，"扩大学校的招生自主权和考生的选择机会，逐步建立具有多种选择的、更加科学和公正的高等学校招生选拔制度"。为此，教育部曾允许进入"211工程"的部分重点大学拥有2%的招生机动指标，遗憾的是不少高校将指标用在了"关系户"身上，引发很大争议，致使教育部于2001年取消了所有高校的机动指标。[②]

2001年，南京大学、东南大学以及南京航空航天大学试行自主招生录取改革，三所学校向教育部提出进行自主招生试点的申请，获得了在江苏省内自主确定同批省最低控制分数线上的调档比例和要求的权利。东南大

① 刘进华，沈红. 高校自主招生：中俄比较与启示 [J]. 清华大学教育研究，2008(5)：68.
② 周剑清. 高校自主招生的误区禁区与盲区 [J]. 国家教育行政学院学报，2010(6)：75.

学自主招生改革的做法是：在江苏省80多所省重点高中的考生中，长期成绩特别优秀的考生；高中期间获得全国奥赛一、二、三等奖及其他东南大学认可的奖项的；单科成绩特别优秀的考生并在高考中这一学科成绩名列前茅的；有文艺、体育特长的考生等，经所在中学集体审核同意，并被东南大学专家委员会研究认可，第一志愿填报东南大学，即便考分达不到东南大学投档分数线，但只要达到了江苏省本科第一批控制分数线的，东南大学将在严格考核前提下择优录取。东南大学有关方面负责人对此评价说，实行这样的招生改革，一是鼓励更多的优秀考生报考东南大学，二是改变以往一些优秀考生因考试失手而无缘进重点大学大门的遗憾。南京理工大学和南京航空航天大学自主招生改革，除了与东南大学相似的地方外，还表现在第一次承诺有条件地录取第二志愿考生。南京理工大学称凡第一志愿报考清华大学、北京大学，第二志愿报考南京理工大学的考生，如未被两校录取且考分超过江苏省本科第一批控制分数线80分的，可被南京理工大学录取。南京航空航天大学称凡第一志愿报考清华大学、北京大学，第二志愿报考南京航空航天大学的考生，如果未被两校录取且考分仅比两校分数线少10分以内的，南京航空航天大学将予录取。这一改革打破了两校以往不招第二志愿考生的惯例，这是一个很大的突破。它可能带来的结果是，更多的优秀考生因有第二志愿承诺招生保底而踊跃报考清华大学、北京大学。这是一个多方共赢的政策，有助于考生报考心仪的学校和高校招收优秀考生，也有助于避免高分落榜。

二、2003—2014年的推广实施期

开展自主选拔录取改革试点工作，是扩大高校自主权、深化高校招生录取制度改革的重要举措，也是对选拔优秀创新人才的新探索。2003年，以总结前两年自主招生实践经验为契机，正式发布《教育部办公厅关于做好高等学校自主选拔录取改革试点工作的通知》，决定让全国22所高校拿出该校年度本科招生计划名额总数的5%，开展自主选拔录取改革试点。通知要求，“自主选拔录取改革试点工作要认真贯彻党的教育方针，体现教育创新、素质教育的要求；遵循公平、公正、公开、择优录取的原则。试点学校

和有关省（自治区、直辖市）高等学校招生委员会办公室，要根据创新人才选拔和专业培养需要，积极探索以统一考试录取为主、与多元化考试评价和多样化选拔录取相结合，学校自主选拔录取、自我约束，政府宏观指导、服务，社会有效监督的选拔优秀创新人才的新机制”。2003年春季，在教育部的统一部署和领导下，部分高校开始进行自主选拔录取改革试点工作。当时的22所试点高校是：北京大学，中国人民大学，清华大学，北京师范大学，中国政法大学，复旦大学，同济大学，上海交通大学，华东理工大学，华东师范大学，南京大学，东南大学，南京航空航天大学，南京理工大学，中国药科大学，南京农业大学，浙江大学，中国科学技术大学，华中科技大学，中山大学，重庆大学。2004年试点高校扩大到28所，2005年则扩大到42所，至2017年共计90所高校。自主招生的目的是给了那些品学兼优、综合素质好、特长突出的优秀学生更多的选择空间。不过，据统计，列入自主招生候选人范围的学生，有60%～70%无须享受加分优惠也能进入大学，只有30%～40%的学生真正利用自主招生帮助自己实现了梦想。

2005年出台的《教育部办公厅关于进一步做好高等学校自主选拔录取改革试点工作的通知》要求，“试点高校自主选拔录取招生人数原则上占其年度本科招生计划总数的5%，考生人数较多且生源质量好的高校可以有所扩大，各校应将其作为‘预留计划’的一部分单独公布，并报我部（高校学生司）备案”。2006年，教育部规定，考生人数较多且生源质量好的高校，自主招生人数可以突破5%的限定。不过，出于严格控制规模的考虑，北京交通大学2005年自主招生计划仅为全校本科招生计划的2%左右，并纳入学校预留计划中，比教育部规定的5%以内减少了一半多。

2006年，北京科技大学为首的5所高校缔结了招考联盟，宣布联合举办自主招生笔试，由此开始了“联合命题、统一笔试、共享成绩、共享资源”的招考方式。2007年，进行高中新课程实验的山东、广东、海南、宁夏四省区有了首届高中新课程毕业生，教育部要求试点高校在自主选拔录取人数上给予适当倾斜。2007年11月30日，《教育部办公厅关于做好2007年高等学校自主选拔录取改革试点工作的通知》发布，规定“已开展自主选拔录取试点满三年且管理规范严格的高校，对审查、测试中在创新实践或学科专业方面表现突出的少数特别优秀的入选考生，可参考其高考成绩、中学学业及综合素质等情况，决定是否向省级招办申请破格投档予以录取，并报我部高校学生司备案”。2008年开始，已开展自主选拔录取试点满三年的“985工程”高校，对在创新实践或学科专业方面表现突出，或在试点高校组织的测试中综合排名位居前列的少数特别优秀的入选考生，可自行确定对上述考生高考成绩的要求。2009年，由清华大学牵头的“华约联盟”和由北京大学牵头的“北约联盟”相继成立。2009年自主招生试点高校有76所，2010年，全国具有自主招生资格的高校扩大到80所，2012年试点高校达到90所，自主招生十年来通过教育部“阳光高考”信息平台累计公示考生19.8万人，实际录取10.7万人。

2013年，高校自主选拔录取改革试点工作走过10年的时候，时任教育部副部长杜玉波总结认为，自主招生尽管取得一定的成绩，但目前自主选拔录取改革试点还存在一些问题和不足，主要表现在：一是有的高校试点工作定位出现偏差，热衷于争抢部分中学的学习尖子，即所谓“掐尖”，未能充分体现高校学科专业特点和通过综合评价选拔人才的要求。二是部分试点高校在自主选拔初试中组织较大规模的笔试，学生备考负担加重，社会上对自主选拔成为“小高考”的议论很多，认为这样下去，就背离了改革试点初衷，也可能引发考试安全问题。三是考核选拔科学性、规范化程度有待进一步加强。[1] 2012年12月，《教育部关于进一步深化高校自主选拔录取改革试点工作的指导意见》指出，高校自主选拔录取改革试点自2003年启动以来，对于完善高校考试招生制度、促进基础教育阶段实施素质教育、选拔培养拔尖创新人才发挥了积极作用。明确要求“在统一高考基础上，要积极探索建立符合高校自身培养目标和要求的创新人才选拔标准，完善高考、试点高校考核和普通高中学业水平考试、综合素质评价等多位一体的高校人才选拔综合评价体系。试点高校考核要结合本校相关学科、专业特色及培养要求，针对不同学科特长的学生采取相应的考核办法，注重对考生学科特长、创新潜质的考查，注重以面试为主考查学生的素质和能力，注重为考生减轻

① 原春琳．教育部：自主招生高校调整不到位或被取消资格 [N]．中国青年报，2013-04-01．

备考负担。要充分发挥学科专家的作用，不断探索完善科学、有效、规范的面试考核方式，包括口试、现场演示等。确有必要进行相关学科笔试的高校，笔试科目原则上一门，不超过两门，主要考查考生学科特长基础。确定本校考核名单时应在保证生源质量的基础上，向扎实推进素质教育的地区或中学，以及中西部地区、农村地区中学的申请考生适当倾斜。凡能证明确有某方面特长或潜质的考生，可直接进入学校考核面试环节。试点高校的自主选拔录取计划不超过本校年度本科招生计划总数的5%，纳入本校年度招生计划中。试点高校要按照本校考核合格标准和自主选拔录取计划数的适当比例（原则上不超过自主选拔录取计划数2倍的范围）择优提出候选考生，由本校招生领导机构在候选考生范围内审定入选考生名单以及每名入选考生的相应录取要求。”

北京大学招生办原主任秦春华在回顾自主招生的历程时认为，自主招生改革有两点值得特别关注：第一点，改革初衷是要给一部分在高考中发挥失常但平时特别优秀的学生提供一次机会，在一定程度上打破高考的“一考定终身”。第二点，就是通过让高校5%的范围内试点自主招生，逐步扩大比例，增加试点高校数量，最终是要实现高考基础上的高校全部自主招生，从而落实高校自主权改革的第一步——招生自主权。然而，始于2006年的“五校联考”以及随后的自主招生“联盟”，使得这一进程突然加速，吸引了社会公众的高度关注，并引发了对公平性的巨大质疑，再加上2013年个别高校和地区出现的招生腐败丑闻，迫使决策层收紧自主招生政策。①

三、2014年以来自主招生的政策调整

以2014年9月颁布的《国务院关于深化考试招生制度改革的实施意见》（简称《实施意见》）为标志，自主招生改革进入到第三阶段。《实施意见》提出了我国的新高考改革方案，其中对已实施10余年的高校自主招生工作，提出了“完善和规范”的原则要求。同年12月，教育部出台了《关于进一步完善和规范高校自主招生试点工作的意见》（以下简称《意见》）的补充文件，对高校自主招生工作提出了七个方面的意见。概括这些指导意见，可以看到

① 秦春华，林莉．高考改革与综合素质评价[J]．中国大学教学，2015(7)：16–17.

高校自主招生面临着新地形势，即新的目标定位、新的评价标准和考核方式、新的管理制度安排。新形势下高校自主招生工作如何适应这一制度安排，自主招生制度如何在实践中更加完善，无疑都是重要的研究课题。

（一）新的目标定位与适应问题

《意见》明确规定，高校自主招生“主要选拔具有学科特长和创新潜质的优秀学生”，即人们所谓的“偏才”“怪才”。这意味着自主招生现在的“主要招生目标”不是过去10余年来高校争抢的“学科全面发展、各科分数很高”的考生，而主要是某个学科具有特长和创新潜质但未必是学科全面发展的学生。不过，学科全面发展的学生是否一定没有特长和创新潜质呢？实事求是地说，有的学生有，有的可能没有。宋代科举中通过了常科考试的人才，往往也去参加制科选拔特殊人才的考试，但通过者很少，这说明特殊人才往往是在某个学科领域有特别的优势才能。

2003年22所高校试点自主招生以来，高校招收的主要是各学科成绩都较好并兼具一定个性特长的学生。一个高水平大学自主招生制度研究课题组2012—2013年对全国部分高校以及中学的一项大规模问卷调查也显示，73.5%的学生（910人）、79.0%的大学教师（267人）和80.2%的中学教师（142人）认为大学自主招生应选拔那些综合素质较高、兼具个性特长的人才，而实际选拔的学生，主要是综合素质较高的人才，尤其是“学业成绩优秀的人才”。在接受调查的67所高校中，只有21所（31.3%）高校的招生办负责人表示选拔到了学有专长的“偏才”。[①] 于是，我们看到各校通行的选拔手段基本都包含了四门以上高中学科的选拔性考试，以挑选出所谓的综合素质较高的人才。实际上，多数自主招生挑选的学生，通过高考基本也能考进这些大学，真正需要享受高校加分优惠的特长学生比例非常低，这与自主招生主要招收“偏才”“怪才”的精神，似乎出现了一定程度的偏差。

不过，这种偏差不能说完全是高校理解的问题，毕竟学科发展全面的高分学生群体，总体上知识能力水平更高且往往有较高的创新潜质，事实上几乎全球的大学都在招收学业素养优秀者，只是这种模式忽视了那些成

---

① 该课题是由天津市教育招生考试院原院长乔丽娟负责，北京大学、清华大学、复旦大学、南开大学、天津大学、北京师范大学的招生办主任及部分高校教师和中学教师等参与的教育部委托课题。

绩一般但在某个学科上有浓厚兴趣与特长的学生。所以上述调查中有39.7%的学生（491人）、83.5%的大学教师（283人）和74.7%的中学教师（133人）认为，应在自主招生中为那些难以通过统一高考进入大学的“偏才”和“怪才”设置专门的选才渠道；“偏才”的选拔应该依靠高校专家组和社会专门机构联合评鉴，这是学生和老师们的共识。这说明，自主招生制度的存在符合学生素质发展的规律，转变高校自主招生的理念，关键是对招收哪类优秀学生的认识观念需要进一步统一，并在自主招生中加以落实。不过，高校自主招生并不排斥学科发展全面而有一定学科特长的学生，这也符合学生个性发展的实际情况。

（二）新的评价标准要求与适应问题

《意见》明确要求，试点高校考核要结合本校相关学科、专业特色及培养要求，确定相应的考核内容，重点考查考生的学科特长和创新潜质。考核由试点高校单独组织，不得采用联考方式或组织专门培训。充分发挥学科专家的作用，探索完善科学、有效、简便、规范的考核方式。如需笔试，考试科目原则上一门，不超过两门，并要求每所高校都必须有适合自身培养目标定位的特殊人才选拔标准，高校的考核方式需要从联考重新回归到自主考核的状态。从2003年以来的自主招生实践来看，这个评价标准究竟是什么，还需要继续探索。

从2015年高校出台的自主招生章程看，尽管各高校的考核标准有差异，但最基本的条件都包含了三条：一是几乎全部高校都对学生报考提出了全国性或省级学科竞赛获奖等级要求；二是高校都明确规定了学科选拔性考试为主、面试为辅的考试要求；三是明确规定学生的统一高考分数必须在各省市的重点线以上或者是高校在当地的投档线下最高60分以内的优惠。显然，这种综合评价标准瞄准的选才目标，严格说来，主要是有一定学科竞赛特长的学生。这些学科竞赛，主要是国际国内奥林匹克学科竞赛（数学、物理、化学、生物学、信息学）、全国青少年科技竞赛、小小发明家奖励活动这三大类，其他则是少部分高校提出的某些杂志社举办的作文竞赛、演讲比赛等获奖要求。这说明，国家取消竞赛的高考加分而建议把它作为自主招生的初审条件，起到了切实的引导作用。同时，也说明学科竞赛对培养特长生具有积极教育功能，得到官方的认可，参加学科竞赛事实上成为培养优秀中学生的最为重要的渠道。但这是否会把英才教育全面引向竞赛教育以至于影响到我国的拔尖创新人才培养质量，也引起了诸多学者的忧虑。

（三）新的管理制度与适应问题

新的目标定位与新的评价标准及考核方式，要求有新的管理制度来保障。对此，《意见》明确要求试点高校考核过程须全程录像，规范录取程序和要求，加强信息公开，并提出要严厉查处各类违规行为。特别变化大的制度安排是，自主招生考核安排在全国统一高考后举行，高校要在2月底前发布年度自主招生简章，考生在3月底前完成报名申请，高校需要在4月底前公示参加学校考核的学生名单，学生最后参加自主招生考试时间是在6月统一高考结束以后。从已经公布的高校自主招生章程看，监管制度几乎都有明确的规定，未来的自主招生制度在选拔程序等诸多方面可能会更加公平、公正。无论如何，自主招生制度的顺利实施，不管在哪一个环节，都需要刚性的监管制度安排。不过，对于选拔学生的基本管理制度，能保障选才目标实现的制度才是科学有效的管理制度。考察发达国家的高校招生制度，可以看到他们几乎都有自己的招生理念和评价标准，都有自己职业化或专业化的招生管理队伍。[①] 未来，我国高校也要优化招生管理队伍以提升选才能力，从古今中外的招生改革经验来看，仍旧任重道远。

① 刘清华．加强选才能力建设 实施综合素质评价 [J]．中国高等教育，2013（10）：42．

第二节
自主招生政策的实施成效与问题

2003年高校推广实施自主招生以来，先是各校自行举办考试，2006年北京交通大学、北京邮电大学等5所特色高校共同举办自主招生笔试联考，2010年底，清华大学、北京大学等高校纷纷结盟并宣布2011年采用联考形式，2014年国家叫停联盟考试，这些考试的总特点是对学生的学科知识进行全面检测。此后，教育部要求“高校自主选拔安排在高考之后，要注重以面试为主考查学生的素质和能力，注重为考生减轻备考负担。确有必要实行相关学科笔试的高校，笔试科目原则上一门，不超过两门”。可以说，自主招生政策取得了诸多成效，也存在一些需要改革的问题。

一、自主招生政策的实施成效

从2017年90所高校公布的自主招生章程看，中南大学、中山大学、长安大学等10所高校只进行面试，其余80所高校均为依据专业类别测试学生最多两门高中学科，同时加强面试考核学生的基础知识、语言表达、逻辑思维、想象力、问题解决等各种认知技能。特别值得注意的是，90所高校都把学科竞赛获奖以及论文、著作、专利等各种研究创作成果，作为学生优先报考资格和降分录取的条件，最高降分录取的标准可以到各省的“一本”控制分数线。

（一）自主招生学生的综合素质总体优于统招生

已有实证研究显示，自主招生学生在学业上基本都能够达到高校的要求，甚至要优于统招生。这主要是因为他们具备大学要求的学习能力，并且在学习的过程中比统招生投入得更多，具体体现在学习时间投入多、课外阅读量大、创新活动成果丰富等。但也有一些高校将有特长优势的学生招录进学校后，并没有对其相应特长进行培养，使得自主招生学生丢掉了自身的优势，当初所具备的特长沦为进入高校的“敲门砖”。[①]

有研究者利用2010年“中国大学生学习性投入调查”的数据，以“学习性投入”为概念框架，对9所“985工程”和“211工程”院校中自主招生群体和统招学生群体的学习过程、学习行为进行比较分析，结果发现：①在学业挑战度上，自主招生学生每周用于课堂以外的学习时间显著多于统招学生，38.9%的自主招生学生报告他们每周花21个小时以上，即平均每天花3个小时以上的课外时间在预习、复习、阅读相关文献、做作业/实验等学习活动上，而只有33.3%的统招学生达到了相同的量。自主招生学生不仅比统招学生更能感受到学校课程中对“分析”“综合”等高阶认知目标的设定，也更认可考试对灵活运用知识而非死记硬背的要求。自主招生学生比统招学生更认同学校对学生学习投入的强调程度。自主招生学生在学术论文、科研报告阅读量上要显著大于统招学生。②在主动合作学习水平上，自主招生学生在课堂上就某一研究主题作口头报告、课后和同学讨论作业等方面，明显超出统招学生。③在生师互动上，自主招生学生在课程要求之外和老师一起做研究的频率和及时得到学习上反馈的频率要显著高于统招学生；同时，在通过电子邮件或电话与任课老师交流上，自主招生学生也表现得更为积极主动。④在教育经验丰富程度上，自主招生学生更倾向于通过“辅修第二专业”“学习课程要求以外的语言”“参加社区服务或志愿活动”“参加海外学习项目”等增加自己大学期间的教育体验丰富程度；而统招学生有更直接的就业指向，倾向于通过“报考专业资格/技能等级证书”来增加自己在就业市场上的砝码。[②]

（二）非认知因素开始受到高校重视

非认知因素也被称为“软技能”或者“非智力因素”。大量研究发现，国内外高校招生考试成绩好的学生，认知技能一般都相对较好，也具有一定

① 刘进，贾慧卿．再论自主招生的科学性——基于对学生入校后学业表现的分析 [J]．上海教育科研，2016(9)：31.

② 文雯，管浏斯．大学自主招生学生学习性投入初探——以九所“985”“211”高校自主招生群体为例的实证研究 [J]．复旦教育论坛，2011(6)：21-24.

的非认知技能。但并非所有高考成绩好的学生都具有良好的非认知技能，原因在于，“软技能”中的某些关键性非认知技能（诸如自律意识、时间管理能力、意志品质等）并没有内化为学生的素质，只是由于学生在家庭环境或者高中环境中受到了严格监督管理从而起了阶段性作用，从而使一些中学时成绩优秀的学生在大学学习中表现一般甚至不能毕业。

从2017年90所高校公布的自主招生章程看，其共性目标要求主要有三条：第一是品德优良，第二是具有学科特长和创新潜质，第三是身心健康。而这其中，起到关键性和决定性作用的，还是直接体现学生学科特长及创新潜质的各种竞赛成绩和考试成绩。目前的高校自主招生是基于统一高考之上的自主招生。认知维度的评价主要以考试分数体现学生的学习成绩好坏，其基本价值在于确保学生具有必要的学科知识宽度和深度，从而为高校培养人才奠定文化基础。回顾我国高校自主招生走过的道路，绝大多数高校在考核办法上采用了认知维度的考试评价，考试权重最高时占自主测试成绩的70%～80%。但考察90所高校的自主招生章程还可以发现，50%的高校在品德要求中提到了人生观、价值观、社会责任、远大理想、团队合作、组织能力及合作精神等，在学科特长与创新潜质要求中提到了学生的学习习惯、兴趣、未来规划等，在身心健康要求中提到了学生应人格健全、性格开朗乐观、有较强的情绪控制力等。这说明非认知因素已经开始在自主招生中发挥作用。

（三）自主招生测评方式日益多样化

自主招生的测试方式包括自我评价、他人推荐评价、情境化测试、成长履历、集体面试等多种。从我国高校自主招生十多年来的经验来看，上述测试方法在我国高校自主招生中几乎都有所涉及，而且专家集体面试的公平监管机制得到了落实。从已有报道看，不少高校产生了纪检部门全程监督、面试全程录像以及“阳光高考”信息平台公示等确保公平公正。2011年北京大学自主招生面试采用的是“无领导小组讨论”方式，题目涉及古今中外，被认为是对学生知识面、批判性思维、学术好奇心、发展潜能和社会责任感等非智力因素的综合考查。为了确保面试真实、有效、公平，2006年复旦大学制定了《面试统一要求》以及《专家面试须知》，

2012年清华大学首次采用“半结构面试”考查学生的社会理想、成就动机、自主意识、领导能力和表达能力等综合素质。这表明，高校已认识到非认知技能评价的作用并开始了探索。考察90所实行自主招生的高校，有55所采用了有利于引导学生认识自我、规划人生的“自我陈述方法”，字数要求从最低500字到最多3000字。自我陈述的内容涉及考生本人的申请理由、性格特点、爱好特长、报考专业相关学习研究经历、学习能力、人生观和价值观、主要参与的实践活动及感悟、对申报专业的认知以及大学学业规划等。另外，还有51所高校采用了他人实名推荐评价，主要依靠各种社会团体机构或者专家学者等对被推荐人在相关专业领域的学习、研究、社会实践状况提出真实且负责任的意见。实施自主招生的90所院校还不足以完全代表我国所有的本科高校，但他们的综合评价实践，或许能为未来我国各高校制定学生综合素质评价办法、科学使用高中学生的综合素质档案材料，提供一定的经验和理论启示。

不同类别的素质，需要不同类别的考试评价方式。笔试分数很大程度上能反映考生基本的综合学业素质，甚至也能反映一些学生的其他综合素质，但这并不是全部，毕竟科目测试，主要解决的是认知能力评价的问题，它难以评价人的实践性能力以及情感等很多非智力因素。而这些往往需要通过质性评价、过程性评价来实现。测试评价方式的缺陷，难免会导致一些学生不适应大学学习，甚至出现这样那样的问题。为加强自主招生的科学性与公平性，高校不能局限于目前某几个学科的竞赛，从而让更多的学生能有更多的机会展示自己的个性特长，看到自己的发展潜力。

（四）自主招生是高校重要的创新人才选拔渠道和机制

中外高校都有选育具有创新潜质人才的使命，而自主招生是重要的招生渠道和机制。我国每年有高考考生近千万人，是美国的3～4倍，是日本、韩国等国家的几十倍。但统一高考难以选拔创新潜质人才，高考很难全面检测学生的专业适应性能力，特别是一些高级智力技能与认知策略，以及其他一些在人的发展中具有重要作用的智力与非智力因素。如果高校招生只以统一考试的成绩作为选才依据，可能会淘汰学业发展水平并不全面的特殊人才。这既不利于大学选择具有专业发展潜能的特殊人才，也难以引导基础教育培养个性化人才。要实现不拘一格降人才的理念，增加选才渠道以形成人才脱颖而出的多元机制是必要的措施。

发端于隋朝的科举考试制度，从唐代开始就有制科以“待非常之才”，但制科名目在历史发展中逐渐简化、集中、固定，唐前期科目五花八门，唐德宗（780—805）以后变成贤良、方正、直言、极谏四个“定科”。之后在宋元明清时期，制科已无足轻重了，人才的选拔集中到常科上来。科举常科也经历了由多科到单科、内容趋向统一的历程。唐代科目众多，曾有秀才、明经、进士、明法、明书、明算、童子、道举、史科、开元礼等，发展到北宋中叶以后，为了统一思想、加强中央集权，合并为进士一科，再以后虽有宋代经义、诗赋进士之分，金代经义、辞赋、策论进士之分，但从元至明清，科举考试只设进士一科。合并后的进士一科，从内容范围上讲，兼容了其他各科，但科下无目，实际上是在选拔通才，只有通文律、究义理、明古今者方可能中选。今日我国的高考与自主招生就类似上述的常科与制科，就是不同的渠道，实际也是多元的选才机制。

二、自主招生政策存在的问题

实施14年的高校自主招生政策变迁过程本身也是饱受争议的过程，其最大的争议点和其他国家的高校招生考试一样，集中在公平性、科学性以及实施效率等方面。

（一）公平性受质疑

自主招生的名额主要被省级重点中学占据，绝大部分普通中学被排除在外，无形中剥夺了普通中学学生通过自主招生进入理想高校的机会。2005年，40所自主招生试点高校中，明确规定生源所在中学须为省、地区重点中学的有25所，约占62.5%。由此，自主招生主要成为城市生源的专有权利，反映出城市与农村之间自主招生机会的巨大差距“不拘一格”的自主选拔方式，被贴上了“重点中学生源”的标签。自主招生高校经常要求两个条件：一是省级重点中学生源，二是获得全国学科竞赛省级以上奖励。据统计，2005年，将奥赛等全国性学科竞赛获奖明确作为报考资格的高校有34

所，占当年试点高校总数的85%。[①] 又如，《北京大学医学部2009年自主招生简章》将招生对象限定为“北京市、天津市、山西省、河北省、内蒙古自治区部分重点中学应届优秀毕业生”，限招五省市重点中学学生。两者都违背了教育平等原则，限定“应届毕业生”，也与《中华人民共和国高等教育法》第十九条规定的“高级中等教育学校毕业或者具有同等学力的，经考试合格，由实施相应学历教育的高等学校录取，取得专科生或者本科生入学资格”不符。[②] 2007年，在自主招生实行4年之后，华中科技大学教育科学研究院受教育部高校学生司委托，成立课题组，对自主招生运行状况进行了调查。课题组对6个省的高三学生家长的抽样调查显示，对自主招生政策“完全不了解”的占了25.2%，只有13.9%的中学领导和教师对该政策“非常熟悉”。[③] 2009年教育部“阳光高考”信息平台公示的数据显示，全国自主招生录取学生的城乡比例为9∶1。

依据北京某高校2010年和2011年的调研数据，利用多因素分析方法，比较通过自主招生招收的大学生和通过高考招收的大学生后发现，父亲教育程度较高的学生、家庭收入较高的学生、中东部地区的学生、城市家庭的学生、独生子女学生更容易成为自主招生的对象，这反映出：经济因素对自主招生对象的影响较大，参加自主招生需要的较高花费可能使一些高中生放弃自主招生机会；父亲教育程度和职业的影响则进一步体现了群体优势的代际传递；值得关注的是，城市中低阶层的孩子成为自主招生对象的可能性比农村学生还低。在我们对高校与重点中学结盟喊“打”，注意力偏向农村和普通中学的学生时，容易忽视中间部分，包括中低阶层的孩子和既非省重点中学亦非农村中学的普通学校的学生。[④]

高校已经注意到自主招生的公平问题。比如北京大学在自主选拔录取的初审、笔试和面试的各个环节均对农村户籍考生执行特殊照顾政策，单独划线、单独录取，以确保农村户籍考生的比例不低于20%，2013年，北

① 张继明. 从高等教育大众化角度审视高校自主招生 [J]. 湖北招生考试，2005(16)：69.
② 秦后国. 高校自主招生的法律控制研究 [D]. 武汉大学硕士论文，2011：53.
③ 刘进，王静. 政策过程分析自主招生公平问题的内在机理探讨 [J]. 上海教育科研，2009(6)：12.
④ 尹银，周俊山，陆俊杰. 谁更可能被自主招生录取——兼论建立高校自主招生多元评价指标体系 [J]. 清华大学教育研究，2014(6)：46.

京大学光华管理学院和经济学院的自主选拔录取候选人中，农村户籍考生比例为20.7%。同年，北京大学还将“贫困地区专项计划”招生规模翻了一番，达到60名，而且将预留计划全部投向了农村户籍考生，以最大限度保障公平。①

（二）科学性有问题

研究发现，虽然自主招生的学生在学业中的表现较令人满意，但他们在入校前后优势特长的发展变化却不尽如人意。作为一群凭借学科特长优势而被录取的学生，在入校后的优势特长却普遍出现停滞甚至退步的现象，这也反映了高校在对自主招生学生的录取和培养方面的脱节。

大学将竞赛得奖情况作为自主招生录取的重要参考标准，对学生来说，获奖证书也就成了进名校的“通行证”。调查发现，历年被保送进校的竞赛获奖学生，后来既有发展很好的，也有发展一般甚至出现种种问题的。其中，数学和物理竞赛获奖学生入学后如果学业不佳，往往是英语较差；而化学和生物竞赛的得奖者，如果进大学后学业不佳，则常常是学科成绩参差不齐。有的保送生进了与他得奖项目对应的专业，却根本学不下去，因为他的兴趣和特长并不在这门学科上，仅仅是在中学时通过大强度突击训练拿了奖。为了拿到“通行证”，当前竞赛、应赛之风四起，从高中蔓延到初中、小学甚至幼儿园。②

招生计划单列和高考录取降分是自主招生项目获得的两项优惠政策，但2015年的数据表明两项政策的使用效益有限，体现为高校自主招生计划普遍未被满足以及录取优惠实际使用率普遍偏低。2015年，我国参与自主招生的试点高校共90所，包括36所“985工程”高校、51所“211工程”高校和3所普通高校，获得的招生计划总数为18790人，其中“985工程”高校和“211工程”高校分别占52.6%、46.5%。90所高校报名审核通过的考生共有110578人，入选考生共23828人，录取考生共11107人，缺额为7683人，计划满足率为59.1%。录取优惠指试点高校给予通过自主招生测试考生的录取降分待遇，可以为入选考生被录取增加筹码。虽然各校提供的具

① 秦春华. 超越卓越的平凡——北大人才选拔制度研究[M]. 北京：北京大学出版社，2015：41.
② 姜澎. 应试加应赛，学生更受伤[N]. 文汇报，2010-07-03，1.

体优惠说法不一，但归纳而言分为以下三类：第一类以高校模拟投档线为标准，入选考生达到"一本"批次高校模拟投档线或模拟投档线下优惠多少分录取（公示平台以"B"或"B+标注"），共14095名考生获得了此类优惠，占比59.2%；第二类以生源所在省份"一本"批次录取控制分数线为标准，入选考生达到生源所在省份"一本"批次录取控制分数线或"一本"控制线上多少分录取（公示平台以"C"或"C+标注"），共9613名入选考生享受了该类优惠，占比40.3%；第三类为高校对学科特长或创新潜质特别突出的个别优秀考生以生源所在省份"一本"批次录取控制分数线下破格录取（公示平台以D标注），享受该优惠的入选考生共120人，占比0.5%。[①]

（三）招考效率较低

自主招生政策中，高校加大宣传力度、安排相应的场地、组织考试、邀请专家进行面试等造成了宣传成本、租金、印刷成本、人员薪酬等的大幅增加。据某高校统计，该校通过自主招生渠道平均每招收一名学生成本在2000元以上。学生需要到高校所在地接受考核，差旅费用等也是一笔不小的开支，物质准备成为初步筛选报考资格的一道门槛。以北京大学为主的"北约联盟"2012年在全国33个城市设立了38个考点，以清华大学为主的"华约联盟"2012年在全国设置了45个考点，共吸引了6.8万考生参考，但是仍然远远满足不了考生的需要。[②]

应该看到，虽然已经有过去14年的探索，但高校的招生专业化水平还亟待提升。高校普遍没有专业化的招生人员和队伍，没有基于数据和统计的科学的招生方案。即使是北京大学、清华大学、复旦大学、上海交通大学四校针对综合素质优秀学生出台的招生简章，虽然罗列了平时学科成绩、课外研究、公益活动等评审点，但发挥的作用还是比较有限，离真正的综合评价还有很大的距离。2015年国家的自主招生政策明显收紧，既不允许在高考前进行任何形式的测试，也不允许中学推荐，这意味着高校要在海量的自荐学生中，完全凭材料来确定候选人，而且是按录取和候选人的一定比例进行，这意味着高校的第一步选人必须精准。大多数高校在自主招生中积累最

① 万圆．2015年自主招生优惠政策的使用效益及影响因素分析[J]．复旦教育论坛，2016(6)：86-92.

② 朱欣．高校十年自主招生的政策调整与争议[J]．江苏高教，2014(2)：43.

多的是面试、笔试经验，加上学校对自荐材料诚信度无法把握，只好采信奥赛成绩等相对客观的材料。从教育改革发展的要求来看，奥赛应该是被淡化的，但高考这个强大的指挥棒，却可能会将这种淡化重新引向强化。

受考试科学性、公平性等影响，高考很难在考试评价方式上做出大的调整，招生名额较少的自主招生方式能较好地解决这个问题。如果高校能在自主招生中测试一些统一考试难以考查的教育目标，对基础教育将能起到更好地引导作用。

第三节
自主招生目标的理论思考

自主招生的政策目标是促进素质教育的开展，选拔具有创新潜质和发展潜能的优秀人才，促进高水平大学建设。选择什么类型的人才，是每一个高校教育者首先需要思考的一个问题。14年来的高校自主招生探索，使决策层和高校都充分意识到，如果以高考分数为大学招生的唯一录取依据，在高考指挥棒的引导下，应试教育的局面很难得到根本改观。然而，如果不以高考分数为录取依据，那应当以什么为依据呢？一个答案是依赖综合素质评价去选拔具有创新潜质的人才。

一、通过综合素质评价去选择创新潜质人才

人的综合素质有不同的分类，有智力因素与非智力因素的划分，也有认识能力和实践能力的划分。总体上，这些划分都是我国教育目标规定的德、智、体、美等全面素养的具体化，它们有助于我们深刻认识和判断人的创新潜质。

（一）人的素质包括智力因素和非智力因素

人的学习研究结果是智力因素与非智力因素共同作用的结果，智力因素与非智力因素就是人的综合素质。但大学“通常都忙于过程，而不是在目标上下功夫，忙于‘怎样’，而不是‘什么’”①。就智能而言，按照加德纳的多元智能理论，个体身上独立存在着与特定认知领域或知识范畴相联系的至少七种智能，其中既有传统教育偏爱的逻辑、数理智能，言语、语言智能，也有偏重于技艺和技巧的音乐、节奏智能，视觉、空间智能，身体、动觉智

① [美]詹姆斯・杜德达斯，著. 21世纪的大学[M]. 刘彤，主译. 北京：北京大学出版社，2005：222.

能，还有偏向于心智操作的交流、交往智能，自知、自省智能等。[①] 根据这一理论，个体的智能类型存在着极大的差异。它意味着，教育的根本任务，在于根据人的智能结构和类型，采取适合的选才与育才模式，来发现和发展人的智能。学科考试分数更多的属于某种智能标准，它们根本不能说明学生们在较微观的教育目标上能否取得进步的问题，诸如情绪成熟、道德伦理敏感性、创造力、审美以及与他人合作的能力等。[②] 根据多元智力理论，现在的学科统一考试有利于数理逻辑能力和语言能力强的学生，其他方面能力强的学生往往被压抑和冷落，不大符合培养有创新精神和实践能力的各级各类高级专门人才的要求。

非智力因素包括兴趣与好奇心、领导力、人际交往技能、社会责任、职业定位、适应性、毅力等。按照芝加哥大学心理学研究团队的研究，影响学习和事业成功的系统性非认知技能，主要包括学术行为、学术毅力、学术心态、学习策略、社会交往五个方面。这些研究，或许能为我国探索高校自主招生综合评价提供一定的参考借鉴。在高风险招生考试中采用非认知评估时容易出现考生造假，这是目前综合评价难以推行的主要障碍。笔者认为，解决这个问题的办法，是高校要研究设计不容易造假的自我评价、他人推荐评价、情境化测试、自我成长履历、集体面试等，从而弥补认知性考试的不足，增加测试的效度和信度。以面试为例，结构化问题具有更好的效度和信度。德国学者舒勒（Schuler, H.）研究认为，最好的结构化面试问题设计包括八个基本要求：高度结构化；根据目标要求选择问题；评估的目标不能被其他方法代替；计分的行为等级量表预先测试过；每个问题都被实证检验过；只能在面试以后才能评级；统计得分要用标准分；必须培训面试教师。这无疑对高校自主招生面试提出了更高的要求。[③]

选才很重要的一点，是要在招考评价指标上同等看待智力因素与非智力因素。唯其如此，选到的才是高校自主招考需要选择的“特殊人才”，而非

① 霍力岩. 多元智力理论及其对我们的启示 [J]. 教育研究，2000(9)：71-72.

② [美]德里克·博克，著. 走出象牙塔——现代大学的社会责任 [M]. 徐小洲，陈军，译. 杭州：浙江大学出版社，2001：108-109.

③ 刘清华. 自主招生：“非智力因素”需要多重视 [N]. 光明日报，2017-06-24.

一般意义上的“学科基础扎实的特殊人才”。所以自主选拔录取制度主要不是“降低×分录取”的制度，否则其教育效益必然会大打折扣，一些在某一方面有突出才能的专才或偏才因为总体成绩无法达到冒尖水平，无法进入自主招生高校的视线，还是无法实现自主招生的初衷。

（二）人的综合素质包括认识能力和实践能力

素质是相对稳定的人的内在品质，包括生理、心理品质等，是人不断发展的基础。说一个人的素质很高，是依据人的行为表现而做出的评价。认识能力与实践能力是人的行为表现能力，是素质的外显特征。

认识能力，表现为一种认识世界、反映世界的观念活动能力，在学校教育中，它是人与文化特别是表现为科技文化知识的课程互动的结果。在教育心理学中，认识能力包括智力技能和认知策略。当前的入学考试，主要测试的就是人的一般智力技能——一种运用符号办事的能力，是处理外部世界的能力，包括辨别、概念、规则、高级规则，如推理能力、运算能力、写作能力等，其核心是人的知识和推理规则。至于认知策略，美国教育心理学家罗伯特·米尔斯·加涅（Robert Mills Gagne）认为它是学习者用以支配自己的心智加工过程的内部组织起来的技能，其核心是思维策略。认知策略既包括认知过程的注意策略、信息编码策略和信息提取策略，也包括思维过程的策略，如概念形成、创造性解决问题的策略，以及表现为个体对自己的认知过程和结果的反省认知策略。这是目前测试中一直忽视的方面，也是创造性解决问题所需要的极为重要的能力。例如，笔试中我们常常要求学生给出答案，但是并不要求学生陈述其思考问题的过程与思维方法，这就在很大程度上掩盖了学生真实的思维品质。只是凭借学生给出的答案对他们的素质进行评价。同样的分数，有的学生可能只是调动了记忆能力和一定的理解能力，表现为考完后很快就忘记而并不具备真正的能力；而有的学生则可能调动了诸多思维品质，但受程式化的只要求给出最终答案的限制，并未表现出真正的潜力，而恰恰可能是这种能力，最终影响了人的发展水平。

实践能力，表现为一种利用世界、改造世界的物质活动能力。它是在真实情景下，在工作中形成的。实践能力的高低，除了和认识能力直接相关外，还和实际工作中的磨炼相关。缺乏真实情境下的大量练习，多半是纸上谈兵。比如缺乏工作实践，做人文社会科学方面的应用研究时，会感觉特别困难。即使是在课堂中学习人文社会科学知识，教师如果没有讲解大量的案例，学习的迁移也很难发生。如果需要考核学生的实践能力，学校就需要开设一定的活动课程或者社会实践课程，然后通过权威的、定性的评价给出学生的等级分数。单单依靠笔试，别说大规模统一考试，就是通过若干年的大学教育也难以解决实践能力缺乏的问题。

当前的教育特别强调培养人的创新素养与实践能力，不能有效地考查上述两种能力的测试，选择人才的结果可能会大打折扣。“高分低能”，说的正是具有一定的智力技能，而认知策略与实践能力缺乏的学生的表现。从学生素质上讲，高考改革要把握正确方向，关键是要认清目前学生素质的核心所在。依拙见，教育中的种种弊端的主要表现就是学生认知策略和社会要求的某种实践能力的缺乏。而要改善这种状况，势必要同时改革学校课程与测试内容及相应方法。否则就会出现社会指责的那种状况，即中学生为应试而学而背的众多知识，一旦考完，即刻作废，既没有很好地内化为自身素质，更不能转化为生存能力与技能。高中毕业生不会写公文，不会记账，不懂公关礼仪，不能打理自己的生活。

另外，从群体的素质结构说，一所高水平大学招收的人才，应尽可能来自不同的亚文化区域，这样有利于形成一个多元的文化氛围，以利于他们彼此相互学习，增强他们对中华民族大家庭的认同感与责任感。同时，多元文化的碰撞才能更好地孕育创新型人才，这是一种结构主义的智能观。所以美国精英大学强调，它们不是要录取一群相同的学生，而是要把不同类型的学生组合成一个优异的整体。[①] 它们注重“学校精英结构内多样化的最优搭配程度，从而使学生具有相互学习的最大可能”[②]。有学者注意到，我国1977年恢复统一高考后，大学招收的77级、78级学生，就是不同年龄、能力、资历、区域等的学生的组合，这种多元文化校园，对人的发展成才帮助很大。用黄全愈的话说，“‘藏龙卧虎、五花八门’的生源本身就构成了校园

① 陈屹．诱惑与困惑——美国教育参考 [M]．北京：中国社会出版社，2001：267.

② [美]亨利·罗索夫斯基，著．美国校园文化——学生、教授、管理 [M]．谢宗仙，等，译．济南：山东人民出版社，1996：50.

文化的无价财产”，“如此的校园才能促成人才间的互动，形成一个丰富多彩、生动活泼、富于创新的学术社区”。[①]

二、继续实施竞赛渠道的招生评为价方式

从我国竞赛教育的实际情况看，为适应高中数学、物理、化学、生物、信息技术等学科的奥林匹克竞赛需要，部分中学对这些竞赛学生增加了大学的相关基础课程和专业课程教学，课程的师资一般采用的是本校教师和外聘大学师资相结合的方式。但这种课程并没有经过科学而严格的设计，其直接目标主要是竞赛获奖。

学科竞赛人才几乎是所有高校自主招生的主要评价标准，有研究认为竞赛教育的积极作用主要有：第一，更充分利用教育资源，为国家和社会培养更多人才，没有学科竞赛将面临“千篇一律的毕业生”，将加重整个社会对深层次人才的饥饿度，对建设创新型国家不利。第二，开展学科竞赛有利于培养“有个性”的学生，有利于实现因材施教。有效和规范的学科竞赛将在相当长一段时间内担负着培养和发现“偏才”“怪才”“专才”等“有个性的学生”，并把他们培养成“有个性的人才”的教育责任。第三，开展学科竞赛更能培养社会需要的人。如果我们每个学科都能以学科竞赛中“以实际问题应用为牵引”的思想改进我们的教学，我们的教育也会减少与目前社会相对脱节的问题。第四，有利于与国际教育模式接轨。中国的高中学科竞赛源于为参加国际奥林匹克学科竞赛选拔人才。高水平奥赛学生受到不少知名高校的青睐。研究发现，在高中阶段受过良好相关专业基础知识教育的学生在高校和毕业后普遍发展较好，与其他渠道培养的学生相比往往具有较大优势。[②]还有观点认为，学科竞赛是较高层次的基础教育，更强调素质的培养和能力的发展。学科竞赛促进了教师素质的提高，学科竞赛在内容、思维和方法上的高要求，迫使教师必须全面提升自身的知识与能力方面的素质。学科竞赛推动了教育教学改革。辅导教师在学科竞赛中有着不可或缺的作用，

① 黄全愈．一流的学生从哪里来 [N]．南方周末，2006-05-18.

② 吴朋．对在高中阶段继续开展学科竞赛的利弊分析和反思 [J]．剑南文学（经典教苑），2012（3）：368.

从选手培训到赛前指导，从丰富理论知识到训练逻辑思维，各个环节都是对教师教学质量、教学效果的反馈，也是对新的教学方法的验证。[①] 当然，学科竞赛也有自身命题质量的改进等问题。比如有研究发现化学奥林匹克竞赛作为选拔具有化学学科发展潜能的优秀中学生的顶尖赛事，不仅对学生的化学理论知识进行考查，实验也是一个重要的考查部分。国际化学奥林匹克竞赛实验特别重视对选手创造性的考查。我国选手经过高强度、高难度的竞赛实验培训后，总体表现依然是"理论强，实验弱"。[②]

从目前的研究看，主要依靠竞赛招生尚存在一些质疑和争论。以数学竞赛为例，尽管很多研究认为其对培养学生的学科兴趣和思维能力具有积极作用，但数学竞赛开展几十年来，并未培育出真正享誉世界的数学家的事实，说明其教育功效尚未得到很好的体现。杨飞经过调查研究认为，竞赛教育不是精英教育，数学竞赛教育只能培养学生的解题技巧；竞赛教育的教学方法很多都是题海战术，竞赛教育很大程度上是变相的应试教育；一些参加竞赛训练的学生不是学科的爱好者，很多是为升学而学习的急功近利者；竞赛考试缺乏制度监督，难以确保竞赛考试的规范性和公正性。[③] 这个批评可能过于激烈，但深入思考也并非没有一定道理。笔者调查的几位参与过竞赛工作的某著名大学资深教授也认为，竞赛教育的确有积极的教育功效，学科竞赛能挑选出那些智力超群、勤奋学习的学生，但竞赛教育目标毕竟不能等同于学科教育目标，竞赛教育选出的学生也有一部分缺乏创新潜质，有的竞赛获奖学生进入大学后，学习成绩一般甚至不及格。

三、可以利用我国的大学先修课程招生

世界上几乎没有任何一个国家能用一种考试评价方式，来完成选拔高等教育多类型人才的任务，更不可能用单一的考试来检测人的各种素质结构。我国高考招生中存在的一个突出问题是，高考选拔标准的同一性与社会对人

① 张斌. 浅谈高中学科竞赛对基础教育的影响 [J]. 科教文汇，2008(12)：180.
② 余爱民. 高中化学竞赛学生实验能力培养的调查研究 [D]. 华中师范大学硕士论文 2015：摘要.
③ 杨飞. 竞赛教育：利大乎？弊大乎？[J]. 教育与管理，2008(3)：42-44.

才要求的多样性以及人的发展的个性化、多样化不相适应，高校录取的文理科高分学生，他们分别具有相同或相似的心理特点和潜能优势，不少学生的专业适应性明显不足。[①] 不同的培养目标要求，意味着不同的素质结构，这就需要不同类别的考试评价体系，这很可能是世界一流大学往往都有自己特殊的个性化测试评价的一个重要原因。

从招生渠道来说，北京大学、清华大学实施的先修课程是弥补竞赛培养体制缺陷的一个办法。主要理由有两个：其一，自主招生有开展大学先修课程的现实需要。高中学生的学业水平考试在高二年级已经基本完成，高三阶段的学习主要是复习前两年学习的内容，这压抑了许多很有天赋的学生的学习兴趣、创造力和想象力的发展。开展大学先修课程试验，正是让学有余力的中学生有机会去发展兴趣、发挥潜能，提前学习大学一年级的基础课程，接受大学思维方式与学习方法的训练，真正接受到符合其能力和兴趣的教育，有效促进其学习和研究能力发展。[②] 同时，大学先修课程项目的实践，还可以在以高考分数为标准的人才选拔体系里，增加新的评价元素，推进自主招生综合评价制度改革，推进拔尖创新人才选拔培养。教育部直属高校每年招生33万人左右，如果高中最优秀的一部分学生在高三时不是在反复复习应试，而是在学习适合高校教育目标的大学先修课程，必将大大提升创新人才培养的质量和效率。美国很多高中优秀学生学习大学先修课程。美国有70%以上的高中开设大学先修课程。

其二，大学先修课程标准适合大学自主招生目标。美国大学先修课程（Advanced Placement，简称AP）是美国优秀高中生11、12年级（相当于我国高二、高三）选修的大学水平的基础性课程，是美国高水平大学招生和折抵大学相应课程学分的重要评价依据。该课程是20世纪50年代美国高中与大学合作的产物，其产生的主要外部原因是提升国家的科技竞争力，以应对苏联的科技竞争挑战。其内部原因，主要是为了更好地衔接高中教育与大学教育，避免课程内容的重复，让高中的优秀学生更早接触大学教育，进而成为卓越的科技人才。美国大学先修课程制度的预期目标有三个：①为上大

① 郭喜青．高考选拔标准的IMAP透视 [J]．现代教育科学，2003(6)：68.

② 戴家千．试水CAP剑指何方？[J]．教育与职业，2014(9)：55.

学做准备，提前达到大学水平，提高写作技能和强化问题解决技能，形成攻克难题的学习习惯。②在大学招生中崭露头角，包括证明考生的成熟度和大学入学准备的程度，表现学生锐意进取的品质，展示考生优秀的学术潜能。③发展学生的智力，包括用多样化而独特的观点探索世界，加强学习的广度和深度，学习更多学科，展示质疑、分析、理解的能力与社会责任。[①] 2013年，有超过200万名学生参加了AP考试，美国以外还有115个国家和地区在进行这项考试，而且除美国外，在其他63个国家和地区有超过600所学校认可AP课程的考试分数。[②] 美国AP课程60年的实践证明，它优化了大学的招生标准，尤其发展了学生的个性特长优势，让学生更早发现了自己的学科兴趣和优势，提升了美国的高中和大学教育质量以及科技竞争力。AP课程对高中生进大学后的专业学习影响很大，他们绝大多数会选择在AP考试中获得优异成绩的学科领域，作为大学学习和研究的专业，以便在大学获得更好的学习成绩。AP课程的设立反映了美国教育重视个性与兴趣，最大限度开发学生潜能的鲜明特征。[③]

显然，大学先修课程制度从教育理念上讲，是一种选育特长生和创新潜质者的课程制度。我国高校自主招生制度的目标定位于学科特长生和具有创新潜质的学生，这与大学先修课程制度的目标追求并不矛盾。可以说，大学先修课程与自主招生在教育对象上都是面对学有余力、有学科兴趣特长的学生。素质目标上，大学先修课程在高层次目的上着眼于培养学生的思考、分析和解决问题能力，特别是培养学生的创新能力和动手实践能力、撰写各类实验报告的能力等，这些都是未来的拔尖创新人才所必须具备的素质。

当然，高校自主招考的前提是公平、公正。只要按照真正的特殊人才标准去公平、公正、科学地选才，必然能选拔出真正需要的人才，公众也不会认为自主招考不公平了。

---

① 刘清华. 美国大学先修课程60年：卓越与公平的互动[J]. 高等教育研究，2014(11)：104.

② 陈亮等. AP课程的机遇与挑战——专访美国大学理事会副主席王湘波[J]. 新课程研究，2014(9)：4-6.

③ 任长松. 追求卓越：美国高中AP课程述评[J]. 课程·教材·教法，2007(12)：83.

第四章 高考科目和内容改革问题

在一系列的高考改革中，科目与内容的改革是整个改革的重要组成部分，它关涉高校和高中人才培养的质量。高考科目与内容的改革既会受到教育和考试内部因素的影响，也会受到外部政治、经济、文化等诸多因素的制约。因此，对科目与内容的改革需要坚持科学的价值取向。

第一节
高考科目和内容改革的历史变迁

我国高考科目内容，“文革”前实施的是分类考试模式。1977年恢复高考以来，经历了复杂的探索过程，形成了不同的科目内容模式。概括起来，一个是1985年以来会考基础上实施的高考科目内容改革，一个是2004年以来高中新课程改革基础上实施的“3+X”模式，一个是2014年以来在上海和浙江试点的“三位一体”模式。最后一次改革是对新课程改革的进一步适应性改革，其最大特点是高考科目的选择性，同时加强了核心素养考查。

一、“文革”前分类考试

中华人民共和国成立后的高考内容，按照《关于高等学校1950年度暑期招考新生的规定》，各系（科）共同必考科目为：语文、外语、政治常识、数学、中外历史、中外地理、物理、化学。除各系（科）共同考试科目外，各校得根据学科之性质，分别加试各该系（科）之主要科目，如文学院外文系得加试外国语；医学院、农学院各系得加试生物学；等等。

1952年，在各大区联合招考的基础上，全国统一高考制度创立。为了适应各系（科）和专业对考生学业成绩的不同要求，《全国高等学校1954年暑期招考新生的规定》中，开始把考试科目划分为两类：①理科、工科、卫生科、农科、林科等类专业的考试科目，为本国语文、政治常识、数学、物理、化学、生物、外国语；②文科、政法科、财经科、体育科、艺术科等类专业，考本国语文、政治常识、历史、地理、外国语。

1955年至1963年的考试分为三类：即工科理科类，医科农林科类与文史政法财经类。后两类考生一般不考数学，但报考财经类的考生须加试数学，报考哲学类的考生自1956年开始加试数学，报考经济地理类的考生于1957年开始加试数学，1963年包括医、农、林各系（科）各专业（包括医药院校的药学专业）和生物学系（科）各专业［已列入（一）类的各专业除外］、体育系科各专业、心理学专业……加试数学。但数学的考试成绩不计入总成绩，只供录取学校参考。1964年，考生类别重新合并为理工医农和文史两大类，文史类除报考哲学、财经各专业的考生外（须加试数学，仍不计入总分），均不考数学。

由于中学外国语教学进度参差不齐，而且还有部分学生未学外国语，1955年高考科目中就不再包括外国语了。直到1958年，各类考生均在原有的考试科目基础上又增加了外国语，没有学过外国语的仍可以申请免试。自1959年开始，报考外国语专业的考生，不得再申请外国语免试。1962年开始，报考全国重点高等学校和外国语专业的考生，均不得申请免试外国语。1963年补充了少数民族考生报考全国重点高校仍可免考外语的条款。1964年，又规定参加过两年以上工农业生产和其他体力劳动的知识青年、退伍士兵和在职人员（包括中小学教师），报考文史类专业（外国语专业除外）的，仍可以申请免考外国语。①

二、恢复统一高考后探索实施会考基础上的高考科目内容改革

1977年开始，数学成为高考统考科目，但不考外语。1978年，外语重新成为统考科目，但是外语成绩不计入总分，没有学过外语的考生也可以免试。但是，报考外语学院或外语专业的考生，其外语笔试成绩计入总分，并且还须进行口试。后来，逐步增加外语成绩计入总分的比例，到1983年，本科院校招生时外语成绩按100%比例计入总分。

1985年，上海开始探索自主命题以及会考基础上的高考科目设置改

① 吴根洲，朱姝. 高考统考科目的变革及其趋势分析[J]. 教学与管理，2010(12)：73-74.

革。1987年开始，上海高考只考语、数、外三科，同时与会考成绩“硬挂钩”。1988年上海开始实行“3（语、数、外）+1（政、史、理、化四科中选一）”，其中文科类：3+1（政、史），理科类：3+1（理、化）。学生在同一类中可以跨组报名，录取时可以通过换算分数互相调剂。该方案的优点是共性（语文、数学、外语）个性（专业科目）明显，科目总数少，有利于减轻学生负担，有利于考试管理。缺点是录取时调剂考同类但不同科目的考生，在分数换算上有待科学化；不考生物、地理，导致学生不重视这两门学科的学习。

1990年，教育部提出两种高考科目方案征求意见：一种是“四组四科”模式，语文与外语是统考科目；另一种是“五组四科”模式，统考科目也是语文与外语。1991年，湖南、云南、海南三省开始实行与上海方案完全不同的“四科四组”模式（“三南方案”），它们分别是：①语文、政治、历史、外语；②语文、数学、物理、外语；③数学、化学、生物、外语；④语文、数学、地理、外语。此方案各科目组都突出外语，且专业科目性向突出。但实行下来，缺陷也十分明显：一是第一科目组不考数学，第三科目组不考语文，有利于偏科生，但不利于中学教学，还可能影响大学中以这两科为基础的相应学科教学；二是各组考生不能互相跨组，结果各科目组竞争程度不一，使整个考试失去了一定的信度，客观上造成不少落榜者水平高于上榜者的现象，大学择优录取的原则没能得到很好的贯彻执行；三是考试中各科目组组内的区分度都不高，表现在相应的重点大学、一般本科、专科学校三个档次的分数线相差非常小，两个档次间相差多的也只有8分左右，少的只相差1分。在试验的基础上，教育部于1994年选择了会考基础上的高考“3+2”科目设置模式，语文、数学、外语三门科目开始作为统考科目。

1999年，广东开始试点“3+X”科目改革方案。本方案在总结、论证上海方案、“三南方案”的基础上形成了“3+2”科目方案以后，再论证并总结为“3+X”科目方案。“3”是指为语文、数学、外语三科，这是所有考生的必考科目。“X”在广东试验时包括物理、化学、地理、政治、历史、生物六科，为高校与考生双向选考的科目，这与“3+2”中的“2”为必考科目不同，前者为选考。广东的“3＋X”方案实行标准分制度，录取时给出两条线，语文、数学、外语三门给出综合分，每一录取批次都确定综合分的最低录取控制分数线，以及选考科目的资格线，同时达到两线视为上线考生，才可以出档。录取时为便于各院校、专业的平衡协调，高校各专业还指定了兼招科目，上了兼招科目资格线也有机会被录取。广东试验的基础上，经反复总结，现在“X”可以涵盖中学所有学科以及学科基础上的综合科。从“X”所具有的开放性的特点看，它甚至也可以包括一定的实践能力考查科目。从各方面反映的情况来看，该方案推广实行以来，有争议的问题主要是综合科目设置问题，不管是文科综合、理科综合还是文理综合，如它究竟是否必要，标准如何掌握，等等。其实综合科目的推出，实质是以能力立意为重点的命题改革的产物，它触动了多年来学生能力结构失衡的弊端，如综合运用知识解决问题的能力，这是对教育教学导向上的重大改革，其意义是不言而喻的。不过，该科目的标准及权重问题，有待深入研究。

2000年这一方案试点范围又有所扩大。2002年，广东、河南、上海继续实行2001年的“3＋文理综合测试＋1”模式，广西实行“3＋X”（X选取值范围为语、数、外以外的六门课程以及综合能力测试和其他技能测试，由招生学校选定，本科选两门，专科选一门）模式。其他如北京、山西、天津、江西、青海、贵州等全国大部分省（区、市）实行“3＋文科综合/理科综合”模式，这与高校大文科、大理科的分类具有对应性，方案简单易操作，预计各省（区、市）会实施到国家新的高考方案开始实施为止。不过，有批评认为无论是文科综合还是理科综合，其实还是“拼盘”。由于高中学业水平考试成绩没有进入高考录取标准而不被高中重视，这种分科考试模式也受到了导致学生知识结构不全面的批评。

三、2004年以来实施新课程改革基础上的“3＋X”模式

为适应基础教育改革的步伐，我国在2004年正式启动了高中新课程改革，首先在海南、广东、山东、宁夏、江苏等省（区、市）试点。

海南的方案为“3＋3＋基础会考”。前面的“3”指语文、数学（分文科/理科）、外语三门科目；后面的“3”是指理科按物理、化学、生物三门

分科设考，文科按政治、历史、地理三门分科设考；"基础会考"则规定报考理科的考生需参加政治、历史、地理、技术（通用、信息）等科目的考试，报考的文科考生需参加物理、化学、生物、技术（通用、信息）等科目的考试。学生"3+3"科目考试成绩和基础会考成绩的10%合成的总分，是高等学校录取的主要依据。

广东的方案是"3+文科基础/理科基础+X"。"3"为语文、数学、外语三个科目，"文科基础""理科基础"主要是指课程方案中必修课程的基础内容，"X"为与报考志愿及专业性向相关的专业选考科目，由考生从物理、化学、生物、政治、历史、地理、音乐、美术、体育九门科目中任选一科考试。

山东的方案是"3+X+1"。"3"指语文、数学（分文科/理科）、外语三门科目。该方案中，"X"指文科综合或理科综合。"理科综合"考试的内容设定为物理、化学、生物三门必修课程内容和部分主干选修课程内容；"文科综合"考试内容包括政治、历史、地理三门科目的必修课程内容和部分主干选修课程内容。该考试方案中的"1"指所有考生必须具备的基本能力，是对全体考生的共性要求，考试内容包括现行高中课程方案中的技术、体育与健康、艺术、综合实践等课程内容，同时，还要考查考生运用所学知识解决社会及生活中实际问题的能力。

宁夏的方案是"3+文科综合/理科综合"。"3"指语文、数学（分文科/理科）、外语三门科目。"理科综合"主要包括物理、化学、生物三门科目的必修课程和部分选修课程内容，"文科综合"主要包括政治、历史、地理三门科目的必修课程和部分选修课程内容。

江苏的方案是"3+学业水平测试+综合素质评价"。高校招生有三个录取依据，从高校招生实践来看，录取时占主导作用的依然是语文、数学、外语三门学科的高考成绩，其次是高中学业水平测试的等级成绩。高中学业水平测试以课程方案中的单科考试形式，分物理、化学、生物、政治、历史、地理、技术（信息、通用）科目施考，考试内容主要是必修课程的基础内容。高校招生主要采取原始分和等级分相结合的综合录取方式。

2004年开始实施的高中新课程"3+X"科目设置模式，是对原有

“3＋X”模式的进一步完善和发展。其弊端是不符合新课程改革的理念。高中新课程改革强调课程的选择性，选修课程成为高中课程结构中的半壁江山；教材“一标多本”多样化，体现了课程内容由“选拔”向“选择”的功能转变；全面推行学生学业成绩与成长记录相结合的综合评价方式，全面反映学生整个高中阶段的成长历程。①

四、2014年以来在上海和浙江试点的“三位一体”综合模式

自2014年9月《国务院关于深化考试招生制度改革的实施意见》颁布以来，上海、浙江两地启动了新一轮高校招生考试综合改革，改革了高考科目设置，进一步完善普通高中学业水平考试制度，建立科学可行的综合素质评价体系，形成“三位一体”综合模式。2017年秋季入学开始，北京、天津、山东、海南四省市正式开启高考综合改革试点，这四个省市以及其他23个省（区、市）公布的高考科目内容方案与上海方案类似，剩下的云南、广东、江苏三个省公布的方案则与浙江方案类似。

从高考科目看，目前所有省级行政区域均宣布突破文理界限实行“3＋3”科目设置方案，允许学生跨文理选科。前一个“3”为统一高考科目“语文、数学、外语”；绝大部分省级行政区域均由教育部考试中心统一命题；后一个“3”为高中学业水平考试（简称“学考”）科目，由各省级行政区自主命题。不过上海方案实行的是政治、历史、地理、物理、化学、生物“6选3”，共计20种组合，并只给学生一次考试机会；浙江方案多了一科“技术”而实行“7选3”，共计35种组合，且给学生两次考试机会。就高中学业水平考试来看，高中学考的总科目数均覆盖高中阶段全部教学科目，包含音乐、体育、美术和信息技术、通用技术，有的把音乐和美术合称为艺术，有的把信息技术和通用技术合称为技术，有的把物理、化学、生物三门科目的实验操作技能测试单列为考试或考查科目。大多数省份把音乐、体育、美术授权市、县级教育管理部门考核。其他科目均实行全省级行政区域统考。

① 余澄，王后雄．我国高考科目设置的发展历程及其改革价值取向[J]．教育理论与实践，2015（35）：24．

综合素质评价是目前改革的难点。试点省份均表示，要推进中学综合素质评价，并增强在统一高考招生中的参考作用。广东、上海、江苏、山东等省市先后启动或推进综合评价招生试点。北京提出从2020年起，在市属高校探索开展综合评价招生改革试点。湖北也提出要探索省属高校依据高考成绩、普通高中学业水平考试成绩和综合素质评价信息，以及高校自主考核情况，选拔综合素质优秀学生的招生录取模式。

第二节
当前新高考科目和内容改革的调查分析

2014年9月，《国务院关于实施考试招生制度改革的实施意见》颁布，上海和浙江高考科目改革试点也同步进行，实施一轮后的效果究竟如何，是我国进一步推广实施高考改革需要研究的关键问题。笔者在对几所样本中学的教师进行前期调研的基础上设计了问卷，并有针对性地到另外几所有代表性的中学进行了调查。调查内容主要涵盖了高考科目的教育理念、高考科目的教学实施方式、高考科目对教育教学的影响以及改进建议等，结果发现问卷调查与样本中学调研得到的结论一致。问卷调查采用“问卷星”工具，调查时间是2017年3—5月。问卷样本情况是，回收上海教师问卷146份（年级分布为高一39.73%、高二39.04%、高三21.23%，男女性别比例为36.3%与63.7%），学生问卷868份（年级分布为高一47.58%、高二52.3%、高三0.12%，男女性别比例为42.4%与57.6%，因为高三学生大多未参加调查，只有一名高三学生参与）。回收浙江教师问卷100份（年级分布为高一31%、高二34%、高三35%，男女性别比例为43%与57%），学生问卷498份（年级分布为高一38.04%、高二31.02%、高三30.94%，男女性别比例为48.17%与51.83%）。限于条件，本次问卷调查的缺陷，是没有调查农村地区的高中，可能会影响问卷结果效度和信度。另外，新高考方案究竟对教育教学产生了哪些影响，仅仅一轮的调查结果，在时间有效性上来看，也有一定的问题。从初步的调研结果看，高考科目内容改革的国家顶层制度设计方向正确，上海方案基本获得了师生认同，但上海方案与浙江方案都存在一些突出的共性问题，而浙江方案还面临教师特别诟病的个性问题。

一、科目和内容改革的总体逻辑

《国务院关于深化考试招生制度改革的实施意见》提出的高考改革的总目标是：2014年启动考试招生制度改革试点，2017年全面推进，到2020年基本建立中国特色现代教育考试招生制度，形成分类考试、综合评价、多元录取的考试招生模式，健全促进公平、科学选才、监督有力的体制机制，构建衔接各级各类教育、认可多种学习成果的终身学习"立交桥"。该文件规定了高考改革的四条基本原则，分别是：①坚持育人为本，遵循教育规律。把促进学生健康成长成才作为改革的出发点和落脚点，扭转片面应试教育倾向，坚持正确育人导向，践行社会主义核心价值观，深入推进素质教育，培养德智体美全面发展的社会主义建设者和接班人。②着力完善规则，确保公平公正。把促进公平公正作为改革的基本价值取向，加强宏观调控，完善法律法规，健全体制机制，切实保障考试招生机会公平、程序公开、结果公正。③体现科学高效，提高选拔水平。增加学生选择权，促进科学选才，完善政府监管机制，确保考试招生工作高效、有序实施。④加强统筹谋划，积极稳妥推进。整体设计从基础教育到高等教育考试招生制度改革，促进普通教育、职业教育、继续教育之间衔接沟通，统筹实施考试、招生和管理制度综合改革，试点先行，稳步推进。

2017年3月，中国教育学会会长钟秉林在接受《中国教育报》记者专访时表示，新一轮高考改革的价值取向，是要适应经济社会和教育事业发展需求，增加学生自主选择权，扩大高校招生自主权，力图实现促进教育公平、高校科学选才、引导学生全面发展的目标。在操作层面上要遵循规律，试点先行，稳妥推进。①

二、科目和内容改革的主要成效及原因

上海与浙江高考科目改革方案不同，主要在于上海的政治、历史、地理、物理、化学、生物"6选3"中，学生只有一次考试机会。浙江增加了技术科目而为"7选3"，且学生有两次考试机会（高二时学生有两次考试机

① 施剑松. 新一轮高考改革应争取"利益相关者"认可 [N]. 中国教育报，2017-03-10，6.

会，高三时学生有两次考试机会，但学生只能选择其中两次）。

（一）对两地师生就高考科目改革的选择性理念的调查

1. 您认为高考科目设置方案应该秉承哪些教育理念

（1）选择“促进学生学科兴趣、个性特长发展，增加学生选择权”的比例为：上海教师80.8%，上海学生87.0%，浙江教师84.0%，浙江学生88.2%。

（2）选择“减轻学生的课业负担和学习压力”的，上述四者的比例分别是63.7%、70.5%、56.0%、64.9%。

（3）选择“促进学生合理规划学业与职业生涯”的，上述四者的比例分别为44.5%、61.5%、65.0%、64.0%。

（4）选择“坚持素质教育导向，着眼于学生德智体美全面发展”的，上述四者的比例分别为56.9%、64.6%、56.0%、55.5%。

（5）选择“公平选才，维护社会公平公正”的，上述四者的比例分别为50.0%、58.1%、54.0%、50.2%。

2. 上海与浙江高考科目方案实际体现了哪些教育理念

（1）两地师生的首选是“促进学生学科兴趣、个性特长发展，增加学生选择权”，上海师生选择此项的比例分别是62.3%和87.0%，而浙江师生选择此项的比例分别为81.0%和70.2%。

（2）在其他选择比例较高的三个选项中，50.0%左右的上海师生的选项指向了三方面，即“引导学生认真学习每门课程，避免严重偏科”“坚持素质教育导向，着眼学生德智体美全面发展”“深化高中课程改革，促进高中教育特色多样”。而近40.0%的浙江师生选择比例比较高的选项，除了“深化高中课程改革，促进高中教育特色多样”外，主要是“促进学生合理规划学业与职业生涯”与“科学选才，提高人才选拔水平”。显然，两地师生认为应该体现的理念，实际上却没能较好体现出来的，是减轻学生过重的课业负担和学习压力。

3. 两地师生对学生考试科目自主选择权的看法

（1）关于考试科目，选择“政治、历史、地理、物理、化学、生物、技术”七科的上海与浙江教师比例分别为38.4%与54.0%；选择“政治、历史、地理、物理、化学、生物”六科的上海与浙江教师比例分别为59.6%与45.0%；选择“其他”的上海与浙江教师比例分别为2.1%与1.0%。

（2）对于“选考几科更有利于学生的发展”这一问题，选择“1科”的上海师生比例分别为24.0%、33.9%，选择“1科”的浙江师生比例分别为6.0%、9.6%；选择“2科”的上海师生比例分别为14.4%、25.4%，选择“2科”的浙江师生比例分别为13%、31.2%；选择“3科”的上海师生比例分别为34.9%、14.2%，选择“3科”的浙江师生比例分别为51%、36.1%；选择“3科以上”的上海师生比例分别为26.7%、13.5%，选择“3科以上”的浙江师生比例分别为29%、17.5%。

（3）对于“你的选考科目组合情况是什么”这一问题，上海与浙江学生回答“传统文科组合(历史、地理、政治)”的比例分别为15.3%与6.1%，回答“传统理科组合(物理、化学、生物)”的比例分别为8.2%与28.5%，回答“文理科目交叉组合”的比例分别为76.5%与65.4%。

（二）上海师生和浙江师生对高考科目改革的总体评价较好

1. 上海师生对高考科目设置改革方案总体评价较好

关于上海的高考科目方案评价，上海教师、学生选择“比较满意和很满意”的总比例分别为26.2%、32.26%，选择“一般”的比例分别为50.68%、39.63%，选择“不满意和很不满意”的总比例分别为23.29%、28.11%。关于浙江的高考科目方案评价，浙江教师、学生选择“比较满意和很满意”的总比例分别为18%、37.57%，选择“一般”的总比例分别为40%、42.17%，选择“不满意和很不满意”的总比例分别为42%、20.26%。可见，上海师生对高考科目设置改革的总体评价较好，而浙江教师对此次高考科目改革方案不满意。

2. 新方案给高中教育教学及自身发展带来的积极影响。

（1）上海与浙江教师排在前五位的选项分别是：促进教育理念的转变（63.7%与63.0%）；促进教学目标与方法的调整（59.6%与66.0%）；提升自身综合素质（39.0%与44.0%）；加深任教学科知识的学习与钻研（38.4%与49.0%）；提高课堂效率（35.6%与22.0%）。

（2）新高考科目方案实施后，学校校本课程、特色选修课程开设情况有什么变化？上海与浙江教师选择“科目增多”的比例为48.6%与24.0%，选择“科目减少”的比例为11.6%与41.0%，选择“没有明显变化”的比例为39.7%与31.0%。另有4%的浙江教师选择了“其他”。

（3）新高考科目方案给学生带来哪些积极影响？从上海与浙江学生选择“可以将更多时间、精力用于优势学科的学习，有利于个性化发展”的比例分别是46.7%与59.7%；选择“允许文理科目交叉选择,有助于创新思维与能力的培养”的比例分别为50.8%与52.3%；选择“考试时间相对分散，提供两次考试机会，能够缓解考试压力”的比例分别为48.3%与41.0%；选择“从只关注分数向合理规划自己的学习与未来发展转变”的比例分别为36.3%与23.5%；选择“必修课实行走班后，学习积极性与效率有所提高”的比例分别为30.9%与11.2%。

（三）上海高考综合实践活动评价改革的教育价值开始彰显

上海高考改革的一个重要成就是综合评价改革的教育价值开始彰显。具体体现为以下两点：①高度重视研究性学习。为了创建研究性学习的高质量载体和平台，这些年上海加大创新实验室建设，目前83.0%的上海公办高中都有创新实验室。为了推进研究性学习，各区教育局和基层学校还因地制宜，积极推进高中学生课题研究工作，取得了显著成效。②高度重视学生的公益实践活动。在高考综合改革的推动下，上海市教委、市文明办、团市委等多家单位协同推进高中生志愿服务工作。越来越多的学生在社会大课堂中增强了社会责任感，提升了核心素养。

三、科目内容改革的问题及对策

在以学生为本的高考改革理念下，目前上海、浙江两地科目改革存在的主要问题有三个方面：一是师生负担问题；二是教学秩序问题；三是教育教学条件问题。

（一）对师生的教育教学工作与学习负担的影响

1. 教师方面

关于“您认为选考模式下教师每学期的教学工作量如何”问题，认为“增多，工作负担加重”的上海教师比例为61.0%，浙江教师比例为57.0%；

认为“减少，面临‘失业’危机”和“不均衡，集中于某一时间段，其他时间空闲”的上海教师比例分别为18.5%和20.6%，浙江教师比例分别为2.0%和41.0%。这里，浙江教师的教学工作时间安排有比较明显的问题。

两地师生对浙江给予学生两次考试机会的做法到底怎么看？其中，认为“考试次数增多，教学安排紧凑，教学负担、压力增大”的上海和浙江教师比例为46.6%与68.0%，而认为“课业负担、考试压力增大”的学生比例为22.9%与33.6%；认为“考试机会增加，学生有考出理想成绩的二次机会，教学压力缓解”的上海、浙江教师比例分别为23.3%与4.0%，认为“心理压力缓解”的上海、浙江学生比例分别为37.1%与25.1%；认为“以上两种感受都有”的上海和浙江教师比例分别为26.7%与26.0%，学生比例分别为32.7%与38.7%。

2. 学生方面

关于“新高考模式下学生的学习状态是怎样的”问题，上海学生中认为“忙碌”的有60.7%，认为“压力大”的有59.5%，认为“迷茫”的有36.8%，浙江学生的比例分别为68.8%、64.5%和38.0%。正面看，认为“有目标”“有规划”的上海学生比例分别为26.7%和19.1%，浙江学生比例分别为37.8%和23.6%。

根据选考科目考试时间的规定，上海与浙江学生对相应的教学进度和备考情况，认为“教学、备考合理有序，有利于我的学习”的比例分别为45.4%与30.7%；认为“教学紧密集中，不停地备考，感到疲惫”的比例分别为43.6%与63.4%；认为“对我的学习没有影响”的比例分别为10.3%与4.8%。

上海与浙江学生关于“用在高考科目备考，与用在社会实践、特色选修课等其他活动的时间之比接近多少”的问题，选择“10:0”的比例分别为11.6%与28.9%；选择“9:1”的比例分别为19.2%与27.9%；选择“8:2”的比例分别为20.05%与16.6%；选择“7:3”的比例分别为22.1%与13.6%；选择“6:4”的比例分别为10.1%与6.2%；选择“5:5”的比例分别为15.9%与5.4%。

（二）选考模式下的考试时间安排与课程进度对教学秩序的影响

关于“选考模式下新的考试时间与课程进度对教学秩序造成了什么影响”问题，认为“打乱教学秩序，出现抢进度、延长课时的情况”的上海教师比例为69.2%，浙江教师比例为92%。这说明，浙江两次考试的时间安排加重了这个问题。访谈中，教师认为主要是4月和10月的学考与选考时间会打乱教学秩序，也影响师生的假期。比如10月的考试安排往往会让师生暑假提前半个月返校，而且4月和10月的考试会让大量教师的工作提前结束，也减少了学生的学习复习时间。

关于“希望选考科目有几次考试机会”的问题，上海与浙江的教师中选择一次的比例分别为54.8%与57.0%，选择两次的比例分别为38.4%与39.0%，选择三次及以上的比例分别为6.9%与4.0%；选择一次的上海与浙江学生比例分别为10.7%与16.8%，选择两次的学生比例分别为50.4%与53.7%，选择三次及以上的学生比例分别为38.9%与29.6%。显然，学生更倾向于两次甚至更多的考试机会。当问及“如果在第一次考试中就取得了较为满意的成绩，你是否有意愿参加第二次考试”的问题，选择“是”的上海与浙江学生比例分别是59.7%与32.5%。

（三）两地高中的教育教学条件配套问题

关于“学生就读的高中有哪些必修科目实行走班教学”问题，上海与浙江学生的选择比例分别是：语文（13.5%与40.3%）、数学（15.6%与41.8%）、外语（14.3%与40.3%）、政治（57.1%与58.0%）、历史（62.9%与59.6%）、地理（74.9%与59.4%）、物理（59.6%与57.5%）、化学（60.6%与59.0%）、生物（75.5%与58.3%）、技术（16.0%与56.5%）。选择“没有实施走班教学”的上海与浙江学生比例分别是12.8%与38.4%，说明浙江面临的问题会更多。

1. 走班制教学带来的问题

（1）在整体效果方面，认为走班制实施效果“比较差”的上海教师比例为22.6%，浙江教师比例为33.0%。

（2）在学生管理方面，认为走班制实施后“管理难度增大，纪律较差，学习氛围不如从前”的上海教师比例为75.3%，浙江的教师比例为86.0%。

（3）关于实施走班制的主要问题，上海与浙江教师中认为是“师资总量不足或结构性不足，部分老师工作任务过重，而部分教师很闲”的比例分别是63.0%与69.0%，认为是“安排课程、教室、教师工作复杂，支持性教务管理手段与技术有待提高”的比例分别是58.2%与75.0%，认为是“没有对在某一科目上参加选考、学考的不同需求考生进行分层教学，课堂效率、针对性仍不高”的比例分别是54.1%与42.0%，认为是“教师在教学、班级管理方面还有待适应与转变”的比例分别是41.1%与55.0%。

2. 学生的生涯规划发展问题

（1）教师方面。

第一，关于“教师认为目前学生自主选择意识与能力整体水平如何”问题，上海和浙江教师选择“较高”的比例分别为6.9%和7.0%；选择“一般”的比例分别为63.0%和53.0%；选择“较低”的比例分别为30.1%和40.0%。

第二，关于“学校指导学生进行高考选科的能力如何”问题，上海和浙江教师选择“有能力辅导”的比例分别为48.6%和29.0%；选择“能力不足”的比例分别为34.9%和56.0%；选择“不清楚”的比例分别为16.4%和15.0%。

第三，关于“指导学生选择高考科目的主要依据”问题，上海和浙江教师都选择了“各科目前的考试成绩与排名、学生的兴趣与特长、学生的职业规划、高校专业的科目要求”。这与学生选科的依据基本一致。

第四，关于“高中开展生涯规划辅导的形式有哪些”问题，上海与浙江教师选择较多的是：“下发生涯规划相关书籍手册、学生自主阅读”（分别有58.9%与51.9%）；“各科目任课老师在课堂中介绍学科相关专业及职业，渗透规划思想”（分别有55.2%与47.7%）；“学校网站开通生涯规划相关测评与网络课程”（分别有50.7%与41.0%）；“邀请各行业优秀人才或生涯规划相关专家来学校开讲座”（分别有44.9%与35.4%）；“班主任观察和记录学生基本情况，通过开展主题班会或个别谈话帮助学生规划未来”（分别有44.9%与34.4%）；“由专门老师开设生涯规划类必修课或选修课”（分别有40.4%与49.0%）；“学校有专门的生涯辅导中心、专业的生涯辅导老师，为学生提供相关服务”（分别有39.1%与40.1%）；“开展校外实践活动，组织学生到大学或工作岗位上进行实地参观与体验”（分别有37.0%与22.6%）；“没有开展生涯规划辅导”（分别有16.4%与6.5%）。

第五，关于“您就读的高中开展生涯辅导的内容偏重于哪方面”问题，选择“针对高考科目选择的前期指导”的上海与浙江教师比例分别为62.6%与49.2%；选择“对于高校各个专业基本情况的介绍”的比例分别为46.0%与45.1%；选择“帮助学生了解自身性格、兴趣、特长等”的比例分别为51.6%与39.4%；选择“帮助学生了解不同社会职业”的比例分别为40.6%与35.1%；选择“生涯规划理论与方法的学习”的比例分别为37.8%与34.3%。

（2）学生方面。

第一，关于“新方案中增加了学生对考试科目的选择权，对此您的感受是什么”问题，认为“我的目标学科与专业明确，能够较为轻松做出满意的选择”的上海与浙江学生比例分别是32.5%与31.4%；认为“面对选择，我感到焦虑、迷茫，做出选择有一定难度”的比例分别为47.7%与51.3%，认为“这种‘选择’很麻烦，没必要浪费学习精力”的比例分别为10.4%与7.5%。

第二，关于“学生在选科过程中的困扰有哪些”问题，两地学生最大的困扰是“各科情况比较平均，没有特别擅长的科目”。其他主要是：“对高校各个专业选考科目要求不了解”；“对高校专业所学习的知识、技能、就业形势等基本情况不了解,不知道自己适合什么专业”；“喜欢的科目与擅长的科目相冲突”；“不知道自己的兴趣所在”；“对社会职业不了解，不知道自己适合什么职业”；“自己的选择与老师建议不同”；“自己的选择与父母意愿相违背”。

第三，关于“您希望如何做出高考科目选择”问题，上海和浙江学生选择“完全自主选择”的比例分别为50.7%与38.2%；选择“在学校或老师指导下选择”的比例分别为38.7%与54.1%；选择“学校直接给出选考意见和听从家长的指导意见”的比例分别为9.1%与4.8%。

第四，关于“学生目前已做出的科目选择情况是否满意”问题，上海与浙江学生选择“非常满意”的比例分别为10.0%与11.7%；选择“比较满意”的比例分别为38.8%与43.6%；选择“一般”的比例分别为41.8%与36.9%；选择“不满意和很不满意”的比例分别为9.3%与8.0%。

3. 关于等级赋分制度问题

（1）关于“等级赋分制度换算出的分数能否准确反映出学生在某一选考科目上的能力水平”问题，上海师生与浙江师生认为“很准确”的比例分别是0.7%、9.6%、3.0%、3.3%；“比较准确”的比例分别是32.9%、35.6%、25.0%、35.5%；“一般”的比例分别是46.6%、41.2%、33.0%、38.5%；“不准确”的比例分别是13.7%、7.8%、33.0%、15.8%；“很不准确”的比例分别是6.2%、5.8%、6.0%、7.0%。

（2）关于“等级赋分制度的公平性如何”问题，上海师生与浙江师生认为“非常公平”的比例分别是1.4%、9.1%、2.0%、3.2%；“比较公平”的比例分别是32.9%、39.9%、24.0%、33.7%；“一般”的比例分别是43.2%、37.0%、41.0%、38.6%；“不公平”的比例分别是18.5%、7.0%、26.0%、16.2%；“很不公平”的比例分别是4.1%、7.0%、7.0%、8.3%。

（3）关于“相对于等级制赋分，您认为高考录取中采用原始考试分数是否更公平”问题，上海师生与浙江师生回答“是”的比例分别是82.2%、69.4%、66.0%、59.0%。

四、完善高考科目内容改革的建议

（一）制定生涯辅导制度，明确规定必要的服务目的、内容和形式

为了帮助学生选科，解决各学校指导学生选科的职业生涯辅导能力不足的问题，教育行政部门需要制定学生生涯规划辅导制度，明确高中的必要服务目的、内容和形式。选科不仅是要引导学生认识和发展自我优势，更是要引导学生建构社会责任和理想，落实立德树人宗旨，从而避免因命题等原因而出现选择理科人数快速下降等情况。过半数高中的服务内容主要包括针对高考科目选择的前期指导，对高校各个专业基本情况的介绍，帮助学生了解自身性格、兴趣、特长，帮助学生了解不同社会职业，讲授生涯规划理论与方法等。形式包括：①下发生涯规划相关书籍手册，供学生自主阅读。②各

科目任课老师在课堂中介绍学科相关专业及职业，渗透生涯规划思想。③学校网站开通生涯规划相关测评与网络课程。④邀请各行业优秀人才或生涯规划相关专家来学校进行讲座。⑤班主任观察和记录学生基本情况，通过开展主题班会或个别谈话帮助学生规划未来。⑥由专门老师开设生涯规划类必修课或选修课。⑦学校有专门的生涯辅导中心、专业的生涯辅导老师，为学生提供相关服务。⑧开展校外实践活动，组织学生到大学或工作岗位进行实地参观与体验等。

（二）依据选科范围，为高中实施走班制教学管理提供必要条件

教师负担与选科范围大小有直接关系。浙江把技术科目提升到了与政治、历史、地理、化学、生物同等的地位，顺应了STEM（Science，Technology，Engineering，Mathematics，即科学、技术、工程、数学）为全球教育竞争力评价标准的要求。但浙江“7选3”模式有35种科目组合可选择，分层走班、分类选考需要的条件方面，远超上海“6选3”的20种科目组合选择要求。分层走班教学模式下，教师数量和教学空间大大增加，才能应对合格性考试与等级性考试两种不同难度要求教学。

由于高考实行选考模式，高中也需要大力探索走班制的教学管理新模式。目前两地做出的探索有：①大多数高中采取了“三轮选择法”为学生确定选科：高一上期中时为“初选”，高一上期末时是“再选”，高一结束前是“三选”，学生可以根据自己的情况做最后调整。②分层走班制对教学空间的需求大大增加。有校长测算过，如果实行走班制，每个学校的教室数量至少应该达到已有行政班数量的1.5倍，才可以维持正常的课程和教学安排。③对于学生管理，实行行政班班主任与成长导师“双轨制”管理模式，等等。

（三）完善方案，以获得更多师生的制度认同

两地高中教学秩序较为复杂，部分原因是要为随结随考的合格性学考科目让路，浙江高中教学秩序比上海繁杂，还与其两次选考的制度设计有直接关系。

1. 建议两次选考只面向高三学生，统一考试时间安排靠近1月和6月

其一，选考科目只面向高三学生，是学习上海模式的经验。因为注重基本知识与技能的合格性考试可以在高中三年教学中随结随考，但难度更高的

等级性考试主要服务于高考目的。浙江允许学生高二就开始选考，造成高二、高三考生同堂应试的局面，不利于学生公平竞争，也导致一些学校为了给选考让路而破坏了高中正常的课程教学秩序和进度。其二，把两次选考放在靠近1月和6月的理由是，在多数学生认同两次考试的调研现状下，约40%的浙江教师认为两次考试的时间安排不当，冲击了期中、期末的正常教育教学进度安排与教学秩序。由于目前学校每年4月、10月都有选科考试，每年6月又有高考统考，这意味着考生如果想要在高二下学期（4月）应考，原有学习和复习时间就会缩短两个月；假如考生想要在高三上学期（10月）应考，复习科目数量增加会带来心理压力和学习负担加重，同时还会带来大量教师的工作提前开始和提前结束的现象，不利于学校稳定教学秩序和统筹安排教师的教学任务。

2. 建议实行两次考试情况下，给综合评价适当录取权重以引领学生健康发展

实行两次考试的前提和基础是加强高考、高中学业水平考试与综合素质评价的“三位一体”高考改革，以引导学生全面发展，改变“一考定终身”的局面。然而，调查发现，浙江学生用在高考科目备考上所花的时间是社会实践、特色选修课等其他活动的4倍，远远超过上海学生。另外，实行新方案后，浙江高中选修课程明显减少，学校开设校本课程、特色选修课程的“数量增加”情况相对上海差别较大，调查中选择“数量下降”的浙江教师比例是上海的三倍。为此，浙江可以学习上海加强研究性学习和60课时社会公益实践的综合评价经验，在此基础上加大高校综合评价的录取权重，切实引领学生健康发展。按照清华大学、北京大学参与浙江高考“三位一体”招生的试点看，高考应不低于60%分值，而学考在10～20分，学生综合素质评价权重在20～30分为宜。

第三节
高考科目和内容改革的基本目标与实现路径

在考试招生制度改革中高考科目与内容改革的科学性，是与高考录取与区域公平同等重要的重大教育理论和现实问题。对于这样一个重大的问题，2014年出台的关于高考制度改革的国家顶层制度设计新方案，即《国务院关于深化考试招生制度改革的实施意见》，以及《教育部关于普通高中学业水平考试的实施意见》和《教育部关于加强和改进普通高中学生综合素质评价的意见》两个重要配套政策，从指导思想、基本原则、总体目标和实施举措上，做出了较为全面的指导。不过，目前出台的高考改革新方案在实现路径上还面临诸多现实困难，这是我们关注高考科目和内容改革新方案必须持有的清醒认识。

一、高考科目和内容改革的基本目标

高考科目与内容改革，是事关每个中学生文化素质提升和身心健康发展、事关每所高中教育教学、事关每所大学生源基础、事关国民素质全面提高和未来国家竞争力的关键问题。因此，国家从教育价值层面确定高考改革目标具有重大意义。

（一）促进学生全面而有个性的发展

1987年4月21日国家教委颁布的《普通高等学校招生暂行条例》，在第二条规定了高校招生“应贯彻德、智、体全面考核，择优录取的原则”。这个总原则，实际上规定了学生素质评价体系所包含的几项基本内容，表明完整意义上的高考科目与内容改革目标首先是促进学生德、智、体全面发展和学生个性优势发展。这项改革的前提条件是学生身心健康发展，我们不能以牺牲学生健康发展为代价，以至于埋下增加社会发展成本的隐患。身体健康是家庭和社会和谐发展的基础，我们不能让学习乃至工作把人压成“病人”，而把社会很大比例的劳动财富都通过医院消耗掉。心理健康同样重要，我们培养的学生在心理品质上应该是自尊自信、坚强阳光的人，是能积极进取、彼此合作、和谐相处的人，这样，人与人之间才能减少交流与沟通成本，才能把社会劳动创造出的财富尽可能地用在提升人的生活质量与幸福感，而不是无奈地用在调解国家之间、社会之间、组织之间、人与人之间无限生长的矛盾和冲突上。

学生全面发展是高考科目与内容改革的首要目标。按新高考精神，学生德、智、体等方面的全面发展，主要包括学生思想品德、学业水平、身心健康、兴趣特长、社会实践等内容。这是完满生活的需要，是职业的需要，是社会秩序稳定和人际和谐的需要，是国家长治久安的需要。我们对应试教育弊端的批判不胜枚举，但高考的历史与现实一再证实，高考是基础教育必要的指挥棒。高中学生要具备必需的学科知识能力素养，也符合由低到高的知识体系层次逻辑，符合由低到高的教育体系层级制度安排。甚至可以说，这是高等教育对基础教育的必要引领。高考科目与内容改革只有注重全面性，才能引导高中教育教学注重学生的全面发展，中外教育发展皆证明了这个道理。所以，这次高考改革新方案提出实施综合评价，着力解决唯分数论的教育顽疾，具有重要教育意义。

学生全面发展基础上的个性优势发展，是高考科目与内容改革的另一个重要目标。社会职业千千万，每个人一生都可能面对不止一次的职业流动，但只有打造好个人发展的比较优势，才能在自己的职业领域干出成就。为此，高考科目与内容改革引导学生的个性优势发展，就要尽可能让高中生认识和发现自己的兴趣，树立自己的人生理想，选择自己更有发展潜力的学科，从而在进入大学后持续地在自己有兴趣的学科专业上进行深入的学习，发展出自己的个性优势。高考改革新方案提出高中学业水平考试基础上的3门选考科目，无疑具有非常积极的个性发展引导作用。同时，综合素质评价也有利于学生发现和发展自我优势。

（二）衔接好高中教育与大学教育

任何一个高考科目与内容改革方案，其直接目的和功能，都是要衔接好高中教育与大学教育，解决好学生的可持续发展问题。这是中等教育与高等教育的层级特点决定的，而高考科目与内容正起着这种承上启下的作用。笔者赞同清华大学谢维和教授的观点，他认为由于高中教育与大学教育是高考的主要矛盾，所以从整体和本质属性来看，高考的基本定位就是一种衔接，是青少年学生发展过程中不同阶段之间的一种衔接，是高等教育（大学）与基础教育（高中）之间的衔接。

不过，谢维和教授反对把衔接等同于选拔，他认为把选拔当衔接会导致三个基本问题：第一，成本太高。包括高中教育和学习时间的浪费，各方面的巨大投入，社会、家庭等方面的过度关注，以及各种相关的问题。第二，束缚人才的成长。由于以选拔代替衔接，造成衔接途径的狭窄与单一，束缚了多样化人才的成长、发展与培养，并且导致“一考定终身”和“用一把尺子衡量不同人才”的现象。第三，加剧高中与大学之间的矛盾。高中埋怨大学绑架了高中教育，而大学则将人才培养质量的问题归咎于高中教育。更加重要的是，高中学生和毕业生成了这种选拔和矛盾的牺牲品。

笔者认为，衔接的确不等于选拔，高中教育和大学教育的供需矛盾，最终要落在选拔上，因为我国优质高等教育资源供给还比较有限，而需要升学的高中学生数量巨大，每个学生都想进入理想的大学和专业，这就决定这种衔接方式最终都只能靠公平竞争，选拔本质上就是竞争。当然，哪些方面需要竞争，竞争的具体标准是什么，这的确是需要考虑的一个学术问题。但不论怎么样，高校招生录取标准加入哪个元素，哪个元素上就会产生竞争，就会变成选拔。所以，看到两者的衔接是有意义的，这为高考改革提供了更大的视野，但也要清醒地认识到衔接和选拔的必然联系。

从高考科目与内容改革看，高中教育与大学教育的衔接，不论使用哪种方式，本质上是用什么样的质量标准去衔接的问题。看到这点，也就明白无论怎么衔接，高考科目与内容改革，其实还是离不开德、智、体全面发展和学生个性优势的发展。1977年恢复统一高考制度以来，我国高考科目总体上有两个变化：一是恢复高考后从“文革”前的5～7门高中课程，变成长时期固定实行的“分科模式”，即文科考生考语文、数学、外语、政治、历史、地理，理科考生考语文、数学、外语、物理、化学、生物；二是2000年“3+X”科目组的大规模推行，“3”指的是语文、数学、外语，“X”则各省市不同，但全国范围看，大多数省份实施的是文科综合或理科综合。从“分科模式”转向“3+X”科目改革的基本动因，是减轻学生的学习负担，体现学生的选择性与个性发展。大量的省市在“X”部分选择文科综合或理科综合，则是为了引导学生的综合能力发展，并体现高校的文理专业性向要求。

大规模推行分省命题以来，特别是新课程改革以来，高考科目改革似乎成为各省市高考改革的头等大事，人力、物力投入极大，但其中的困惑也很多，最大的困惑就是期望能通过科目组合特别是减少科目，来达到减轻负担的目的。但光靠减少高考科目，很难达到减轻学生负担的目的。高考科目实际是测试考生一定的知识宽度与深度。不论如何组合，这些知识的宽度是课程大纲规定的，在高考科目组合上做文章并不能降低知识宽度的要求。而对于学生进入高校学习的要求而言，本科院校一般要求学生具有较全面的知识基础。所以，无论如何组合，科目内容总是涉及高中的全部课程，至少包括语言、数理、自然、社会、外语五个基本的领域。至于知识深度，高中课程大纲有高中学习的基本要求，高考有其考试大纲要求。如果高校招生只利用一次高考的成绩为录取依据，高考的知识深度一般是和考生的群体水平成正比，考生的群体水平越高，试卷的难度则越大，目的是维持一定的区分度，否则考生分数过度集中在某一分数段，高校招生时将难以取舍。这也是为什么减少科目不能减轻学生负担的原因。换句话说，不能随意降低高考的试卷难度，除非还有别的录取评价元素，否则就无法区分学生学业成绩。

当然，即使增加了别的录取评价元素，要减轻学生的负担，也还是有相当大的困难，因为学生负担既与高考录取的竞争性强弱有关，也与自身的承受能力有关。学生的负担大小等于各种社会的、教育的综合压力与学生个体承受力的比值。显然，学生负担重的问题正如刘海峰教授所指出的，学生负担重的本质和根源并不在高考，高考只是使一些问题凸显出来而已，考生负担重的本质是竞争性考试中考生力图将自己的能力发挥到极限所致。说到底，考生学业负担过重是社会的激烈竞争在教育领域的反映。

目前的高考新方案提出采用“语、数、外+自主选择三门高中学业水平考试科目+综合素质评价”的方式，这本质上还是全面发展和个性发展相统一的衔接标准。不过，这三门高中学业水平考试选考科目，不同于过去的文科综合或者理科综合科目，主要是考试性质不同，前者是标准参照考试，后者是常模参照考试，理论上后者试题难度更高。另外，前者是三个单一科目，后者是物理、化学、生物或者政治、历史、地理合一的综合科目。客观地说，目前三门选考的高中学业水平考试科目，就考题难度和课程标准本身而言，学生绝对意义上的考试压力和学习负担降低了，但相对压力和学习负担未必减轻，毕竟相对压力和负担是由学生之间的竞争引起的。即使只考一门课程，在具有竞争的前提下，学生的相对压力和负担还是不能有效降低，学生往往还是会尽最大的努力来应对考试。

（三）用多样化标准选拔适合高校多样化培养目标要求的生源

高考科目与内容改革不管怎么改，最终目的是为了选拔适合高校培养目标要求的生源。过去我国大学招生最大的问题，是把大学的培养目标要求等同于学生的高考成绩分数要求，高考分数越高似乎就是素质越高的好学生。这种教育理念下，争夺各省的高考高分考生，争取更高的录取分数线，一度成为高水平大学招生的重要任务，其结果是把考试测量的结果夸大到了极致，把中学教育推向了唯智教育的极端。但现实表明这种测量结果与学生毕业后的职业成就并无高度的相关性，成为高考“状元”只表明这些考生具备较高的学业素养。

在国际化的开放环境下，越来越多的人注意到，适应高等教育办学目标多样化的要求，世界发达国家和地区的高校招生考试学生评价体系，基本都不是只有一元的学业评价体系，而是多元的综合评价体系。这些国家和地区的高校招生改革，主要是基于学业评价，在高校招生录取的多元或综合评价指标上做文章。多元的第一个含义是，高校招生贯彻“德、智、体等全面考核”的原则，考核指标包含德、智、体等多种元素；多元的第二个含义是，高校招生依据的学业成绩多元，既有考生的统一高考成绩，也有高中学业成绩，甚至很多研究型大学还要求提供高中生选修的大学先修课程成绩；多元的第三个含义是，高校的类别不同，考核标准不同，理论型的高等院校与技能型的高等院校，招生考核标准不同；多元的第四个含义是，即使同类别高校，利用学生多元成绩的比重也不尽相同，大学作为“独立法人”，完全有权利按照自己的学术标准招收学生，这种学术标准可以是大学整体的要求，也可以是院系的特殊要求，这是大学招生的学术规则问题。当今世界上大多数发达国家的大学包括其院系，通过其制度化的大学招生委员会行使这种学术权利。显然，多元的第一、二个含义讲的是全面评价和综合评价，第三个含义讲的是分类评价，第四个含义讲的是高校自主评价。

尽管发达国家的高校录取学生所依据的评价资料不尽相同，但基本的评价目标大体相同，即都是尽可能反映学生的全面学业水平与个性特长。美国本科院校录取学生，一般采用统一考试成绩结合学生高中阶段的平时成绩、学生各方面的能力、特长等成长记录的方式，部分研究型大学还有面试成绩与大学先修课程成绩；日本本科院校招录学生一般以统一考试成绩和高校个别考试或者中学生平时成绩为基本录取依据；欧洲国家如德国、法国的本科院校招录学生（不含考试更为严格的大学校），一般采用全国统一的会考成绩、高中平时成绩，或者加上高校的个别考核成绩；韩国高校招生主要采用全国统一的大学修学能力考试成绩，也适当使用高中平时成绩或者大学面试成绩。

发达国家的高考科目与内容改革，都注重高考成绩评价与高中过程考核的结合。其基本的理论假设是，相同的高考成绩表现，可能产生于完全不同的学习过程，而这些学习过程可能包含着反映学生未来学习潜力的素质要素，学习时间的长短、速度的快慢、稳定性与非稳定性程度、成绩由低到高或由高到低的发展趋势、兴趣、迁移能力、其他智力与非智力心理品质等。正因为如此，美国高中生的成长信息内容，主要有中学阶段的成绩与课程，同时还有推荐信、申请书、课外活动实践及面试等诸多彼此相关的因素。日本采用“高中调查书”，使许多大学招收到了符合自己需要的学生，而他们利用的就是学生高中时的活动文本、本人填写的志愿理由书、高中以后的活动报告书等材料和面试等。欧洲国家一般采用学生高中阶段的平时成绩。例如，英国大学的录取标准是校外统考与校内测验成绩相结合，校内成绩如“课程作业”最低占20%；法国的高中毕业会考采用初试与复试综合衡量学生成绩的办法，初试又分笔试与口试，复试有口试或者操作考试；德国毕业证书考试成绩即高校招生的成绩依据，是学生毕业考试成绩与中学平时成绩的综合，且平时成绩占了绝对的比重。[①] 据此，可以看出，真正的高考科目与内容改革，是一件十分复杂而专业化程度很高的工作。

需要强调的是，即便采用多元招考的科目与内容评价体系，也并不意味着考生没有较重的学习负担，即使在优质高等教育资源丰富的美国，中学生要想考上一流的研究型大学，也需要付出艰苦的努力。借用法国著名社会学家皮埃尔·布迪厄（Pierre Bourdieu）的话，普通民众把美国的预备学校想象成学海中的绿洲，或者是高雅的殿堂，这种看法是极其天真的。事实上，预备学校是艰苦的地方，从晨曦初现到暮色茫茫，那儿每一个人的生活都按照规章进行着，要靠偷偷摸摸才能够弄到一点自由。

一、高考科目和内容改革目标的实现路径

高考新方案提出的有关科目与内容改革的任务措施，主要有四条：第一是完善高中学业水平考试；第二是规范高中学生综合素质评价；第三是加快推进高职院校分类考试；第四是深化高考考试内容改革。这四条任务措施，应该说是高中教育与大学教育的新衔接方式，正是致力于上述科目与内容改革的基本价值目标。不过，要实现改革的目标还有诸多现实困难，这决定了未来的实践推进将是一个较为长期的逐步成熟和完善的过程。按新方案精神要求，2014年启动考试招生制度改革试点，2017年全面推进，到2020年基本建立中国特色现代教育考试招生制度，形成分类考试、综合评价、多元录取的考试招生模式。就实践主体而论，这些实现路径涉及大学招生机构、考试机构、中学、政府主管部门的理论理性和实践理性。换句话说，实现高考科目与内容改革目标，可能将是一个长期的科学化过程，这个过程的长短取决于考试招生乃至教育教学主体的能力。

（一）大学招生机构专业化建设

我国与发达国家大学招生上的区别，除了社会诚信体系还不健全，还包括我们的专业化程度还很不够。考察发达国家大学招生办公室的人员结构后，发现他们几乎都是专业化管理人员，而且人员众多。比如美国的研究型

① 刘清华. 高校招生考试评价体系改革的思路 [J]. 东南学术，2007(4)：24.

大学招生办的人员编制几乎都在30～50人，其下属部门一般包括中学沟通、招生宣传、考生申请、资料录入、素质评价、学生录取、研究决策等相互连锁的部门。他们的招生管理理念不仅视招生为科学评价学生的工作，还将其视为具有高度社会功能的学术性工作。不少学校的招办主任能任职几十年，因为招生既是学术的积累，也是经验的积累。所以，加州大学总校校长办公室的常桐善研究员说，大学招生要实施综合评价，必须提高大学的招生能力。没有这个基础，再好的综合评价改革方案都难以落到实处。

不仅如此，发达国家的大学一般有强大的院校研究，比如加州大学总校的校长办公室有1500余名行政人员，他们依靠院校研究来提升学校决策与管理的科学性，这值得我国高校借鉴学习。事实上，我国多数大学在管理实践中，长期处于模仿少数“敢为先”的大学管理举措的经验阶段。我国的一般高校仅有几名招生人员，而且这些人员还要经常更换，以便保持管理职位流动的需求，以至于每个新的招办主任上台以后都要从零经验做起。这种状况不改变，招生力的提升将是一句空话。

放在高考之后举行的高校自主招生考试，如果依然还是现有高中课程内容的重复测试，它本质上体现的还是高中课程目标要求，这种自主考试很大程度上其实已经能被具有体现学生个性优势的“三位一体”的考试招生模式代替。这种情况下，如何依据高校精英教育培养目标的个性要求，探索有利于学生优势特长更好发展的课程及考试势在必行。高考改革要真正为建设人力资源强国提供有力保障，就需要继续加强精英教育发展。而从美国大学先修课程的实践经验来看，需要高中和大学的合作，需要在高中和大学间建立更好的课程衔接机制，最终达到通过高校考试招生标准来引导高中教育的多元化发展，从而满足学生个性优势发展的需求。

（二）考试机构专业化建设

考试机构的专业化建设，同样是涉及理论理性和实践理性的关键问题。恢复高考以来，我国在考试信息技术上实现了网络化录取与管理。但在命题和研究等方面，还依然处于起步阶段。分省命题对推动各省考试机构的专业化能起到积极作用，但作用依然有限。在这种状况下，短期内要命出高中学业水平考试如此众多科目的试题不难，但要命出高质量试题，则具有很大的挑战性。国际经验表明，专业化考试机构每套成熟的试题往往需要1～2年的反复研究与模拟实践，效度往往要在0.9以上。

从组织的竞争力看，我国目前依然尚无一个考试机构能和美国大学理事会（主管SAT与AP考试）、ACT考试公司、英国Edexcel公司和剑桥考试机构的竞争力相媲美。美国大学理事会在纽约的大学理事会分支机构，工作人员就有1100多人，他们每年要为几百万学生、几千所大学提供服务。英国有六大考试机构，其中Edexcel公司在100多个国家建立了考试分支机构，提供的考试项目多达几十种，既组织大学招生资格证书的考试，也组织职业证书和主要基础技术证书考试。该公司与世界上6000多所中学、450多所大学和学院以及近100个高等教育机构建立了良好的合作关系，同时，与500多家企业和300多个训练机构有业务往来。我们比较熟悉的剑桥大学地方考试委员会，它的考试业务遍及世界150多个国家，特别是近年来，由于其负责实施的雅思考试成绩被美国、英国、澳大利亚、加拿大等国的大学和高等教育机构承认，他们在国际考试方面的影响越来越大。

姑且不论国家考试中心，单就目前我国各省考试机构上百人到几百人的人员编制来看，专业化研究人员的比例还偏低，难有足够的力量真正去服务大学与中学的多样化需求。须知，一个效度不高的考试，信度再高都是没有意义的。甚至，在效度较低的情况下，信度越高往往选出来的人越缺乏实际能力。不同的效标，让人们评价考试的标准是否科学时，结论往往大不相同。坚持能力立意的命题改革方向，看起来没有太大的问题，可实际情况是每个学科的能力究竟是以记忆能力、理解能力、分析能力、应用能力、评价能力为主，还是以创新思维能力为主，其命题思路和选人结果就大不同。此外，用大学一年级、二年级、三年级、四年级的成绩分别作为预测效标，其预测效度评价结果可能就差异很大。如果以用人标准或用人的社会贡献这个效标来衡量，抑或不同行业或者不同学科的人才标准作为效标，同样会导致预测效度的结果差异悬殊。所以，究竟什么样的效标适合作为高考命题预测效度的评价标准，依然是一个值得探讨的学术问题。它关系到考试大纲和教学大纲的科学性，关系到综合评价改革究竟怎么改，更关系到高校招生用什么标准等问题，而这些都直接引导着中学的教育教学。

（三）中学教育教学实践的应对

以综合素质评价为特点的高考新方案，无疑对中学教育教学起到了积极的价值引导作用，很大程度上可以说，这是高考文化的深度转型。具体而言，高中学业水平考试3门选考科目的设置，会对高中教育教学组织形式带来影响，新方案带来的走班制教学，必然对改进高中教育教学质量起到积极的引导作用。

不过在高中选修课程开设方面，还需要大力改革。在高考指挥棒下，过去的教训是高考不考的选修科目往往很难开设下去。在高校自主招生的制度设计下，高中教育与大学教育在课程上想要更好地衔接，离不开探索新的选修课程机制，离不开对高中教师的培训。这些培训，不仅仅是体现在新衔接课程设置以后的各类教学大纲培训，还体现在对建立学生综合素质档案实施要求的培训上。

即使没有任何高考改革新举措的引导，高中教师的培训也应该是我国教师发展规划需要着力解决的大问题。就中美高中教师简单对比来看，截止到2012年，我国普通高中专任教师159.5万人，其中有研究生及以上学历的仅占5.01%。根据美国大学理事会的估计，2000年有超过10万名教师在教授大学先修课程，6%的教师有博士学位，70%的教师有某类硕士学位。但是，大约有一半的教师教授的是非硕士学位专业的课程，所以美国政府2002年颁布的《2002—2007年战略规划》中，提高教师质量是优先考虑的战略之一。其中的“提高教师质量州级拨款”（Improving Teacher Quality State Grants）项目，2005—2007三个财政年的预算额均为29亿多美元。布什总统在其2006年的国情咨文演说中，对7万名从事AP数学和AP科学教学的新教师进行了动员号召。奥巴马总统也于2009年提出要求，要用10年时间培养10万名既拥有宽厚的学科知识又熟练掌握教学技能的STEM（即科学、技术、工程、数学）教师。[①] 这无疑说明，要使教育改革方案成功实现，需要紧紧抓住教师素质提升这个关键问题。

---

① 刘清华．美国大学先修课程60年：问题、改革及评价 [J]．外国教育研究，2015(10)：12.

（四）政府宏观管理的跟进

依法治教是我国教育管理改革的重要趋向。新高考改革提出了很多很有价值的管理改革举措，这无疑是积极的。但上述简要论及的这些问题，还需要政府采用经费支持、制度监管等方式发挥宏观政策的引领作用，以保障各利益相关者的改革实践沿着正确的方向推进。

这些年来，对于考试招生改革，学界形成的共识是，这项改革涉及因素复杂，涉及利益广泛，改革难度特别大。而从理论上说，这项改革既需要考试招生的理论理性，也需要实践理性；既需要考试招生的社会学理论，也需要技术学理论，还需要管理学理论的支持。对于教育主管部门而言，依法管理招生考试仍然还有很大的改革空间，这从2000年以来教育部每年发一个“普通高等学校招生工作规定”即可见一斑。就考试机构而言，改革开放近40年来，教育考试机构在管理职能方面发挥的作用，要远高于业务职能，考试机构如何深化改革、提升效率，已是摆在教育事业面前的一个重大现实问题。

目前，基础教育的管理主要在各省市教育行政部门，就高考新方案的推进而言，还需要各地教育主管部门依据新方案精神并结合各地实际做好实施方案，其中关键点是需要做好教师培训，做好实践和理论的研究，依法监管好各利益相关者，拿出切实措施，为高考新方案的实施奠定坚实的制度基础。这次高考科目与内容改革实践的教育功效究竟如何，还需拭目以待。

第五章

高校招生综合评价问题

恢复全国统一高考40年来，高校招生如何进行综合评价始终是一个具有高度挑战性的重要问题。反思这期间历次科目内容改革后的相应招生制度，几乎都属于过分倚重认知维度的招生综合评价制度，它直接导致了影响学生发展的片面应试教育问题。为切实贯彻《国务院关于深化考试招生制度改革的实施意见》，有效引导学生的全面发展和个性发展，未来我国高校需要大力学习美国高校招生综合评价的精神，加强专业化招生能力建设，逐步完善我国的招生综合评价体系。

第一节
综合评价政策的产生

为解决高校招生存在的“唯分数论”等问题，《国务院关于深化考试招生制度改革的实施意见》提出普通高校招生录取机制是“探索基于统一高考和高中学业水平考试成绩、参考综合素质评价的多元录取机制”，要求“高校要根据自身办学定位和专业培养目标，研究提出对考生高中学业水平考试科目报考要求和综合素质评价使用办法”。2014年12月出台的《教育部关于加强和改进普通高中学生综合素质评价的意见》明确指出，“高等学校在招生时要根据学校办学特色和人才培养要求，制定科学规范的综合素质评价体系和办法，组织教师等专业人员对档案材料进行研究分析，采取集体评议等方式做出客观评价，作为招生录取的参考”。

一、过分倚重认知维度招生的两面性效应

1977年以来的历次高考内容改革，主要属于认知维度的知识能力考核范围及标准的调整。最终落实到高校招生环节，一般起决定作用的也就是学生的科目考试分数。这种唯考试分数导向的录取标准，对高中教育产生了明显的两面性效应。

（一）正面效应

高考的以考促学效应，是高考的指挥棒规律使然。历史上的科举教育，民国时期的“升学主义教育”，中华人民共和国建立以来的应试教育现象，

都反映了大学招生标准对高中教育教学的实际导向作用，它推动着师生都围绕着高考要考的文化知识、能力目标而努力。客观看，美国的大学招生考试SAT或者ACT尤其是难度较高的AP考试，都会影响学生所学课程、教师教学标准和学生努力的程度。①

认知维度的招生考试价值，在于高考科目内容规定了学生学习的学科知识宽度与深度。高考恢复40年来我国历经数次高考科目内容改革。从20世纪80年代的“分科模式”到1999年广东省开始试验“3+X”科目改革，再到2017年以后全国各省份逐步实施的“3+6/7选3”的新高考科目改革，从知识宽度来看这些改革，由于高校招生建立在高中教育基础上，所以中外高校招生评价的范围，一般都涉及高中的所有学科领域，包括语文、数理、自然、社会、外语五个基本的学习领域。② 从知识的深度来看，标准参照考试的能力考核一般是基于高中各学科的课程大纲规定，但高考因为要区分学生的水平而常常采用常模参照考试，这个知识深度要求与学生整体水平直接相关，以至于学生整体水平越高，命题难度和区分度相对越高，最后的结果就是高中教学只能是尽量朝着超越过去高考试卷标准的要求去准备，于是过重的学生负担和压力就难以避免。正因为如此，有学者在研究反思了美国百年标准化考试以后，建议高校招生考试采用基于课程标准的成就考试或曰高中学业水平考试（Curriculum-based Achievement Tests），认为这样的标准参照考试最有利于高中生的健康发展，且更能准确预测学生在大学的发展。③

我们此前对2014年开始试点的浙江、上海高考科目改革的初步调查显示，相对过去高考方案变动不大的上海方案，总体上比浙江方案更令师生满意。两地共计200多名教师和近1100多名学生的调查对象中，超过70%的师生认为这次科目内容改革，促进了学生的学科兴趣、个性特长的发展，增加了学生选择权。不管承认与否，认知维度的招生考试40年来一直发挥了

---

① John H. Bishop. Nerd Harassment and Grade Inflation: Are College Admissions Policies Partly Responsible? [EB/OL] http://www.ilr.cornell.edu/cheri/wp/cheri_wp08.pdf. Reports Descriptive (141): 2-3.

② 刘清华. 高校招生考试评价体系改革的思路 [J]. 东南学术，2007（4）：23.

③ Richard C. Atkinson, Saul Geiser. Reflections on a Century of College Admissions Tests [J]. Research & Occasional Paper Series: CSHE.4.09, 2009: 1-18.

以考促学、以考促教、以考促改的积极教育功能。即将推广实施的高考、高中学业水平考试加上高中学生综合素质评价的高考新方案，无疑也会引导高中教育尽力追求立德树人、全面加强各学科核心素养的教育目标。

（二）负面效应

过去受到大力批判的应试教育现象，在2014年《国务院关于深化考试招生制度改革的实施意见》中被称为“片面应试教育倾向”。片面应试教育影响学生的全面发展，主要有两大表现。

首先，是片面的文化知识学习。高考不考什么，高中就不教什么，学生就不学什么。不论是20世纪90年代少数省份实行的“3＋2科目组”（语文、数学、外语＋政治、历史/物理、化学），抑或至今全国各省份广泛实行的“语文、数学、外语＋文科综合/理科综合”（文科综合包括政治、历史、地理三科，理科综合包括物理、化学、生物三科），都一定程度存在“应付会考，对付高考”的负面效应问题。为了保证学生能全面学习高中所有课程并达到合格要求，江苏、海南等省份逐渐实施了高考与高中学业水平考试成绩硬挂钩的举措，从而逐步强化了高中学业水平考试的地位，它也成为今天新高考评价体系的组成部分。其次，是片面的教育目标。由于考好大学和好专业的竞争激烈，区分考生水平几乎只能靠常模参照性质的考试，考前考生又很难知道别人的实际水平，结果导致考生往往追求最大的学习强度，教师的教学标准也尽量向高标准看齐，于是学生成了考试的奴隶和题海中的机器，身心负担与压力过重，创造力受到抑制。在时间有限和客观上不大可能得到合理分配的情况下，学生的思想道德修养、文化艺术素养、身体素质等均难以得到很好的发展。

应该看到，学科考试分数本身也能反映出一定的品德、心理素质。高考的公平竞争精神，对考生的毅力和拼搏勇气是一种磨炼，也有助于培养学生合理安排时间的能力。学生夜以继日地发奋学习，以优异的成绩参加高考，接受国家和社会的挑选，表现了有志青年为祖国的富强繁荣而奋斗的决心，表现了年轻人对社会、对家庭、对自身的责任感，这是政治，是德育。至于选报志愿，更表现了考生对社会分工、对国家需要、对个人利益与国家利益的态度，也反映了考生的人生观、责任感，因此，高考选才并非单纯的智育。[①]

二、高考综合评价的重要意义及国家政策精神

《教育部关于加强和改进普通高中学生综合素质评价的意见》指出："综合素质评价是对学生全面发展状况的观察、记录、分析，是发现和培育学生良好个性的重要手段，是深入推进素质教育的一项重要制度。全面实施综合素质评价，有利于促进学生认识自我、规划人生，积极主动地发展；有利于促进学校把握学生成长规律，切实转变人才培养模式；有利于促进评价方式改革，转变以考试成绩为唯一标准评价学生的做法，为高校招生录取提供重要参考。"

（一）综合素质评价有利于学生的全面发展

综合素质评价的理论前提，是将学生个体视为一个整体性的存在，是学生个性的协调发展与充分发展。综合素质评价应该是相对于单项评价或单项评价内部的综合评价而言，它指向的是人的身心整体成长发展，是人的德、智、体等方面的全面发展，是人的认识能力和实践能力的整体发展，是个体智力因素和非智力因素的和谐发展，而不仅仅是学科知识的习得。因此，我们不应简单化地把统一考试测量结果当作唯一评价标准来决定是否录取学生，从而避免基础教育长期不能摆脱"智育至上"的发展观。

根据《教育部关于加强和改进普通高中学生综合素质评价的意见》，高中要基于学生发展的年龄特征，结合当地教育教学实际，科学确定学生综合素质评价的具体内容和要求。评价时要反映学生全面发展情况和个性特长，注重考查学生社会责任感、创新精神和实践能力。评价内容主要包括：①思想品德。主要考查学生在爱党爱国、理想信念、诚实守信、仁爱友善、责任义务、遵纪守法等方面的表现。重点是学生参与党团活动、社团活动、公益劳动、志愿服务等的次数和持续时间，如为孤寡老人、留守儿童、残疾人等弱势群体提供无偿帮助，到福利院、医院、社会救助机构等公共场所、社会组织做无偿服务，为赛会保障、环境保护等活动做志愿者。②学业水平。主要考查学生各门课程基础知识、基本技能掌握情况以及运用知识解决问题的

① 杨学为. 莫把高考当作单纯的"智育"[J]. 求实，1996(22)：32.

能力等。重点是学业水平考试成绩、选修课程内容和学习成绩、研究性学习与创新成果等，特别是具有优势的学科学习情况。③身心健康。主要考查学生的健康生活方式、体育锻炼习惯、身体机能、运动技能和心理素质等。重点是《国家学生体质健康标准》测试主要结果，体育运动特长项目，参加体育运动的效果，应对困难和挫折的表现等。④艺术素养。主要考查学生对艺术的感受、理解、鉴赏和表现能力。重点是在音乐、美术、舞蹈、戏剧、戏曲、影视、书法等方面表现出来的兴趣特长，参加艺术活动的成果等。⑤社会实践。主要考查学生在社会生活中动手操作、体验经历等情况。重点是学生参加实践活动的次数、持续时间，形成的作品、调查报告等，如与技术课程等有关的实习、生产劳动、勤工俭学、军训、参观学习与社会调查等。

（二）综合素质评价符合高校培养目标的要求

学生的发展潜能大小取决于人的综合素质高低。恢复高考以来，我国大学招生面临的最大问题，是把大学的培养目标要求等同于学生的成绩，分数似乎就是教育质量的全部。在这种教育理念下，争夺各省市的高考高分学生，一度成为高水平大学招生的重要任务，其结果是把考试测量的效果夸大到了极致。放眼全球，世界一流大学一般都把学业考试成绩当作重要的招生录取标准，但几乎没有一所世界一流大学把它当作唯一标准，一些世界一流大学每年都会拒绝录取上百名考试得满分的学生。他们认为学生的发展潜能大小，不仅仅取决于学科考试分数，还有人的创新性思维，人的社会责任和积极情感态度，人的挑战力和人的领导力等非认知因素。所谓综合素质高的学生，就是大学通过教授委员会的质性评价和权威的考试测量评价，在非学业方面和学业考试方面都比较优秀的学生。这是我国高水平大学自主招生改革应该学习的地方，大学需要建立健全综合评价体系，真正选拔那些学业优秀又具有公益抱负、挑战品质和创新潜能的人才。

（三）综合素质评价能引导基础教育健康发展

综合素质评价是对基础教育“智育至上”发展观的矫正。长期以来，统一考试因其选拔功能而事实上成为基础教育的指挥棒，似乎学科知识测量结果就是学生的发展结果。只以学业考试分数为录取标准导致的一个结果，就是基础教育唯考试分数至上，学生的精力几乎都耗费在书本知识和高强度的作业与试题中，尤以九年级、高三为甚。片面应试教育会导致学生身心发展失衡，学业负担过重，创新性思维受到一定程度的压制，很多考上重点大学的学生缺乏发展后劲，大学难以培育具有拔尖创新潜质的人才。要正确引导基础教育健康发展，高校招生不仅要考虑权威的统一考试成绩，还要考虑大学认证采信的高中平时成绩，学生的各种公益活动表现及特长荣誉，以及考生所受的教育条件和家庭成长背景等。在高等教育大众化的背景下，高水平大学自主招生可以考虑建立中国的大学先修课程制度，把这些先修课程学习的成绩作为录取元素，把优秀学生从高三阶段的题海训练中解放出来，把他们引导到更具挑战性的大学基础课程学习中去，更好地适应在大学的创造性学习，提升我国的英才教育质量，也为统一招生考试改革积累经验。

（四）合理的综合素质评价有助于提高城乡高考机会的公平性

国家提出的高中学生综合素质评价原则是："坚持方向性，引导学生践行社会主义核心价值观，热爱中国共产党，弘扬中华民族传统美德。坚持指导性，把握学生的个性特点，关注成长过程，激发每一个学生的潜能优势，鼓励学生不断进步。坚持客观性，如实记录学生成长过程中的突出表现，真实反映学生的发展状况，以事实为依据进行评价。坚持公正性，严格规范评价程序，强化有效监督，确保评价过程公开透明。"

综合素质评价要考虑学生的受教育背景差异，确保城乡学生的受教育机会公平。未来高校录取如果要对考生实行综合素质评价，势必要适度考虑考生的家庭经济收入和高中教育条件，在同等条件下适度照顾那些处于相对不利条件的考生。当然，我国解决学生高考起点不公平的主要办法，按照《国务院关于深化考试招生制度改革的实施意见》，主要是改进招生计划分配方式，提高中西部地区和人口大省高考录取率，减少重点大学本地化招生比例，减少和规范考试加分，继续实施国家农村贫困地区定向招生专项计划，由重点高校面向贫困地区定向招生，从而形成保障农村学生上重点高校的长效机制，充分体现了办人民满意的教育的宗旨。为此，教育部从2008年起实施了"支援中西部地区招生协作计划"，国务院要求2017年把高考录取率的省际差异控制在4个百分点以内。但从长远看，各省份都加大教育投入才是满足教育更好发展的根本。

需要看到的是，学生高考成绩好并不仅仅是学生个体投入的结果，还包含了高中教育投入特别是高素质教师投入的结果。高中教育的条件差异巨大，必然导致学生高考成绩的差异，这是高校对学生进行综合评价要适度考虑学生受教育机会差异的重要原因。我们注意到，美国公立大学的公平招生政策在解决招生起点公平方面发挥了积极作用。比如在加利福尼亚州，无论各高中的教育质量高低，只要年级排名前4%的学生就可以进加州大学伯克利分校，而在德克萨斯州立大学的要求是高中年级排名的前10%，这一做法一度引发了是否会降低学校管理者提升高中教育质量动机的争论，因为对于许多高中而言，即使设置了高水准课程并雇用了高水平教师，也并不能让更多学生进入高选择性大学。[①] 中国与美国高校的做法不同，但考虑学生背景的综合评价政策，是中外公立高水平大学的共同价值取向。

三、高校招生注重综合素质评价必须摈弃一些认识误区[②]

严格说来，没有人反对大学招生实施科学的综合素质评价，人们反对的是不科学、不公平的综合素质评价。他们担心的是在社会诚信体系尚未完全建立、基础教育发展不均衡的情况下，不恰当的综合素质评价会损害高考的公平性，加剧高考的城乡不公平性。注重人才选拔的效率，不以考试分数为主要的录取标准，用多渠道和多样的方式来考核录取学生，因为没有刚性标准，容易弄虚作假和走后门，损害公平。这是我们提倡建立健全综合素质评价体系时必须考虑到的现实情况。这种情况提醒我们，综合素质评价在任何时候都需要坚持刚性的科学性与公平性相统一，而不是简单地理解为公平和效率谁优先的问题。

（一）大学招生实施综合素质评价未必会损害高考的公平性

人们担心大学招生实施综合素质评价会损害高考的公平性，其实是基于不公平的综合素质评价，主要是起点不公平的评价问题。毕竟，人的综合素质发展是先天禀赋和后天环境综合作用的结果，尤其后天教育环境不好会限

① John H. Bishop. Nerd Harassment and Grade Inflation: Are College Admissions Policies Partly Responsible? [EB/OL]http://www.ilr.cornell.edu/cheri/ wp/cheri_wp08.pdf. Reports Descriptive (141).

② 刘清华. 加强选才能力建设 实施大学招生综合素质评价 [J]. 中国高等教育，2013(10)：42-43.

制人的综合素质提升。城乡考生在知识能力方面的差异已成为社会关注的一个热点问题，其实这主要是考生家庭背景和就读学校教育条件的差距。因此，综合素质评价要做到公平，势必要考量学生个体的学校与家庭成长背景等因素，当前，我国高中学校有省级示范高中，还有区县重点高中，还有条件更一般的农村高中；就家庭经济背景来看，有经济条件优越的、一般的和贫困的之分，高校招生综合素质评价不考虑这种学校和家庭环境差异，单纯以考试成绩为标准去招录学生，必然会导致不公平的结果出现。

认知维度抑或非认知维度的评价都应考虑学生的背景特性，这也是社会主义公平价值观追求在招生中的重要体现。正如你要从1万个孩子中选择1000名最好的游泳选手，就要考虑这些孩子游泳的速度，还要考虑创造这个速度的游泳条件。而在教育中，高校招生要考虑的游泳条件就是背景条件。除了考虑申请学生的这些成绩体现在德、智、体美等哪些方面，还要知道影响学生成绩的非认知因素体现在哪里，并考虑学生及其家庭的经济状况、文化条件如何。显然，包括学生背景、学生成绩等的综合评价，相比于只看考试分数的评价，更具有相对公平性。以美国为例，高校招生考虑的学生社会背景数据通常包括：①低收入家庭数据；②联邦资助费用或者免费午餐情况；③父母教育水平；④学生所在高中平均学分绩点（GPA）历史数据；⑤高中特殊课程开设情况；⑥种族和民族情况。[①] 这说明，大学实施学生背景维度的评价，还需要学生信息数据来支撑。

我国目前东西部城乡发展差距还较大，中、西部教育投入偏少，各省份城乡高中教育的投入不均衡，优质高等教育资源供给总体偏少且分布不均衡。恢复统一高考以来，我国重点大学招收的农村学生比例不断下降，与以学生个体的绝对评价结果为录取标准而不考虑学生家庭背景和教育条件分不开，这些都属于评价起点不公平的结果。高水平大学自主选拔录取中，大学探索的各种笔试加面试的综合素质评价，同样较少考虑学生个体的成长背景，导致自主选拔录取对处境不利的学生更加不利。只看统一高考分数的招生评价比综合评价更公平的观点，其实属于错误理解了综合评

① Philip Ballinger. Why and How Socioeconomic Factors Should Be Used in Selective College Admissions[J], New Drectiona for Student Services, Wiley Periodicals, 2007: 10-12.

价的意思。

（二）社会诚信水平偏低等因素不是大学招生不需要推进综合素质评价的理由

人们认为综合素质评价难的主要原因，在于社会的诚信体系还未完全建立，走后门、托关系、弄虚作假等损害高考的结果公平。社会诚信水平，会影响学生各种学业成绩信息的真实性。人们担心，如果大学招生要直接利用高中的各种主观评价结果，或者大学自主进行评价，可能难以抵挡各种人情关系的侵扰，那势必会出现更大的招生不公平。这也是为什么社会十分认同统一考试的理由，因为这种测量结果客观、可比、刚性。有人认为，想要短期内提高社会诚信水平是不可能的，因此高考改革不可能先于社会改革而取得突破。这种想法，其实忘记了高等教育具有主动引领社会发展的重任，忘记了大学也是社会精神文明建设的主阵地之一。综观世界一流大学招生，同样也面临社会诚信的考验。高校通过建立互相制约的、数量众多的教授委员会的集体学术评价机制，以及社会行业与家长代表参与治理的监督机制来解决这一问题，这个过程也是营造更好的社会诚信环境的过程，是发挥高等教育引领诚信文化建设功能的过程。事实上，随着党的十八大以来国家惩治腐败的力度加大，国家的各行业包括高校招生的公正政策环境已初步形成。

基础教育发展不均衡，也是高校招生难以推进综合素质评价的重要理由。20世纪80年代，我国为多出人才、出好人才而大力进行重点学校建设，今天这些学校很大程度上成了重点大学的生源地，为我国拔尖创新人才培育做出了较大贡献，但带来的一个结果就是高考强化了重点学校制度，拉大了不同高中教育条件的差距。而一旦大学招生实行综合素质评价，势必出现很多论者担心的会拉大高考升学率的城乡差距，让那些拥有更多、更好文化资本和经济资本的学生占尽先机。解决这个问题的一个思路同样是综合考虑学生个体成长环境，在评价结果相近时优先录取处境不利的学生，同时提高评价手段，注意评价内容的城乡差异性。

（三）高校招生综合素质评价不同于高中学业综合素质评价

招生综合评价是按照大学的培育目标要求建立起来的综合评价体系，它不同于按照高中教育目标要求建立的综合素质评价体系。21世纪以来，在我国高中新课程改革背景下，各省市纷纷开始建立高中教育综合评价体系。综观这些体系，除了考生父母的单位信息和学生的学校学习简历外，最主要的就是高中学业水平考试成绩、高中三年的平时考试成绩及年级排名，其他非学业方面的综合评价包括了道德品质、公民素养、学习能力、交流与合作、运动与健康方面的不同评价等级，此外还有研究性学习、社会实践、社区服务方面的评价等级。这些综合评价结果，客观上讲，能用于高校招生目的的信息很有限，因为它们的评价目的在于高中阶段学生的健康发展而不需要刻意追求区分度。高中综合素质评价的现状成了很多人抱怨大学难以进行综合素质评价的理由。

其实大学招生进行综合素质评价，需要有自己的招生理念，并在这一理念引领下去制定适合自身培养目标要求的综合评价体系。大学招生建构的这种综合评价体系，由于大学培养目标不同而不同，由于不同中学条件不同而对其认证使用要求并不一致，但总体是要考虑学生的教育条件差异和家庭背景差异，注意评价的客观公正。准此，大学的招生综合评价体系，是大学依据自身培养目标建立并对学生进行评价或认证的结果，是大学多年来逐步实践、修正综合素质评价的结果。大学不会把评价学生的责任推给中学，更不会不经过权威认证就直接采信任何一所高中提供的学生综合评价信息，从而尽可能杜绝困扰评价的人情关系问题，保障大学招生评价的科学性和公平性。

第二节
“三位一体”招生评价政策的实践研究

2017年，浙江与上海完成了第一轮新高考综合改革试点，两地的学生综合评价或素质评价在高校招生中的使用效果好与不好，其科学性与公平性如何，是直接关系到改革能否在全国推广实施的重要政策问题。当然，综合素质评价不单是理论建设的问题，也还有个时间过程和经验过程，需要高校在招生实践中不断探索和发展完善。西方发达国家高校积累上百年的综合评价理论研究和经验储备，也许并非一定适合中国的国情，我们对此要有清醒的理性认识和更加长远的政策实践研究。

一、浙江高校的自主招生综合评价政策促进了学生全面发展

高校“三位一体”综合评价招生，不同于面向全国各省份招生的高校自主选拔录取试验，这是浙江省在全国率先实施的依据考生统一高考、高中学考和综合素质评价（含高中综合素质评价和高校综合素质测评）三方面成绩综合评价、择优录取的一项招生改革。改革自2011年在浙江工业大学、杭州师范大学两所高校试点成功以来，试点范围稳步扩大，试点内涵不断提升，影响逐渐扩展至全国。截至2015年，该项改革已成功开展了5年，先后共有55所高校参加，总计录取11909人。[①] 目前浙江学生的综合素质评价，主要体现在本省高校自主招生中的测试和对学生高中学业水平考试成绩的有效利用等方面。

（一）浙江学生综合素质评价的基本内容

浙江学生的综合素质评价内容主要包括：学生基本信息；学业水平考试成绩；选修课程模块名称；审美与艺术、运动与健康、劳动与技能、探究与

---

① 盛兰芳．高校“三位一体”综合评价招生改革跟踪研究 [J]．教育评论，2016(9)：67.

实践等综合素质项目的测评等第；特长和获奖情况；行为规范以及任职记录，见表5-1。

表5-1 浙江省普通高校招生考试综合素质评价基本信息表

<table>
<tr><td>姓名</td><td colspan="3"></td><td colspan="2">性别</td><td colspan="2"></td><td>民族</td><td colspan="2"></td><td colspan="2">出生年月</td></tr>
<tr><td colspan="5">学籍主号(身份证号)</td><td colspan="4"></td><td rowspan="2">毕业学校</td><td colspan="3" rowspan="2"></td></tr>
<tr><td colspan="5">学籍辅号(学业水平考试号)</td><td colspan="4"></td></tr>
<tr><td colspan="3">家庭住址</td><td colspan="5"></td><td>联系电话</td><td colspan="4"></td></tr>
<tr><td rowspan="2">学业水平考试</td><td>语文</td><td>外语</td><td>数学</td><td>思想政治</td><td>历史</td><td>地理</td><td>物理</td><td>化学</td><td>生物</td><td>信息技术</td><td colspan="2">通用技术</td></tr>
<tr><td></td><td></td><td></td><td></td><td></td><td></td><td></td><td></td><td></td><td></td><td colspan="2"></td></tr>
<tr><td rowspan="4">总学分</td><td rowspan="4"></td><td rowspan="4">必修学分</td><td rowspan="4"></td><td rowspan="4">选修学分</td><td rowspan="4"></td><td colspan="4">知识拓展类学分</td><td colspan="3"></td></tr>
<tr><td colspan="4">职业技能类学分</td><td colspan="3"></td></tr>
<tr><td colspan="4">兴趣特长类学分</td><td colspan="3"></td></tr>
<tr><td colspan="4">社会实践类学分</td><td colspan="3"></td></tr>
<tr><td rowspan="5">选修模块名称</td><td colspan="3"></td><td colspan="2"></td><td colspan="2"></td><td colspan="2"></td><td colspan="3"></td></tr>
<tr><td colspan="3"></td><td colspan="2"></td><td colspan="2"></td><td colspan="2"></td><td colspan="3"></td></tr>
<tr><td colspan="3"></td><td colspan="2"></td><td colspan="2"></td><td colspan="2"></td><td colspan="3"></td></tr>
<tr><td colspan="3"></td><td colspan="2"></td><td colspan="2"></td><td colspan="2"></td><td colspan="3"></td></tr>
<tr><td colspan="3"></td><td colspan="2"></td><td colspan="2"></td><td colspan="2"></td><td colspan="3"></td></tr>
<tr><td colspan="2">综合素质测评项目</td><td colspan="2">综合素质测评等第</td><td colspan="9">特长及获奖情况</td></tr>
<tr><td colspan="2">审美与艺术</td><td colspan="2"></td><td colspan="9" rowspan="3"></td></tr>
<tr><td colspan="2">运动与健康</td><td colspan="2"></td></tr>
<tr><td colspan="2">劳动与技能</td><td colspan="2"></td></tr>
<tr><td colspan="2">探究与实践</td><td colspan="2"></td><td colspan="9"></td></tr>
<tr><td colspan="10">行为规范(填“遵守”“基本遵守”或“需努力”)</td><td colspan="3"></td></tr>
<tr><td colspan="2">任职记录</td><td colspan="11"></td></tr>
</table>

(二) 以浙江大学为例的“三位一体”综合素质评价

1.《浙江大学2017年浙江省“三位一体”综合评价招生简章》规定的报名条件

(1) 符合2017年浙江省普通高等学校招生全国统一考试报名条件。

(2) 高中期间综合素质评价中品德表现终评等第为“优秀(A)”或者

“好（B）”。

（3）通过各科目高中学业水平考试，无不合格科目，其中英语学考等级为A。

（4）学科特长突出、专业意向明确，身心健康。

（5）普通高中应届毕业生。

2. 综合素质评价相关材料

（1）包括对中学生在校期间的品德表现、学习成绩、运动健康、艺术素养、创新实践等方面进行客观记录、民主评议、公示确认、形成档案后生成的材料，其中高中期间综合素质中的品德表现终评等第要填写清楚。系统导出材料并打印，经中学教务处审核认定，并加盖中学公章，面试时递交。其中品德表现终评等第、三门选考课成绩、英语成绩和学考等级，需要将“浙江省普通高中学生综合素质评价信息管理平台”和“浙江省高校招生考试信息管理系统”中的相关页面截屏（拍照）上传。

（2）“个人陈述”要求考生本人亲笔手写，扫描（拍照）后上传。“个人陈述”主要阐述高中阶段考生的学科特长表现，获校级（含）以上个人荣誉情况，报考浙江大学的理由，对报考专业的认识度和个人未来的发展规划等内容。字数不超过1000。

（3）学科竞赛获奖者获奖证书需要扫描（拍照）上传。

3. 材料审核

（1）学校组织专家组，根据考生所报专业，结合考生品德表现、学科基础要求、学习成绩、学科竞赛获奖等方面情况对申请材料进行审核，以1：6左右的比例，于5月25日前确定获得参加浙江大学各专业综合测试资格的考生名单。

（2）获得参试资格的考生须于5月27日登录浙江省教育考试院“浙江省高校招生考试信息管理系统”，网上确认是否参加浙江大学的测试和录取。未进行网上确认的考生，视作放弃浙江大学的测试和录取资格。

4. 考试安排

考试时间：2017年6月中旬高考结束后。考试形式：根据各专业报名情况，由学校和各学院（系）按专业特点而定，满分为10分。

5. 录取办法

（1）“三位一体”录取考生的高考成绩必须位于2017年浙江省普通高校招生考试考生成绩的前10%以上。

（2）根据考生高考成绩（80%）、浙江大学综合测试成绩（10%）和高中学业水平考试成绩（10%）计算出考生综合总分，满分100分。

（3）综合总分=（高考成绩÷750）×80＋浙江大学综合测试成绩＋高中学业水平考试成绩。其中高中学业水平考试成绩折算如下：10门科目语文、数学、外语、物理、化学、生物、历史、地理、思想政治、技术各科成绩按A=1分、B=0.9分、C=0.8分、D=0.6分折算，高中学业水平考试成绩=各科折算成绩，满分为10分。

（4）分专业根据综合总分由高到低进行录取，2017年6月25日前完成录取，公示并报浙江省教育考试院备案。考生综合成绩相同时，则依次按考生的高考位次及所报专业的志愿顺序进行录取。被浙江大学“三位一体”正式录取的考生不再参加其他学校志愿填报和录取；未被录取的考生可正常参加浙江省统一高考志愿填报和录取。

（三）浙江省高校的综合评价招生效果

是否有利于学生的全面发展，是判断综合评价政策得失成败的重要标准。破除唯分数论的真正目的是为了学生的全面发展和个性发展，这是切实改变评价选拔模式，将招生、培养作为系统工程来综合考虑的重要原因。不过目前而言评估综合素质评价政策似为时尚早，也许综合素质评价出台一段时间并形成了招生与培养的评估文化后，学生发展的效果会更加彰显。

盛兰芳的跟踪研究表明，与统一高考录取学生相比，“三位一体”录取学生的学习成绩并未成为短板，而且专业思想更为稳固，专业特长优势更加突出，时间管理和职业规划能力更强，担任学生干部比例和活动参与度更高，评奖评优表现更好，心理调适能力更强，总体综合素质表现更高。[①] 以成绩为例，针对杭州师范大学2013级护理学专业学生的跟踪结果表明，“三位一体”录取学生三个学期的平均学习成绩总体优于统一高考录取学

① 盛兰芳．高校“三位一体”综合评价招生改革跟踪研究 [J]．教育评论，2016(9)：67-71.

生。对浙江师范大学2012级小学教育和学前教育学生的跟踪结果表明，“三位一体”录取学生在三年平均学分绩点和年级排名前30%的比例上均优于统一高考录取学生。在年级排名后30%的比例上，小学教育“三位一体”录取学生比例更低，学前教育“三位一体”录取学生跟统一高考录取学生基本持平。对浙江农林大学2013级园林专业学生的跟踪结果是，“三位一体”录取学生在学习成绩排名上每年都有明显进步，排专业前40名的人数和比例有较大程度的提升，排40名之后的人数和比例有较大程度的下降，特别是经过2年的学习，他们与统一高考录取学生在学习成绩上的差距明显缩小。浙江万里学院2015级日语专业“三位一体”录取学生学习成绩和温州医科大学仁济学院2014级“三位一体”录取学生学习成绩略高于统一高考学生，等等。

二、上海高考综合评价改革的教育价值开始彰显

上海高考试点改革取得的一个重要成就，是综合评价改革的教育价值开始彰显，一是体现为春季高考综合评价改革，二是体现为综合评价对教育的引导推动价值。不过应该看到，这仅仅是高中学生综合素质评价的开始或者说前奏，真正对学生发展产生积极影响，尚需要一个过程。但通过综合评价政策开启正确的学生发展价值引导，具有重要教育意义。

（一）上海综合素质评价方案

《上海市普通高中学生综合素质评价实施办法（试行）》（以下简称《实施办法》），是上海对《教育部关于加强和改善普通高中学生综合素质评价的意见》的具体细化和落实，对普通高中学生综合素质评价的内容和程序的描述与规定更明确、分类更细致，方便操作的同时还体现了上海地方特色。为保证评价数据的客观真实，方便高校招生使用，方便教育主管部门管理引导高中办学，上海开发建立了全市统一的上海高中学生综合素质评价信息管理系统。以《上海市普通高中学生综合素质纪实报告》为例，学生纪实报告中并非只记录市级及以上比赛活动的名次或等第等信息，而是在记录方式上对不同级别的比（竞）赛活动做了一定的区分。市级及以上的活动和比赛项目均经市教委确认，上海市普通高中学生综合素质评价信息管理系统将锁

定这些经确认的项目名单，这些获奖信息经有关部门确认、公示后统一录入信息管理系统，确保这些信息的真实性、规范性和权威性。区级和校级比赛活动可记录在学生自我介绍中，在纪实报告相关表格下都有说明。

1. 建立了一套基于事实的综合素质评价体系

综合素质评价的记录和评价内容主要分为四方面，包括：品德发展与公民素养、修习课程与学业成绩、身心健康与艺术修养、创新精神与实践能力，相关内容都以客观事实为依据，很有操作性。

2. 提出的评价内容可观察、可比较、可分析

《实施办法》要求相关高等学校在招生章程中明确综合素质评价的具体使用办法并提前公布，规范、公开使用情况；在“记录方法与程序”方面，明确了校、区、市三级管理制度和不同的职责，这就方便了档案的形成和材料的使用。

3. 综合素质评价可监督且可使用

让学校、社会等多方面力量参与综合素质评价。循序渐进、积极稳妥地推进综合素质评价信息在高校招生中的使用。2017年起，推动高等学校在自主招生过程中，试行综合素质评价信息作为高等学校自主招生的参考。

（二）上海四所高校高中生综合素质评价信息使用办法示例

1. 复旦大学

复旦大学从2017年起在上海市的招生录取中参考普通高中学生综合素质评价信息。

（1）结合复旦大学人才培养目标，综合素质评价重点参考以下信息：①志愿服务（公益劳动）情况；②社会实践情况；③在党团、班集体等组织里参与活动的情况；④高中学业水平考试成绩与基本型课程成绩；⑤拓展型、研究型课程修习情况；⑥参与调查研究、撰写实验报告、研究性课题报告情况；⑦发表论文、获得专利等情况；⑧参与文艺、体育活动情况。

（2）综合素质评价信息在综合评价录取改革试点中的使用。①以上海市普通高中学生综合素质评价信息管理系统提供的基本信息作为专家评审材料，学生不再单独向复旦大学提供综合评价材料；②专家将根据上述四方面考查内容对学生的综合素质评价信息进行评审；③相关评审信息还将在面试时作为参考材料使用。

（3）综合素质评价信息在高校自主招生、高水平艺术团和高水平运动队招生中的使用。①综合素质评价信息将作为上海考生报考复旦大学自主招生的报名审核参考材料；②综合素质评价信息将作为上海考生报考复旦大学高水平艺术团、高水平运动队的报名审核参考材料。

（4）综合素质评价信息在校园开放日中的使用。学生参加复旦大学校园开放日活动，综合素质评价信息是专家为考生提供针对性报考咨询的参考材料。

2. 上海交通大学

自2017年起，上海交通大学在上海市及全国其他公布综合素质评价方案省份的招生录取中参考普通高中学生综合素质评价信息。

（1）综合素质评价信息在综合评价、自主招生等招生类型的初审中使用。通过上海市普通高中学生综合素质评价信息管理系统获取报考上海交通大学的上海考生信息［其他公布综合素质评价方案的省（区、市），通过相应途径向上海交通大学提供学生综合素质评价信息］。上海交通大学在自主招生及综合评价等类型的招生初审中将学生的综合素质评价信息作为初审的重要内容，择优选拔综合素质评价优秀的考生，淘汰综合素质评价不佳的考生。

（2）综合素质评价信息在综合评价、自主招生等类型的招生面试中使用。将综合素质评价信息呈现给综合评价、自主招生等招生类型的面试专家，供专家在面试中使用，将其作为面试评分中重要的参考依据。

（3）综合素质评价信息在普通高考录取中的使用。在专业录取环节遇到同分现象时，参考综合素质评价信息进行专业录取。

3. 同济大学

自2017年起，同济大学在招生录取中参考普通高中学生综合素质评价信息。

（1）综合素质评价信息在综合评价招生录取中的使用。通过上海市普通高中学生综合素质评价信息管理系统获取报考本校的上海考生综合素质评价信息，对学生的综合素质评价信息进行评价，并折算成一定比例纳入综合素质评价成绩。同时综合素质评价信息中的社区服务、社会实践、研究型课程和自主选修学分学习情况等作为进入面试的必要条件。

（2）综合素质评价信息在自主招生中的使用。公布综合素质评价方案的省（区、市），要向同济大学提供学生综合素质评价信息，作为自主招生入选资格、初审和面试环节的重要参考资料。

（3）综合素质评价信息在普通高考录取中的使用。在专业录取环节遇到同分现象时，参考综合素质评价结果予以录取。

（4）综合素质评价信息在其他本科招生录取工作中的使用。在各类特殊类型招生录取时，综合素质评价信息作为报名资格审核的参考依据。

（5）综合素质评价信息在校园活动中的使用。在各类具有发掘学生创新潜质和学科特长的校园活动中，最后的评价或评奖将参考综合素质评价信息情况。在综合评价招生录取中，同济大学将通过上海市普通高中学生综合素质评价信息管理系统获取报考本校的上海考生综合素质评价信息，并采用等级评定的方式对学生的综合素质信息进行评价，综合素质评价结果作为校测结果的重要参考依据。在自主招生中，同济大学将在材料初审环节，将综合素质信息作为重要的参考依据，遴选专业（类）兴趣、学科特长突出的考生。在普通高考录取中，同济大学将综合素质评价信息作为在专业录取环节遇到同分现象和考生进校后专业录取时的主要参考依据，判断考生的兴趣特长。在各项校园活动中，同济大学开展与专业相关的研究性学习和创新性实践等活动（比赛），活动的评价结果（证书）等将在自主招生和综合素质评价录取时作为重要的参考依据。

4. 华东师范大学

自2017年起，华东师范大学在本科招生录取中逐步推行参考普通高中学生综合素质评价信息。

（1）学校根据招生政策的目的和要求，以及是否符合学校创新型人才培养的需求，考查综合素质纪实报告中的如下内容：①学生本人的自我介绍及对未来职业或专业兴趣情况；②参加志愿服务、社会实践活动等情况；③在学校的学科成绩以及学科成绩的校内排位情况；④参与研究型课程学习的情况；⑤个人有关学科类、科技活动及体育、艺术获得市级及以上奖励（证书），创造发明、专利获得情况等；⑥参与中学特色指标评价情况。

（2）综合素质评价信息在综合评价录取中的使用。对报考综合评价录取的考生，学校将通过上海市普通高中学生综合素质评价信息管理系统获取考生的综合素质纪实报告，作为学校对其进行资格初审和校测的重要参考依据。学校将根据当年综合评价招生政策要求，在资格初审阶段，主要查看考生综合素质纪实报告的完整性和规范性；在校测阶段，考生综合素质纪实报告将作为校测面试的重要参考依据。

（3）综合素质评价信息在自主招生中的使用。对报考自主招生的考生，学校将通过上海市普通高中学生综合素质评价信息管理系统获取考生的综合素质纪实报告，作为学校自主招生初审和校测的参考依据。学校将根据当年自主招生政策的报考条件要求，对应参考综合素质纪实报告中的有关内容，作为评判考生是否能获得学校自主招生初审通过资格的依据。在校测阶段，综合素质纪实报告将提供给校测面试评委作为评价依据之一。

（4）综合素质评价信息在普通高考录取中的使用。在普通高考录取环节，学校在严格按照当年学校招生章程规定的专业录取原则的前提下，将考生的综合素质纪实报告内容作为专业调剂录取的重要依据。

（5）综合素质评价信息在其他本科招生录取工作中的使用。上海考生报名参加华东师范大学各类特殊类型招生或有关本科招生的各类活动中，学校将通过上海市普通高中学生综合素质评价信息管理系统获取考生的综合素质纪实报告，并将此报告作为报名资格审核的参考依据。

（三）高校综合评价对高中实施素质教育的引导推动作用①

新高考方案的一大亮点，是实施“两依据、一参考”的多元评价机制，即依据统一高考成绩、高中学业水平考试成绩，参考高中学生综合素质评价信息进行录取。媒体调查显示，面试环节，各高校的教师评委都会先查看面试考生的综合素质纪实报告，初步掌握考生高中期间各方面表现，这使得面试过程中的问答交流针对性大大提高，更能达到综合评价考生的目的。与以往高校自主招生除高考成绩外，校测部分主要看考生面试表现不同的是，

① 曹继军，颜维琦．看“新高考”如何促学生素养全面发展 [N]．光明日报，2017-05-30，2．

2017年上海所有大学都采用了“高考成绩（60%）+面试成绩（30%）+高中学业水平合格性考试成绩（10%）”的计分比例，而且在综合评价资格初审和面试环节，各校都高度重视并充分使用上海市普通高中学生综合素质纪实报告，把它作为招生选拔的重要参考。报告主要包括每位考生高中三年在校期间所展现的品德发展和公民素养、高中学业成绩、创新精神与实践能力、身心健康与艺术素养等方面的行为素养记录，是上海考试招生制度改革试点工作的重中之重。①

“高中学校要将学生综合素质档案提供给高校招生使用”的国家规定，实际上是将综合素质评价与高考及高校招生“适度硬挂钩”，这样学校的素质教育才能得到社会肯定，教师及学生才会从思想到行动上重视，招生评价制度改革才能真正取得实效。综合以上高校公布的学生综合素质材料的使用办法，可以发现几个基本教育作用：

第一，高度重视研究性学习。2017年高考前，上海高三学生完成研究性学习报告50473个，研究内容涉及科技创新、社科人文、艺术、体育、环保等诸多领域。为了创建研究性学习的高质量载体和平台，这些年上海加大创新实验室建设，目前83%的上海公办高中都有创新实验室，有15000多名学生使用研究性学习自适应学习系统（MOORS）。为了推动研究性学习，各区教育局和基层学校还因地制宜，积极推进高中学生课题研究工作。比如，杨浦区教育局利用区位优势创造条件，让各高中科研尖子学生进入高校和科研院所开展探究活动。

第二，高度重视学生的公益实践活动。在高考综合改革的推动下，上海市教委、市文明办、团市委等多家单位协同推进高中生志愿服务工作。截至2017年3月底，上海已认定的市、区两级学生社会实践基地有1742个，共提供学生实践岗位464633个；96%的高三学生和73%的高二学生，共计99619名高中学生，已完成60个学时的社会实践和志愿服务。越来越多的学生在社会大课堂中，增强了社会责任感，提升了核心素养。

第三，上海的春季高考也是具有学生综合评价意义的改革。考生先参加

① 姜泓冰，赵婀娜，江南，王明峰．新高考，招录方式新在哪儿[N]．人民日报，2017-07-19.

统一测试，再参加学校的面试，一名考生可以申请两所大学，拿到两所大学的录取通知书，目前上海所有地方本科院校都参加这一考试、招生。但遗憾的是，名额只有2000名左右，如果上海本科院校50%以上的录取名额，甚至更高比例的名额都通过综合评价形式的春考录取，其他外地院校也逐渐参加，那么，招考分离的改革还可以扩大。

三、上海、浙江两地学生综合素质评价还需要解决的公平性问题

唯考试分数的选才方式，尽管也能体现学生一定的非认知技能，但学生通过学科考试分数反映出来的知识能力，主要属于体现个体智力发展水平的认知技能。而影响学生大学学习、生活或者事业成功的因素，除了必要的认知技能，还有系列行为、态度和策略等非认知因素，也就是“非智力因素”。比如说学生的成绩，除了受学生本身的认知技能影响之外，还受学生的自我控制能力、学习态度、合作精神等诸多具有可塑性的非认知技能的影响，在这方面的教育投入和有效教学干预，收获的不仅是学生学习成绩的提升，还可以减少民族、性别和地区差异。芝加哥大学诺贝尔经济学奖获得者詹姆斯·赫克曼（James J.Heckman）认为，动机、时间管理和自律等非认知技能是个人在未来生活和职场取得成功的关键因素。杜威、科尔伯格以及皮亚杰等甚至将“自律”作为一种基本的道德发展水准，它直接影响人的行为并最终影响学术与工作成就。在信息社会，越来越多的大型公司更看重员工的非认知技能。有研究发现，世界500强公司看重的大学生素养中，位列前6位的分别是积极的态度、尊重他人、主动追求、自信、值得信任、诚实和道德。经济全球化时代，加强对学生发展潜质有重要影响的非认知技能的评价，已成为高校招生评价的重要组成部分。

学习的发生是认知因素和非认知因素综合起作用的结果，上海、浙江两地学生综合素质评价在高校招生面试中发挥了积极作用，这是比较符合我国实际情况的制度安排。未来综合素质评价要在招生中发挥更好的作用，还需要继续大力探索。不过，目前还存在综合素质材料的科学评价与公平评价的矛盾问题。以学生背景因素而论，多个省市的具体方案中发现并没有学生学习背景因素的相关信息。诸如“学业水平”“艺术素养”等方面的考查，多

要参考学生的特长及获奖情况。实际的情况是，在学生“背景因素”不平等的前提下，不同的学生获得的教育投资是不可比的，相应的投资产出也是不可比的。因此，不加区分地进行横向比较必然影响综合素质评价的信度。[①]由此而论，未来还需要建立起公正、公平、公开的学生背景数据系统，对弱势群体进行适度照顾。

① 樊亚峤．综合素质评价纳入高考录取的阻力与对策 [J]．中国教育学刊，2016(6)：34.

第三节
美国高校招生综合评价政策的参考借鉴

2012年5月，我们对美国加州大学总校、加州大学伯克利分校、斯坦福大学和夏威夷大学的招生情况做了较为深入的实地调研。在此期间参加了加州大学总校校长办公室关于该校招生制度的专题培训，并主要就公立大学招生工作的理念政策、考生评价和管理体制等核心问题进行了深入对话。通过这次调研，我们深切感到，推进我国高水平大学自主招生制度改革，必须建立健全综合评价的若干机制，从而主动推动大学办学自主权扩大、教育诚信制度建立、适应基础教育多样化发展，破除大学办学自主权不够、教育诚信制度缺失、基础教育发展不均衡情况下高考改革难以推进的认识误区。事实上，选拔并培养具有强烈社会责任意识的拔尖创新人才，适应并引导中学教育的多样化发展，是中外高水平大学无一例外的价值选择，并不因为社会环境的不同而改变。美国研究型大学，特别是公立高水平大学所积淀的选拔学生的经验，或许对我国大学招生综合评价改革具有一定借鉴价值。

一、高校首先要确立招生理念，招录符合学校培养目标的学生

高校招生的核心价值理念，是按照学校自身定位和相应的培养目标依法实行全方位的自主招生选才。我国大学招生当前最大的问题，是过度看重学生的高考分数，似乎高考分数越高就是素质越高的好学生，这种教育理念下，争夺各省或者各市县的高考高分学生，一度成为高水平大学招生的最重要任务，其结果是把考试测量的结果夸大到了极致，还容易把中学教育推向唯智教育的极端。事实证明，高考高分只能表明学生的学业素养结果，而不能绝对地表征其发展潜能。

美国各类大学都特别关注到底要招收什么素质和背景的学生，才能适合

本校的教育目标要求。举例说，作为美国最好的公立研究型大学，加州大学伯克利分校的招生理念包括以下几个方面：着力选拔那些学业成绩优秀、具备特殊才能的学生，并且出于保护本州公民入学的权益，以及营造不同成长背景学生相互影响的氛围，还十分关注生源的不同文化、种族、地域、社会经济背景，即生源多元化。斯坦福大学因其为私立性质，并不特别强调学生背景的多元化，而尤其关注考生的学业成绩和特长，特别是具有国际竞争力的才能，它特别强调考核考生入学后能给学校带来什么价值。整体居于一般水准的夏威夷大学，则将建设部分名列全美前茅的学科如工程科学为重点，带动学校整体提升，以挽留住本州优质生源为己任。

高水平大学依法自主选才的基础，是大学拥有切实的办学自主权。体现在招生上，结合高等教育法关于大学办学自主权的精神，就是自主确定招生理念、招生标准、评价方式，自主制定招生章程。在我国目前自主招生制度尚未取得明显成效的情况下，应该控制自主选拔录取试点学校的数量，可以考虑试点学校自主选拔录取的名额，以促使试点学校加大改革力度，真正按各自培养目标选择适合的学生，培养社会需要的各类高端创新人才。取得更多成功经验后，进一步推进大学招生综合评价制度革新。

二、高校要制定科学的招生标准，对考生实行综合素质评价

综合评价的实质，是根据大学培养目标对人的全面和个性发展实行整体评价和全面评价。高水平大学自主招生改革应该以建立并且实施考生综合评价体系、标准为核心任务，真正选拔那些学业优秀又具有公益抱负、挑战品质和创新能力的人才，如此方能正确引导高中教育健康发展，全面实施素质教育。我国高水平大学自主招生踟蹰不前的最大问题，在于缺乏较好的综合素质评价，依然难以突破以统一高考成绩为主要录取标准的藩篱。在统一高考制度的指挥棒作用下，高中教学活动紧紧围绕高考进行，高中三年级要提前结课去反复练习各类试题，破坏了正常的教育秩序，束缚了学生的个性发展，耗费了学生的时间。

调研中发现，美国所有的大学招生都把考生的学业成就视为最重要的选择标准，但是，没有一所大学仅仅依据考生的一次学业考试成绩作为衡量入

学的准绳，也没有一所大学招生时只关注考生的学业表现，而漠视考生的非学业素质，要选拔具有强烈社会责任意识的拔尖创新人才必须进行综合评价。依据单一选拔性考试的分数去选才，不符合人的全面健康发展的要求，更不符合大学培养创新人才需要全面素养基础的时代需求。这是为什么斯坦福大学每年都要拒绝录取上百个SAT或者ACT满分而其他方面素养平平的学生的理由。

对考生实行多元素质评价，是美国大学招生的共同要求。美国高水平大学招生时非常关注考生的综合素质，并关注考生是否符合学校的办学理念和培养目标要求。为此，各大学都制定了自己的招生标准，依据本校的招生标准对考生实施综合素质评价。比如，加州大学在自主确定的高中学生合格性（eligible）基础上，制定了14条优秀学生招生标准要求，它包含了我国所说的综合素质全面学生和特长生的要求：①7类课程及加州大学认证的中学荣誉课程的GPA成绩（见表5-2）；②ACT或者SAT成绩；③荣誉课程的成绩；④AP课程或者IB课程成绩；⑤排名排在就读高中毕业生的前9%；⑥高中所学课程的种类、数量及成绩；⑦根据学生所在学校提供教育机会的情况所评定的成绩；⑧在某一学科方面的突出表现；⑨在学科领域某一项目上的突出表现；⑩高中阶段在学科方面的突出进步；⑪艺术、传媒、体育、外语、外国文化等方面的特长、兴趣、研究，或者领导经验和才能，从事社区服务、参加学生会工作，或者为校园文化发展做出突出贡献的才能等；⑫完成与高中课程或者与学校其他活动有关的课题；⑬根据学生的生活经历或者特殊背景来评定学生的学术成就；⑭学生高中毕业学校以及是否是加利福尼亚州居民。

表5-2 加利福尼亚州大学对高中课程的要求

科目	学年	基本内容
历史与社会科学	2	包括一学年的世界历史、文化和历史地理，一学年的美国历史或者半学年的美国历史和半学年的公民学或美国政府概况
英语	4	四年大学预备英语课，包括规范化写作，古典与当代文学阅读
数学	3	三年大学预备数学课，初等和高等代数，两年到三年的几何

续表

科　目	学　年	基本内容
实验科学	2	两年的实验科学，包括生物、化学和物理
外　语	2	任选一门外语
艺　术	1	舞蹈、戏剧、音乐或观赏艺术（绘画、摄影、雕刻、建筑等）
大学预备选修课	1	从上面六门课程中任选一种，但课程难度要高一级别

斯坦福大学为私立研究型大学，平均每年申请入学的人数在3.6万人左右，招收2000多学生，平均录取率大约为6.6%。学校根据自身定位和培养目标提出了9条招生标准，分别是：①高中成绩GPA；②标准化考试ACT或者SAT成绩；③学生各种性质课程的修习情况；④参加公益活动情况；⑤领导力；⑥高中老师的评价，含学业评价；⑦学生的自我评价；⑧思维原创性；⑨学生能为大学带来的价值。其中除了第一和第二条依据客观数据评价外，后面的7条标准，均采用第一轮招生委员会的集体主观评价和第二轮招生委员会的集体主观评价。在全面评价9条标准的基础上，最后集体投票决定录取的新生人选。其每年用在招生评价上的经费大约为110万美元，假设按照每年3万多的申请入学人数计算，全面评价完一个学生的平均成本在30万美元左右。

夏威夷大学具有独特的地理位置和文化，其综合评价标准，主要包括5个方面：①课程学习情况，主要包括4个学分的英语，3个学分的数学即代数2和几何，3个学分的自然科学即生物、化学和物理，3个学分的社会科学，4个学分的大学预备课程，5个学分的选修课程；②累积高中成绩GPA在2.8以上；③SAT成绩，含批判性阅读、数学及写作的成绩，或者ACT成绩，含英语、数学、写作等；④排名毕业高中前40%的学生；⑤挑战自我情况，主要是领导力等。

综上可见，多元评价的元素，由于大学培养目标不同而不同，不同中学条件不同，要求也不一致。一般而言主要包括高中平均学分绩点（GPA）、SAT或者ACT考试成绩、社群意识、自我挑战表现和领导力等。根据美国学者多年跟踪研究，在学业成就方面，与考生入学后成功进取相关性最高的是考生高中平时学业表现，其次是挑战自我的课程成绩如AP课程成绩等，再次就是SAT或者ACT考试成绩。而综合素质评价，就是大学以本校的教育宗旨和育人目标为基点，依据学生本人及其就学学校及专业化考试机构提供的相关佐证资料，对学生日后成功接受大学教育必须具备的相关素质所实行的分析与综合判断。素质评价对于评价体系内的诸评价元素都有区分性的客观和主观标准，客观标准主要是高考成绩和平时课程成绩等，主观评价主要是大学教授委员会对学生的集体评价，综合所有这些评价结果，就形成了对学生的全面判断与整体判断。一个考生最终能否被某所大学录取，就看其综合评价结果能否进入大学招生计划的名额之内。

三、高校要健全招生管理机制，适应招生综合评价的任务需求

2014年9月，《国务院关于深化考试招生制度改革的实施意见》明确提出“改革招生录取机制。加强学校招生委员会建设，在制定学校招生计划、确定招生政策和规则决定招生重大事项等方面充分发挥招生委员会作用”。同年12月教育部出台的《关于进一步完善和规范高校自主找生试点工作的意见》，明确要求“试点高校根据本校自主招生简章，由校招生工作领导小组集体研究确定入选资格考生、专业及优惠分值”。

自2003年高水平大学开始自主选拔录取以来，我国已有90所高校实施了占招生计划5%的自主选拔录取，难能可贵的是，它们在原有简单化招生管理体制下，就综合评价进行了多种形式的有效探索，比如2005年复旦大学、上海交通大学实施面向上海本地考生的“笔试+面试”模式、2007年中南大学面向湖南考生推出的高考基础上的面试、2009年北京大学开始实施的“校长实名推荐制+大学面试”模式、2010年新开始的“北约联盟”“华约联盟”等联考模式，等等。这些多样化模式客观上几乎都遭遇了评价内容公平性、城乡区域公平性等方面的质疑与挑战，这也是综合评价有待改进的地方。从国家大学招生全局看，要实现对考生的综合素质评价，遴选出符合本校培养目标的学生，必须变革现行的招生管理机制，提升招生机构的专业化评价能力。

招生工作是高水平大学建设的基础性保障。我们调研的美国大学，不管公立、私立，无论水准高低，其机构设置、人员编制和专业化程度都给了我

们极大的启发。各所大学的常设招生机构人员都在20～50人，其下属部门一般包括中学沟通、招生宣传、考生申请、资料录入、素质评价、学生录取、研究决策等相互关联的部门。它们不仅视招生为科学评价学生的工作，还把招生视为具有高度社会功能的学术性工作，成立了各种形式的由各利益相关者参与的大学招生委员会，高度关注大学招生和大学教育、中学教育以及社会协进的关系，有效地保障了招生质量和招生秩序。

加州大学总校和各分校都有自己的招生委员会和招生办公室。加州大学总校负责本科招生的委员会，是加州大学系统的学术委员会下设的一个分委员会，负责加州大学所有本科招生政策的制定、修订和招生改革，最后报请校长、学术委员会通过，再由董事会颁布实施，同时它也监督招生政策的实施过程。总校招生办公室的职责之一是把加州大学招生委员会制定的招生政策传达给分校或者通过适当的渠道与分校沟通，总校的招生办公室也负责加州大学统一使用的申请系统，负责系统的开发、维护以及学生提交申请资料信息的储存。另外，加州大学总校的校长办公室为各所分校的招生评价提供有关信息，比如高中课程信息、学生进入加州大学以后的学业表现数据等。总校校长办公室也负责每年招生工作结束以后招生结果的评估，主要对总校的招生委员会负责，提供相关的数据分析报告，从而招生委员会可以更好地监督招生政策的实施情况。无论如何，作为公立大学的招生管理制度，不但建立了完整的招生政策制定、执行、监督制度，也建立了以研究为基础的招生政策评估制度，这样更有利于为加州的社会经济发展做出应有贡献的使命，使大学教育、大学精神延伸到所在州的每一个角落。

斯坦福大学招生办公室常设25名评审员。2011年，他们首轮阅评3.6万名考生的申请材料，根据该校制定的9条招生标准，从中筛选出1.5万人的材料，交由另聘的28名评审员阅评，从中选择排名前20%的考生供学校招生委员会讨论表决，形成录取结果。仅以考生综合素质评价而言，该校培训、聘用担当评审员的评价教师需要两周时间，两轮阅评考生申请材料约需1个月时间，而最终形成录取结果则需要招生委员会两周时间讨论通过。

即使是一般水准的公立大学夏威夷大学，其日常招生管理队伍也有40人，包括了招生工作的上述所有相关部门。正是这种机构设置健全，招生管理与招生研究部门互相配合的管理体制，有效保证了大学的生源质量，确保了学校招生与人才培养理念相适应，使得大学的社会声望久享不坠。如果说大学自主招生的基础是拥有办学自主权，那么这种办学自主权的基础则在于建立健全专业化的综合评价录取管理机制，提升大学的人才选拔能力，才能适应选拔培养拔尖创新人才需要综合评价的任务要求。

四、高校要制定好招生综合评价政策[①]

学生综合素质评价是当前新高考的难点问题，需要我国高校在充分试点和取得经验的基础上渐进推行，以保证改革的科学性和公平性。就目前现实看，这既需要高校提升招生能力，也需要在院校研究基础上借助各省（区、市）招生办为高校提供真实有效的学生评价信息，从而使得高校招生有坚实的理论依据和实践依据。

（一）制定适切的评价标准

第一，根据培养目标和办学特色制定评价标准。评价标准体现的是生源质量的具体规格要求，是招生理念的具体化，其直接目的是要满足高校的培养目标和办学特色要求。目前我国高校按任务分类，不同高校的办学特色体现在国际化、产学研合作、导师制培养、研究性教学、学生参与管理等诸多不同方面，对学生素质标准有着不同要求。当高校招生标准不再只是高考成绩，还有学生综合素质档案评价的成绩，投档比例就会有变化。在学生没有报考相应高校之前，高校不知道会对哪些学生实行综合素质评价，志愿填报之后学生的综合素质档案才有可能进入相关高校。所以高校必须要依据体现本校学生学业素养要求的高考分数，提出投档比例要求，然后对这些投档进来的学生进行综合素质评价。高考成绩加上学生档案评价的成绩，最终成为录取学生的依据。高校发布录取学生信息时，可能还要一并发布学生的综合素质档案评价成绩，一方面体现公平、公开原则，另一方面也可以引导高中的教育教学和学生发展方向的改革。

第二，依据学生大学成功的标准制定招生标准。从国际上看，高校招生综合标准包括了考试分数体现出的智力评价和其他行为表现体现出来的

① 刘清华. 高校怎么制定招生综合评价政策 [N]. 光明日报，2015-10-06，008.

非智力评价。基于多元智力理论的学生综合素质档案既包含了学生的全面素养情况，也包含了学生的个性优势情况。从20世纪70年代至今，学者们研究发现，能预测学生大学成功的招生综合评价标准，一般包括三大方面12个维度，它们分别是：①智力行为表现，包括一般学科知识原理的掌握情况、不断学习的能力和对知识的好奇心、艺术欣赏能力；②人际行为表现，包括多元文化欣赏能力、领导力、人际交往技能、社会责任；③内省行为表现，包括适应力、坚持力、道德和诚信。这与我国高中学生综合素质档案要求提供的思想品德、学业水平、身心健康、艺术素养、社会实践等五个方面的内容，有相当大的契合度。除了这些内容标准，西方国家高校招生综合评价，还有一个公平性标准，就是看学生个体的教育背景，包括是否是低收入家庭、是否享受国家救济、父母教育水平高低、就读高中开课情况、种族及民族情况等。高校招生的国际趋势，是向弱势群体适度倾斜，以把他们导入主流社会。专家认为保障校园生源多样化，不但是为了营造更好的校园学习文化，也是社会和谐的基石。生源多样化是解释大学生学习结果的重要变量，不同民族、种族的学生共处一所大学进行各种非正式交往，能提升学生的思考能力和学习动机，也能影响学生的换位思考、改善公民关系、增进多元文化理解以及不同种族、民族和谐相处的能力。这也是我国为什么在高校招生中，实施贫困地区专项招生计划的主要原因。

第三，借鉴成功智力理论制定评价标准。按照美国著名心理学家斯滕伯格的成功智力理论，成功智力包括创新智力、分析智力、实践能力以及智慧智力。依据该理论，目前的考试设计过于强调以记忆为基础的分析智力，这需要在命题环节进行不断地研究与改革。基于该理论，2001年斯滕伯格在耶鲁大学推出研究招生考试的“彩虹项目”，2005年又在塔夫茨大学推出“万花筒项目”，其主导思想是测试上述四种智力，测试方式主要是采用小论文测试。结果发现，“万花筒项目”预测了学生的学术成功、课外活动能力和领导力；有效提升了公平性，使得学校中少数民族学生有所增加。该测试与传统测试具有一定相关性，申请人、家长、学校辅导员都喜欢该测试并认为测试对教学也有帮助，即按学生的不同学习和思维类型去教学能促进每个学生的学习。塔夫茨大学还因此建立了学习和教学提高中心。

当然，不同类型高校的培养目标与使命不同，在评价体系建设上各校要有自己的标准，才能选择并培养出多方面成功的学生。

（二）确定适切的综合评价方法

所谓适切的评价方法，是指适应高校评价标准的方法，主要包括定量评价和定性评价，二者都坚持实证主义的评价立场。就教育评价的国际趋势看，学生综合素质档案评价方法，主要是教师评价队伍基于高校制定的评价标准，采用定性评价为基础并结合定量评价的方法，对学生的全面素养、个性优势以及发展潜质等做出整体价值衡量与判断。招生过程中，评价者要看每个考生处于一个什么样的教育背景，他们分别在高校认定的若干个标准上处于一个什么等第，考生综合素质整体上处于一个什么等第，然后从最优秀到优秀逐次挑出评价者集体认为的符合招生计划要求的考生，评价者之间有争议的考生，则交给第三方重新评价，最后交给招生委员会做出最终是否录取的决定。

这样的评价无疑对评价者的素质要求和培训要求非常高。以美国华盛顿大学为例，其招生理念是“服务和贡献于大学的能力以及多样化的教育价值观”，经过教授们讨论后他们把这个理念转化为构成招生评价标准的19个问题，诸如申请者的整体学术水平是否很强，是否表现出独立发展的习惯，是否显示出了较好的坚韧、洞察、创意能力，是否关心对他人与社区，是否是家中的第一个大学生，等等，从而对学生实行综合评价。依据这些问题，评价者会给出“最高推荐9分”“不予推荐1分”的类似结论。当两位评审者的评价结果不一致时，会交给第三位评价者处理。

（三）建立健全教师评价队伍和体制

教师评价体制建设旨在提升教师对学生综合素质档案的评价能力，最终提升高校的招生水平，从而保证综合素质档案得以发挥实际的参考作用。在以统一高考成绩为招生录取标准的时代，招生老师只需要依据学生总分，依据考生志愿从高分到低分录取新生直到录取计划完成即可。因为这个原因，高校招生办的常设机构，人员编制一般只有几个人，招生季节人手不够时临时找几个人帮忙即可。这种评价体制显然难以适应新的综合评价任务要求，为此，我们必须借鉴国外高校招生管理的经验，加强专业化建设，提升招生能力。

五、美国高校非强制性考试入学政策论争的启示

高考是连接高中与高校教育的纽带，它直接引导着高中的教育教学并决定着高校的生源质量。2014年出台的《国务院关于深化考试招生制度改革的实施意见》，要求我国普通高校招生实行“两依据，一参考”的综合评价录取政策，即高校招生主要依据全国统一命题考试和各省份的高中学业水平考试，在此基础上参考学生的综合素质档案评价。与我国高校招生录取试点“两依据，一参考”政策不同的是，第二次世界大战以来的美国本科院校招生，一直坚持包括统一考试在内的多种要素的综合评价政策，录取学生的标准除了统一招生考试SAT或ACT成绩外，还包括学生高中课程平均成绩（GPA）、成绩排名、小论文、推荐信、面试、课外活动以及各类特长与获奖情况等。

（一）美国高校招生实施非强制性考试入学政策的概况

为了降低招生考试的负面效应，改善部分州取消《平权法案》导致招生更不公平的状况，满足招收个性学生的需要等，从20世纪80年代末开始，美国部分高校开启了新的综合评价招生政策，实施“非强制性的考试入学政策”（Test Optional Admissions Policy）。其基本含义是，统一招生考试成绩成为美国高校录取国内新生的非强制性标准或者说非必要条件，高中生报考本科院校可以选择提交SAT或者ACT成绩，也可以选择不提交统一考试成绩，高校主要依据学生的高中成绩和课程知识严谨性等多种元素，对学生进行综合评价录取。美国考试公平与公开中心（The National Center for Fair and Open Testing）公布的信息显示，目前实施该政策的有1000余所四年制高校，已经接近美国2015—2016学年能授予学士学位的2597所大学的4成。从这些学校的声誉来看，在2018年《美国新闻与世界报道》的分类排行榜中排名居第一方阵的大学有300所，在排名前100名的四年制文理学院中有一半高校实施了该政策，诸如贝茨学院、鲍登学院、布林摩尔学院、培泽学院、史密斯学院、卫斯理学院以及维克森林大学，都是排名前

30%的名校。还有一些宣布不对SAT、ACT成绩做出硬性要求的名校，比如芝加哥大学、耶鲁大学、乔治·华盛顿大学、达特茅斯学院等。从地域分布来看，已有49个州的部分高校实施了该政策，其中新英格兰、马里兰、宾夕法利亚以及弗吉利亚4个州超过半数的高校实施了该政策。

（二）美国高校招生实施非强制性考试入学政策的论争

非强制性考试入学政策实施以来，一直伴随着很大的争论。争论的核心是关于标准化招生考试的科学性和公平性。支持招生统一考试的观点主张继续实施招生考试为主的综合评价政策；反对招生统一考试的观点主张采用非强制性考试入学政策，以增加录取学生的多样性和公平性，同时保持招生质量。

支持招生统一考试的观点认为，该考试可以充当大学招生时区分不同学术背景学生的“共同标尺”。以SAT考试为例，多数研究认为学生的考试分数与大学一年级成绩具有一定的相关性，人们对SAT分数较高的学生抱有更大的学术期待；保留SAT考试分数要求，至少有利于高校保持新生选拔具有较高竞争力的声誉光环。创建SAT和接管AP考试的大学理事会认为，单一的、绝对的考试分数排名靠前的学生，也许并不是大学需要的最优秀的学生，但至少可以提供给高校部分值得依赖的评价信息。SAT结合高中GPA成绩是预测学生大学一年级GPA成绩、大学保留率和完成率的最好指标。另外，他们认为实施非强制性考试入学政策，尽管有可能增加了申请者的数量，但鲜有证据证明这种录取政策实际增加了弱势群体学生的数量。一个有力证据是，佐治亚大学的博士研究生安德鲁·比拉斯科（Andrew Belasco）在研究了实施该政策20年的30所文理学院后，发现它们在实际录取学生的多样性上并没有统计意义上的显著提升，所以他认为该政策要么是公平的福利，要么可能是出于别的目的。一个功利主义的说法是，更多样化的生源有可能是招收了更多高校经费捐赠者的子女，而拒绝了更多的弱势群体生源。不过，实施该政策30多年的贝茨学院前招生办主任比尔·西斯（Bill Hiss）认为，扩大生源多样性不是两三年就会发生显著性变化的，而是要经历一个长期的缓慢增长过程。真正的问题是，招收进来的有些优秀学生在财力上难以承受，比如私立的乔治·华盛顿大学每年学费5万美元，加上其他费用，每年得花费7万美元！

反对招生统一考试的观点认为，尽管很多学生在高中成绩、课外活动和社区领导力方面表现优秀，严格的考试分数要求也常常使得他们被排斥在生源选拔性较高的高校之外。不过度强调招生考试分数，则至少可以使得更多的私立高校向他们打开大门，同时提升招生的公平性和卓越性。而生源选拔性较高的公立大学，也不会因为严格的分数限制而向优秀的少数民族学生、低收入学生、农村学生和第一代大学生关闭大门。比如，具有较高生源选拔性的贝茨学院，曾对该政策实施情况进行了五年跟踪研究，结果发现，这种主要依靠高中GPA成绩的录取政策对生源质量没有明显的负面影响，相反，扩大了生源选择范围，并对提升生源质量具有积极的效果；那些没有提交标准化考试成绩的学生在大学有更好的保留率，而且学校中少数民族学生比开始实施该政策时增加了一倍。马萨诸塞州惠顿学院在1992年实施该政策后，也吸引了更多的优秀少数民族学生。有研究者对实施该政策的28所高校的955774份学生成绩及其社会经济背景进行分析，证明了该政策提高了学生的多样性，且没有影响生源质量。美国考试公平与公开中心主任据此认为，非强制性考试入学政策是一个学生与高校双赢的政策，高中成绩与课程内容的严谨性是预测学生在大学成功的最好指标。事实表明，那些实施该政策的高校不但扩大了学生多样性，也没有降低生源质量。

（三）对我国高校招生实施综合评价录取的启示

20世纪90年代以来，为增加招生的透明性和可比性，美国高校尤其是公立高校，给予了标准化考试分数更高的录取权重。目前，这些公立高校之所以继续用老办法进行综合评价录取学生，主要是基于以下考虑：一是担心非强制性考试入学政策会给考生一种降低学术质量的信号，也有高校担心其在《美国新闻与世界报道》的排名会因为新政策而受到影响。二是很多公立高校有较大的来自州政府的政治压力，从而把标准化考试分数当作严格入学标准和提升学术质量的工具。三是很多公立高校认为主要采用标准化分数招生具有低成本、高效率的优势，更复杂而全面地评价考生显然需要高校花费更多的人力和物力。美国经济发达，并已经进入高等教育普及化阶段，其部分高校实施非强制性考试入学政策无疑有其特殊国情，不过，这个政策对我们深入反思招生考试的功能以及如何使用招生考试成绩具有参考意义。

1. 高校要有适度的招生质量自主权

非强制性考试入学政策，体现的是高校拥有适度的招生质量标准自主权。在美国，由于公立高校更多地受本州政治、经济等因素的影响，我们看到私立高校比公立高校拥有相对更大的招生质量标准的自主权，其突出体现于私立高校更有权决定是否使用SAT、ACT考试成绩。当然，美国高校一直都有自主使用多元招生标准进行综合评价录取学生的权利。不仅如此，它们还有行使招生自主权的能力，这体现为几乎所有名校都有自己的招生研究人员。美国非强制性考试入学政策实践尽管仍有较大争议，但其渐进的实践过程却是基于试验和研究的结果。我国高校以公立高校为主体（教育部网站显示，我国有816所公立本科院校，占1239所本科院校数的66%），我国国情与美国也有较大差别，可能不具有实施类似政策的条件，但我国的高校在如何使用统一招生考试成绩、高中学业水平考试成绩以及高中生的其他成绩方面，还是可以通过对本校招生质量进行研究，从而建立起自己的生源质量标准和评价办法，为促进高中和高校教育的多样化发展做出贡献。

2. 理性认识高校招生统一考试的功能

美国招生统一考试的论争，表明高校招生标准是学生发展的指挥棒。事实上，除了东亚国家存在应试教育外，在美国也有大量对应试教育的批评。美国一些研究者认为，只要大学过度利用招生考试成绩招生，高中就会跟着考试指挥棒转，社会上就会出现各种提高学生应试成绩的课外辅导机构，学生就难以按课程大纲要求进行全面的课程学习。另外，招生考试还会限制弱势群体进入好大学，影响招生公平。所有这些，使得高校合理使用招生考试成绩成为限制其负效的必然举措。非强制性考试入学政策，尽管主要是在私立高校招生中采用，但也在一定程度上体现了这个努力方向。美国多年来对SAT、ACT考试的研究表明，大学招生质量标准的最好指标是学生的高中课程成绩。从这个角度来说，未来我们有必要把高中学业水平考试改造成基于课程标准要求的标准参照考试，依靠高校、高中教师科学制定出各门核心课程的等级标准与考核要求，从而尽可能避免高中教学拔高课程难度要求，为学生发展和高校招生提供更好的依据。

3. 高校招生公平问题主要是政治问题

高校招生公平是美国联邦法律保护的公民权利，但是，长期建立的高校招生政策严重阻碍了少数族裔进入精英高等教育。20世纪70—90年代的《平权法案》，致力于纠正根深蒂固的种族和少数民族招生歧视，但是，即使高等教育从大众化走向普及化，多数少数民族裔依然只能进入声望一般的高校。2003年3月28日，美国教育部发布了一份报告《高等教育中的种族中立政策选项：走向多样性的创新方法》（*Race-Neutral Alternatives in Post-secondary Education: Innovative Approaches to Diversity*），描述了美国正在实施的大量种族中立招生方法，主要是班级排名和“百分比计划”招生以及财政援助办法。美国教育部声明其目的不是评估这些方法，而是提醒不要把这些方法当作最好的实践指导。这些方法看起来是在鼓励学生只要努力就能被高校录取，但由于严重的种族隔离而并未能真正解决招生歧视问题。由此观之，如果偏离了办人民满意的教育这个宗旨，高校招生公平问题在高等教育普及化情况下也很难解决。

第六章

高考加分政策问题

在高考加分实践中，不管是加分录取还是降分录取，本质上都是对学生的加分。这是看上去十分有趣，却又充满争议的高考竞争文化。本质意义上的高考加分政策诞生至今已有60余年，它在鼓励学生个性发展和维护教育的公平正义方面曾经发挥过重要作用。但在其发展过程中，逐步出现了很多问题，引发公众的质疑。如何有效治理加分政策，成为社会关注的热点话题和当前高考改革的重要课题。

第一节
加分政策的历史变迁

高考加分政策在60余年的发展过程中，经历了“文革”前的加分政策阶段，1977年恢复高考后的加分项目扩充阶段，以及2010年以后的大幅瘦身阶段。这种十分明显的制度变迁逻辑，是由社会推动的制度变迁，很大意义上可以看成是社会有效参与治理，政府发挥主导作用的改革结果。

一、“文革”前的政治性加分政策

从中华人民共和国成立之初到“文革”爆发这一阶段，高考照顾的对象相对稳定，分数优惠幅度也相对明确，在分数优惠上更多强调政治属性和需求。

高考加分政策早在1950年就开始实施，当时提出对革命军人、少数民族考生、华侨子女、烈士子女等对象实行适当降低分数录取的优惠政策，加分幅度一般控制在20分以内。1950年的暑期招收新生规定，要求“从宽录取工龄在三年以上的产业部门青年工人、参加革命三年以上的革命干部及军人、少数民族学生、华侨学生”。这一政策是国家有关部门在借鉴苏联和1949年以前的高校招生照顾政策后，制定的在高考招生方面对特殊群体考生实行的照顾政策。而在1949年以前，许多大学都根据实际情况制定了一些针对华侨招生的照顾政策，如北京大学在1923年制定的针对华侨学生实行招生照顾的文件中，指出对具备华侨身份的学生“投考本校本科入学考试试验时，得受特别试验”。1942年，国民政府在《公私立专科以上学校招生办法》中也曾指出：“各省市高中毕业会考成绩优良学生及边远各省保送之蒙藏籍学生……仍由教育部依照规定免试分发公立各校。”[①]

1954年，加分照顾政策取消了产业工人的工龄限制和革命干部的工作年限规定；1955年增加了工农子女、复员建设军人、转业军人三类人员；1956年又增加了烈士子女和港、澳学生两类群体；1959年规定对高中毕业生中的党团干部给予照顾。直到1965年，加分对象基本稳定维持在六类，包括：工农速成中学毕业生及工农干部；复员建设军人和转业军人；参加革命工作满3年的在职人员；烈士子女；少数民族学生；港、澳及华侨学生。[②]“文革”期间，高考废除，实行工农兵推荐上学政策。

对于优先录取的分数优惠幅度，1956年7月15日高等教育部学生管理司颁布的《全国高等学校1956年暑期统一招生录取、分配办法》首次做出明确规定：“对于合乎优先录取条件的考生，如果他们的政治、健康条件合格，学科成绩够最低录取标准，在与一般考生成绩相同或相近（指总分少20分左右）时，就应该优先录取。”优先录取的具体做法是：“在录取分配时，不管分级的大小，按比一般考生每一分级低10分，将合于优先录取条件的考生，逐级在一般考生录取之前先行录取后，再录取一般考生。如：在录取320～300总分的一般考生前，应把成绩在290分以上合乎优先录取条件的考生先行录取，再录取320～300总分的一般考生。”[③]

二、1977—2010年的加分项目扩充阶段

党的十一届三中全会后，我国各项事业进入改革开放期。1977年国家恢复统一高考之后，于1978年逐渐取消对工农成分学生、革命干部的照顾规定。恢复高考后的主导思想是，教育必须为社会主义现代化建设服务，多出人才、出好人才。由于人才的类型是多样化的，这一阶段高考加分对象逐渐增加，加分幅度由模糊走向具体。

---

① 郑若玲，袁卫．高考加分政策何去何从[J]．教育与考试，2017(2)：6.

② 李木洲．高考加分政策的变迁及问题透视[J]．山东高等教育，2014(7)：66.

③ 杨学为．高考文献（上）[M]．北京：高等教育出版社2003：21.

（一）1977—2000年的降分录取阶段

为了满足国家对拔尖人才的迫切需求，1979—1986年间的高考加分对象为三好学生、优秀学生干部、学科竞赛获奖者、体育竞赛获奖者等。1978年，加分对象取消了工农兵及革命干部子弟等家庭成分的限制，对教育基础薄弱及农村地区以及报考煤炭、石油、地质等艰苦专业考生，实行适当放宽录取的政策。1979年的《关于接受华侨、港澳学生回国和到内地升学的意见》规定："全国举办的高中毕业生和在校生的学科竞赛中，成绩特别优秀的青年，由全国学科竞赛委员会推荐，参考在校其他学科的学习成绩，政审、体检合格，今年可不参加全国统一考试，由教育部分配到有关高等院校相应系科学习。"1980年又提出"应届高中毕业生中连续两年被评为'三好'的学生以及工作积极、表现突出的学生干部，在与其他考生同等条件下，优先录取"[①]。

1981年，报考师范、农林、煤炭、地质、石油等院校的考生录取分数可适当放宽。《一九八一年高等学校招生工作的规定》规定："达到国家体育锻炼标准的，在与其他考生同等条件下，优先录取。今后逐步做到，凡报考高等学校的应届高中毕业生，一般应达到国家体育锻炼标准。"1982年，加分范围扩展到体育方面，高中阶段参加地区级以上体育竞赛获单项前五名或集体前三名的主力队员成为被照顾的对象。1983年，规定对具有三年以上经验的省、市、自治区级以上的劳动模范、先进工作者、新长征突击手等优秀青年，实施降分择优录取。1984年，增加对"省、市、自治区级以上科技发明创造奖获得者"的照顾，突出了人才的创造性特征。1986年再次增加对体育特长生的照顾幅度，获得国家二级运动员称号的考生可降低20分提供档案，参加1985年、1986年重大国际比赛或由国家举办的全国性比赛前六名者以及1985年、1986年获运动健将、一级运动员称号的考生，可降50分提供档案。[②] 该规定一直沿用到1999年。1986年国家教委发布的《一九八六年普通高等学校招生规定的通知》提出退出现役的义务兵，在与其他

---

① 杨学为．中国考试史文献集成·（第八卷）[M]．北京：高等教育出版社，2003：46．

② 李木洲．高考改革的历史反思——基于制度变迁的视角 [M]．武汉：华中师范大学出版社，2014：259-260．

考生同等条件下，优先录取。

1987年4月21日国家教委发布的《普通高等学校招生工作暂行条例》中，把高考加分对象确定为三好学生、优秀学生干部、思想品德方面有突出事迹者、国家二级运动员、少数民族考生、烈士子女等十类，主要实行的是降分录取方式。如对国家二级运动员、成绩特别优秀的考生、实践经验特别丰富的优秀青年及有特殊贡献的公民等实行降分录取。该条例于2004年被废除后，降分录取方式也被废除。1991年，规定获省级以上劳动模范、先进工作者称号的青年，其成绩在一般本科、专科线下20分以内者，可由高校审查录取。此外，因为国家一直有对少数民族考生的高考加分照顾政策，在各级各类学校的升学考试中，出现了考生擅自更改民族成分的现象，尤其是高考和研究生考试中，违规更改民族成分的情况更为严重。1998年11月25日，教育部、国家民委、公安部印发的《关于在各级各类学校升学考试中严禁违反规定将汉族公民更改为少数民族成分的通知》指出，为了正确执行党的民族政策，今后在各级各类学校升学考试中严禁违反国家民族事务委员会、国务院第四次人口普查领导小组、公安部发出的《关于中国公民确定民族成分的规定》中规定，在学生毕业以前，凡查出是违反有关规定，由汉族更改为少数民族成分的，一律取消学籍，退回原籍，并严肃查处有关当事人的责任。

这一阶段高考加分政策的突出特点有三个：一是鼓励优秀人才的范围由智育方面扩展到德育、体育等领域；二是照顾弱势群体的范围由“少、边、远”地区，扩大到少数民族地区的汉族考生以及劳模、先进工作者等突出贡献者群体；三是创新能力开始得到重视。这些变化表明，我国的高考加分政策，已经由单纯的政治性补偿加分向多元激励与扶弱的鼓励性加分转变。①

（二）2001—2010年的加分录取阶段

由于我国各区域经济社会发展情况差异较大，基础教育由各省市负责，本阶段的高考加分权力开始从教育部下放到各省（区、市），加分项目和加分幅度越来越多样，对优秀学生的奖励性加分和对特殊群体学生的照顾性加

① 李木洲. 高考加分政策的变迁及问题透视 [J]. 山东高等教育，2014（7）：66.

分交织，一定程度上引发了公众诟病的加分乱象。从2001年开始，高考招生录取政策不仅确定了高考降分与加分对象，而且对降分与加分的幅度做出明确规定。如2001年教育部发布的《普通高等学校招生工作规定》中提出，省级优秀学生、思想品德方面有突出事迹者、学科竞赛获奖者和体育特长生最高加20分。一考生如有多项增加或降低分数投档的情形，一般不得累计，仅取其中最高一项情形的分值。

2001年，教育部把高考加分政策的制定权限，下放到省一级教育主管部门，要求各省（区、市）成立普通高校招生工作委员会，配合上一级招生委员会一起负责本地区招生工作。2002年教育部在《普通高等学校招生工作规定》中规定下列情形之一的应届高中毕业生，由省级招生委员会决定，可以在考生考试成绩基础上适当增加分数投档，增加分数不得超过20分，包括：①省级优秀学生；②高中阶段在政治品德方面有突出事迹者；③高中阶段获得省级及以上科技发明创造奖或全国中学生学科奥林匹克竞赛区一等奖以上者；④高中阶段参加重大国际体育或全国性体育比赛取得前6名，获国家二级运动员以上称号的考生。还规定有下列情形之一的考生由省级招生委员会决定，可在高等学校调档分数线下适当降低分数要求投档，由学校审查决定是否录取，具体包括：①边疆、山区、牧区、少数民族聚居地区的少数民族考生；②归侨、华侨子女和台湾籍考生；③荣立二等功以上的退役军人；④烈士子女。

2004年教育部再次加大了省级教育主管部门制定高考加分政策的权力。《2004年普通高等学校招生工作规定》中提出，各省（区、市）有权根据本地区的实际需要增加相应的政策性照顾项目，此加分项目只需报教育部备案即可。2004年规定自谋职业的城镇退役军人、在服役期间立三等功的退役军人，可增加10分投档；在服役期间荣立二等功（含）以上或被大军区以上单位授予荣誉称号的退役军人，可增加20分投档。2006年增加了三项照顾人群，即国际科学与工程大奖赛、奥林匹克竞赛获奖者；伤残军人、艰苦地区军人子女；伤残警察子女。

三、2010年后加分政策的"瘦身"阶段

经过两次"瘦身"，我国现行高考加分政策所予以特殊优待的群体，一是在中学里学习成绩极为优秀的考生。这些考生与同龄人相比，往往出身于政治、经济、文化上的优势阶层，拥有更为优越的物质资本、社会资本和文化资本，在高考这种"机会均等"的选拔机制中本身便已拥有得天独厚的优势，对他们的优待具有鲜明的"奖励性"。二是父母为社会做出了特殊贡献的考生，以及少数民族考生和灾区考生这类传统意义上的弱势群体。由此可见，我国现行的高考加分政策主要有"奖励"与"补偿"两种价值取向。

（一）两个"瘦身"的政策

2010年，教育部、国家民委等五个部门为了进一步深化高校招生的阳光性，促进高考的公平公正，发布了《关于调整部分高考加分项目和进一步加强管理工作的通知》（以下简称《通知》）。明确对两类项目进行调整：第一，中学生学科奥林匹克竞赛和部分科技类竞赛高考加分项目，全国奥赛、科技竞赛获奖学生的保送资格将被取消；取得奥赛省级比赛一等奖的加分资格也被取消。第二，体育特长生高考加分项目，能加分的体育特长生加分项目最多只有10项，由8个全国统一规定认定项目和两个省（区、市）自选项目组成。此外，在高中阶段获得重大体育比赛前6名的考生，由生源所在地省级高校招生委员会决定是否加分，且最高不超过20分。这两项调整政策"从2011年秋季进入高中阶段一年级的学生开始适用"，即是指2014年的应届毕业生。同时，《通知》中要求各省（区、市）系统清理规范地方性加分项目，报教育部及相关部门重新备案，经同意后方可实施。"所有拟享受高考加分的考生，均须经过本人申报、有关部门审核、省地校三级公示后方能予以认可。"

2014年《教育部、国家民委、公安部、国家体育总局、中国科学技术协关于进一步减少和规范高考加分项目和分值的意见》（以下简称《意见》）提出，着力解决当前群众反映最强烈、矛盾最集中的体育、艺术等特长加分和地方性加分问题，取消部分全国性加分项目，保留和完善部分全国性加分项目。2015年1月1日起，取消以下高考加分项目，此后获得

相关奖项、名次、称号的考生均不再具备高考加分资格。考生的相关特长、突出事迹、优秀表现等情况记入学生综合素质档案或考生档案，供高校录取时参考。

这些取消的全国性加分项目是：①取消体育特长生加分项目。在高级中等教育阶段获得“重大国际体育比赛集体或个人项目前6名、全国性体育比赛个人项目前6名”“国家二级运动员（含）以上称号”的考生，均不再具备高考加分资格。相关考生可选择报考高校高水平运动队招生，或运动训练、武术与民族传统体育专业单独考试招生，或其他体育学类专业招生。②取消中学生学科奥林匹克竞赛加分项目。在高级中等教育阶段获得全国中学生（数学、物理、化学、生物学、信息学）奥林匹克竞赛全国决赛一、二、三等奖的考生，不再具备高考加分资格。考生的相关学科特长可作为自主招生试点高校优先给予初审通过的条件。③取消科技类竞赛加分项目。在高级中等教育阶段获得全国青少年科技创新大赛（含全国青少年生物和环境科学实践活动）、“明天小小科学家”奖励活动、全国中小学电脑制作活动一、二等奖，国际科学与工程大奖赛或国际环境科研项目奥林匹克竞赛奖项的考生，不再具备高考加分资格。考生的相关科研特长和创新潜质可作为自主招生试点高校优先给予初审通过的条件。④取消省级优秀学生加分项目。在高级中等教育阶段获得省级优秀学生称号的考生，不再具备高考加分资格。⑤取消思想政治品德有突出事迹加分项目。在高级中等教育阶段被认定为思想政治品德方面有突出事迹的考生，不再具备高考加分资格。对有突出事迹的考生，按照有关程序，高校可破格录取或单独考试录取。

（二）2014年的两类加分政策与相应学生群体

高考加分政策主要分为照顾性加分和奖励性加分，照顾性加分政策，加分对象主要包括少数民族考生，归侨、华侨子女、归侨子女，台湾省籍考生和烈士子女等。鼓励性加分政策人群，包括各种竞赛获奖者、省级优秀学生以及在思想品德方面有突出事迹者。[①]

① 刘小鹏．当前高考加分政策比较及其伦理价值分析 [J]．现代教育科学，2015(3)：5-8.

1. 照顾性加分政策

（1）少数民族考生。

《通知》规定："边疆、山区、牧区、少数民族聚居地区少数民族考生"最多可加20分。从2014年已经出台政策的26个省（区、市）对少数民族考生的政策来看，除了山西没有任何优惠性政策之外，其他省（区、市）均有不同程度的加分照顾。其中，北京、上海、山东、甘肃、安徽、河北、河南、黑龙江、湖北、江西、辽宁、内蒙古、天津、浙江等14个省（区、市）明确做出少数民族考生加5分或者10分的规定；广西、贵州、湖南、江苏、宁夏、四川、云南等7省（自治区），根据地区、民族以及是否报考民族院校等因素，给予不同程度的加分或者降分待遇；广东只针对报考专科院校的少数民族考生加10分；陕西只针对高考不用本民族文字答卷的少数民族考生加5分。

（2）归侨、华侨子女、归侨子女和台湾省籍考生。

《通知》规定："归侨、华侨子女、归侨子女和台湾省籍考生"可获得不超过20分的高考加分。广西、黑龙江规定对此类考生高考录取降10分，重庆规定降5分，广东采取"报考本科院校加5分，报考专科院校加10分"的办法，其余22个省市均对此类考生加5分或10分。其中，上海、江西、陕西3省市加5分，其余19个省市均加10分。

（3）烈士子女。

《通知》规定：烈士子女可获不超过20分的高考加分。从26个省（区、市）的情况来看，北京、上海、山东、广东、河北、湖南、湖北、江西、内蒙古、宁夏、陕西、山西、四川、云南、浙江、广西、黑龙江17个省（区、市）都达到了教育部规定的20分上限，所占比例达到62%；福建、安徽、甘肃、贵州、河南、江苏、天津、重庆、辽宁8个省（区、市）对烈士子女加10分。

（4）因公牺牲军人子女，长期在国边海防、高山海岛、舰艇部队、特殊艰苦岗位工作的军人子女和军队飞行员子女等，多数省份采取同等条件下优先录取的政策。

（5）自谋职业的退役士兵。

《通知》规定："自谋职业的退役士兵"可加10分。已出台政策的26个省（区、市）中，除上海对此类考生没有任何加分照顾外，其他25个省（区、市）对此均有加分。其中，北京、山东、甘肃、安徽、广西、贵州等19个省（区、市）加分达到了教育部规定的10分上限；福建、河南、江苏、陕西、重庆5省（区、市）加5分；广东规定"自谋职业的退役士兵报考本科院校加5分，报考专科院校加10分"。

2. 鼓励性加分政策

（1）全国中学生学科奥林匹克竞赛和科技竞赛获奖者。

《通知》规定：在高级中学阶段，获得全国中学生奥赛数学、物理、化学、生物学、信息学全国决赛一、二、三等奖的学生，可获得不超过20分的高考加分，不再具备保送资格。此外，在高中阶段获得全国青少年科技创新大赛（含全国青少年生物和环境科学实践活动）或"明天小小科学家"奖励活动或全国中小学电脑制作活动一、二等奖者，或参加国际科学与工程大奖赛、国际环境科研项目奥林匹克竞赛获奖的学生，可获得不超过20分的高考加分，不再具备保送资格。

（2）体育竞赛获奖者及二级（含）以上运动员这两个体育竞赛获奖者，是指高中阶段参加重大国际体育比赛或全国性体育比赛取得前6名的考生。

对于体育竞赛获奖者的加分奖励，北京、上海、广西、内蒙古、山西、天津、云南、贵州8省（区、市）达到了教育部规定的20分上限，山东、甘肃、河北、河南、黑龙江、湖北、江西、辽宁、宁夏、四川、浙江、重庆12个省（区、市）加10分，安徽、广东等省份根据级别确定加分分值，陕西采取优先录取政策。

（3）省级优秀学生。

《通知》规定：获得省级优秀学生称号者最多可加20分。2014年，对"省级优秀学生"进行奖励的有北京、上海、山东、福建等16个省（区、市），占到了62%。其中，北京、上海、山东、内蒙古、天津、云南6省（区、市）达到了教育部规定的20分加分上限，福建、甘肃、河南、辽宁、宁夏、山西、四川、重庆8省市加10分，湖南加15分，陕西采取"优先录取"政策。

（4）高中阶段思想政治品德方面有突出事迹者。

《通知》规定：此类考生可获得高考加分，最高不超过20分。北京、山东、福建、甘肃、河南、湖南、江苏、内蒙古、宁夏、四川、云南、浙江、重庆13省（区、市）对此项有5～20分不等的加分，陕西和黑龙江对见义勇为者采取“优先录取”的政策，上海、安徽、广东、广西等11个省（区、市）无此项加分。

（5）在服役期间荣立二等功（含）以上或被大军区（含）以上单位授予荣誉称号的退役军人。

《通知》规定：在服役期间荣立二等功（含）以上或被大军区(含)以上单位授予荣誉称号的退役军人，可获不超过20分的高考加分。26个省（区、市）对此项均有加分照顾，北京、上海、山东、安徽、广西、贵州等16个省（区、市）加分达到了教育部规定的20分上限；福建、甘肃、河南等9个省（区、市）加10分；广东省规定，此类考生报考本科院校加5分，报考专科院校加10分。

第二节
高考加分政策的问题分析

高考加分政策的初衷，是着眼于公平和效率的双重考虑，由于种种原因，出现了各种加分乱象。面对这些问题，有人主张取消高考加分政策，更多的人主张规范高考加分政策。目前看，规范加分政策是未来改革的趋向。

一、高考加分政策的乱象

教育行政视角的高考加分政策乱，乱在政策本身存在一些问题，更乱在政策执行不严和监督不力，考生家长为了孩子获得加分，四处钻营，以身试法，此类事件不时见诸报端，引起公众对高考加分政策的质疑和不满。

（一）地方加分项目繁多，制定标准不一

地方高考加分政策名目繁多且标准不一，缺乏应有的权威性与严肃性[①]，影响到了高考的公正、公平性。

大幅瘦身之前，教育部规定的加分项目只有14种，而全国各省、市、自治区五花八门的加分项目有近200种，涉及体育、外事、残联、民政、计生等10多个部门。[②] 以“省（区、市）级优秀学生、三好学生、优秀学生干部”这3项加分为例，2013年，上海市的高考可加20分；贵州省只保留“省级优秀学生”一项，加20分。江西省取消了留学人才的随迁子女可获得20分加分的照顾政策，但河南省依然规定入选国家“千人计划”和省“百人计划”的海外高层次留学人才的中国籍子女可加20分。对高中阶段获得省级以上青少年科技创新大赛或全国中学生学科奥林匹克竞赛省赛区一等奖以上者，教育部的政策规定是最高可以加分20分，但各省的具体规

① 郭中凯．“高考加分政策”失真现状、归因及对策研究 [J]．现代教育科学，2015(4)：172．

② 程默，罗曼．加分公示：阳光高考的防腐剂 [N]．中国教育报，2009-07-08(03)．

定不同。如2003年，辽宁对此采用优先录取政策，而广东实行降低10分投档的政策，新疆、海南、陕西等省（区、市）实行加10分的政策，浙江、福建、湖南、江苏等则规定加分20分投档录取。同一省份对同一对象在不同时期的加分幅度不同，如对见义勇为者的高考加分政策，福建在2002年以前实行优先录取政策，从2003年开始则规定获得市级见义勇为奖励者加10分，获省级见义勇为奖励者加20分。从公民权利平等的角度看，这种在不同时期、不同地区对同一种加分对象实行不同加分幅度的做法也有违高考公平原则。

各级地方政府把高考加分政策，当作经济发展与社会管理的工具。河北省给予农村独生子女加分照顾，广东省规定纳税大户子女高考可加分，黑龙江省为引进优秀人才，实行“引凤筑巢计划”，规定留在当地工作的获得博士学位的优秀人才的子女可获高考加20分的照顾。2010年浙江省将“三模三电”，即航海建筑模型、航空航天模型、车辆模型与无线电测向、无线电通信、电子制作归入体育类加分项目，其中的问题备受诟病。浙江省教育考试院2010年6月6日公示的当年高考体育加分名单，全省获体育加分的高考考生为1002名，其中“三模三电”大约为643人。6月21日，浙江省教育考试院又发布了一份当年浙江省高考加分考生增补名单。这份增补名单共有13名考生，其中9名是在东北赛区参加无线电锦标赛的考生，加分值为10分。依照浙江省教育考试院两次公示的考生名单，2010年全省高考获“三模三电”加分的考生总数约为652人，占全省高考体育加分考生总数的64.24%，较2008年增加了454人。浙江高考“三模三电”加分考生主要集中在萧山中学、慈溪中学、温州中学、绍兴县柯桥中学、鲁迅中学、长兴中学等少数几个经济发达市县的中学。学生参加项目训练队的决定权都集中在校长层面，有报道称“以学生家长的权力大小决定谁参加，谁不参加”①。

（二）政策执行与监督不力，造假加分

高考加分政策在一些地方严重异化，成了一部分人以权谋私的工具。依据“公共选择”理论，考生家长具有“理性经济人”特征，与市场领域中的

① 浙江高考体育乱加分被举报　板凳球员也能加20分 [N]. 中国青年报，2010-07-15.

经济主体没有本质区别。一些考生家长为了实现优势阶层代际传递或为了实现向优势阶层的转化，竭尽全力为孩子争取高考加分的机会，从而为在“分分必争”的残酷高考竞争中脱颖而出增加砝码。其次，由于对政策执行过程与结果的监督流于形式，因此几乎每一种加分失范现象的背后都有监督缺位的影子，监督体系的缺位无疑是造成加分政策失真的重要原因。最后，对高考加分政策失真行为的责任追究和惩罚力度不够，使得违规成本极低但所获颇丰，这在一定意义上助长了高考加分造假的侥幸心理。

2008年7月20日，湖北招生信息网上的“享受政策性照顾加分投档录取考生公示名单”悄然消失，原因是根据对人口网、某市档案馆以及公安局的调查发现，某市当年56名少数民族考生的父母，有不少是当地党政机关的领导干部及企业负责人，最主要的是，这56名考生中有20名考生是2005年更改为少数民族的。[①] 2009年，重庆市发现有31名考生少数民族身份造假。按规定，考生更改民族成分需要过5关：①提交父亲或母亲的民族成分证明；②通过民族事务主管部门的审查；③经公安部门审批；④更改考生的户口簿和身份证；⑤在高考报名点老师的监督下，报名参考，获得加分资格。如此多的层层关卡却形同虚设，实在值得反思。

失真的高考特长生加分现象，影响了加分政策选拔特殊人才的功能。体育加分乱象丛生，这一方面与体育加分的柔性评价机制有关，另一方面也是受权力寻租和金钱交易的影响。从1983年开始，国家就有政策规定对高中参加地区级以上体育竞赛获单项前5名，或集体前3名的主力队员，考分达到规定分数线的，可上提一个分数段投档。1986年，国家教委又规定，获得国家二级运动员称号的考生，可降低20分投档。全国统一规定了8个体育认定项目（田径、篮球、排球、足球、游泳、武术、乒乓球、羽毛球）加2个本省自选项目。体育加分的不规范，导致湖南省体育特长生加分人数年年增长。2010年湖南全省获得体育加分的有808人，2011年有1056人，2012年有1456人，2013年达2478人。其中健美操特长生所占比例逐年增加。2010年获得该项目加分的有共82人，2011年有196人、2012年有364人，

---

① 张柯冉.我国高考加分政策的合理性探讨——由几例高考加分事件引发的思考[J]．考试研究，2009(4)：56.

2013年该项目加分人数激增至794人，成为湖南省体育特长生加分第一大项。[①] 2009—2014年媒体曝光的涉及高考加分的负面案件中，多数涉及高考体育加分。媒体曝光的涉及高考加分的负面案件，有三个较为突出的共性特点：第一个特点是，它们的申请资格与发放过程均未公开，给“暗箱操作”提供了空间。第二个特点是，此类加分舞弊存在“窝案”现象。曝光案例中，涉案人数为两位数的有多起。例如，2010年厦门马拉松比赛就出现了群体舞弊现象。第三个特点是，加分舞弊事件中，涉世者并非都是成绩不好的学生，当事人里的“优等生”频现。[②]

二、高考加分政策的废除与规范之争

由于高考加分政策制度和执行中存在种种问题，一些学者和家长主张废除高考加分政策。更多的学者从高考加分的积极作用出发，认为应该规范高考加分，发挥高考加分政策保护弱势群体和激励人才脱颖而出的积极引导作用。

（一）不合理的高考加分政策加剧了高考的不公平

一些初衷不错的制定，类似保送生制度，以及特长生、三好学生、优秀学生干部加分等政策，在现实中可能会沦为“腐败通道”。重要原因之一在于对“程序公平”的忽视，其操作过程往往封闭、不公开和不受监督，在操作程序方面缺乏严密规定。高考加分政策的设计初衷，是改革统一高考过于僵化的“唯分数论”弊端，以实现更大程度上的招生公平，选拔特殊人才，结果却不尽如人意。

第一，不合理的高考加分政策扩大了个人与城乡之间的不公平竞争。高考具有竞争性，高考加分不能为一部分人获得了权益，却侵犯了另一部人的权益。高考加分必须满足特定的加分要件：一是弱势群体，二是特殊人才。[③] 2014年《中国教育报》和中国教育新闻网对全国6个省、市的调查显

① 张凌云，高四．2014年高考加分政策“瘦身”[J]．云南教育，2013(11)：38.

② 高考体育加分最易造假　近5年占曝光舞弊事件八成 [J]．中国青年报，2014-07-21.

③ 封旺洲，罗志银，吴国贤．高考加分政策改革中的实际问题探究 [J]．教育理论与实践，2013(20)：10.

示，逾九成家长赞成大幅压缩高考加分项目、降低加分分值，逾六成家长反对为见义勇为者加分。此次随机调查的北京、山东、湖北、湖南、河南、四川6个省、市，共收回有效问卷1327份。从调查数据来看，对于目前全国各地大幅压缩高考加分项目、降低加分分值，1327位家长中，仅4.05%的受访者表示反对，91.47%的受访者表示支持。调查样本中有67.59%的家庭年收入为5万至10万元，属于中等偏下的收入水平，并且样本中有72.07%的受访者表示其亲属的孩子未享受过任何高考加分政策，这说明由于大部分普通家庭的孩子没有高考加分机会，出于对自己孩子公平的考虑，受访者更期待国家取消各种高考加分项目。56.29%的家长认为来自公务员、教师和富裕家庭的孩子更容易享受高考加分政策，逾80%的家长认为“裸考”最公平。2009年高考统计数据分析结果显示，来自贫困农村地区的孩子，上大学的可能性仅为城市地区孩子的十五分之一，走进四年制本科大学的概率仅是城市孩子的三十二分之一，进入名牌重点大学的概率是城市孩子的五十三分之一。[①]

第二，不合理的高考加分加剧了地区间的高考不公平。[②] 其一，有些民族地区基础教育落后，理应加分。但是有些贫穷落后地区，其基础教育状况还不如这些少数民族地区，却没有被纳入加分的行列，影响公平。在国家级中学生学科奥林匹克竞赛、全国青少年科技创新大赛、国际科学与工程大奖赛或国际环境科研项目奥林匹克竞赛、世界中学生运动会等比赛中获奖，对于贫困地区的众多考生来说基本上是可望而不可即。

第三，某些学校为了增加学生获得高考加分的机会，专门成立各种竞赛班，选拔成绩优秀的学生，抽调一流的老师，集中优势力量，全力保障这种竞赛班的教学。凡进入这种竞赛班的学生，由于训练需要耗费大量时间，就削减与该课程无关的其他课程的学时，比如取消音乐、美术、体育等课程，来进行集中强化训练。大多数训练过程注重的是对解题技巧的训练，采用的是应试的方式，而不是启发式教学，十分不利于学生基本学科素养的培养。片面强调和追求加分和升学率，使基础教育成为面向少数人的教育，牺牲了

① 魏海政，刘磊，阳锡叶. 高考加分政策民意调查 [N]. 中国教育报，2014-07-04，005.
② 冯菊香，郝琦. 高考加分政策对西部教育发展的负效应 [J]. 探索与争鸣，2009(8)：65-66.

大多数人的利益。

（二）高考加分政策需要大力调整规范

从教育群体来看，主张取消高考加分政策的占少数，目前的加分幅度基本上得到多数人的认可。罗立祝对包括重点中学校长、省级高招工作人员和高三年段专任教师在内的151人进行了问卷调查，在149份有效问卷中，主张取消高考加分政策的占25.5%，主张维持现有政策的占32.2%，主张对其中部分加分政策进行改革的占42.3%。在具体加分幅度上，主张加分幅度少于10分的占33.6%，有61.4%的人主张加分幅度在10到20分之间，只有5%的被调查者提出加分幅度要高于20分。[①] 姚君等对湖南省高中教师和社会各界人士的调查表明，高考加分与推进素质教育并不矛盾，各类高考加分政策的有序实行，会推动素质教育的发展。49.5%的学生和69.39%的社会人士认为存在一些不合理的地方，应该在实施中不断改进；23.75%的学生和18.37%的社会人士认为在实施过程中出现了高考加分造假事件，应该取消。但在贯彻这一理念时，应对各类高考加分政策进行适时合理调整。在1162份调查问卷中，认为加分对象偏多的占35.5%；认为特别多的有247人，占21.3%。社会大众普遍比较认可写作、书法、音乐三项而非诸如武术等加分项目，他们呼吁将科技作品列入高考加分项目，加分幅度以最高10分为宜。社会大众普遍表示加分项目、加分程序、加分对象要向社会公开，并且接受社会与舆论的监督，增加高考加分的透明度与说服力。[②]

北京师范大学劳凯声教授认为，加分制度出台基于这样一种考虑：通过一张试卷反映出来的是一个人应对考试的能力。但教育的目的是培养全面发展的人，加分制度有助于高校全面了解一个学生各方面的特长，就这个意义来看，加分在理论上无可厚非，也更能适应高等学校的入学标准。哪些比赛应该加分，哪种情况不应该加分，事关公平、公正，应该高度重视，充分研究，制定科学的方案。中国人民大学的毛寿龙教授也指出，高考制度原本就很模式化了，高考加分制度是对高考制度的重要补充，也是

① 罗立祝．高考加分政策的历史演变与反思 [J]．考试研究，2008(3)：42.

② 姚君，邓松涛，王乐平，等．关于高考加分政策与推进素质教育的契合关系的调研报告 [J]．湖南科技学院学报，2013(8)：180-186.

对其缺陷的重要弥补，并且能够让优秀人才不致陷入“一考定终身”的苦恼，因此有必要坚持实行。[①] 华东师范大学赵新亮和周娟的调查显示，80%的中学教师认为要对加分政策进行修订改进，只有16%的人觉得应该废除，不过关于“高考加分政策在改变当前分数主义取向的应试教育弊端方面的作用”，只有6%的人认为作用很大，有24%的人认为有一定的导向作用，46%的人认为作用很小。[②]

无可置疑的事实是：第一，高考加分政策对促进学生全面而有个性的发展、为高校选拔人才提供多元评价信息等方面发挥了积极作用。奖励青少年科技创新大赛的获奖者，奖励国际科学与工程大奖赛的获奖者等，都有其合理性和积极性，是对他们的付出的鼓励，是对他们创新精神的肯定，也是对他们发展成就的一种褒奖。这样的奖励政策既符合素质教育的基本目的，也有利于国家多样化选拔人才的要求。[③] 高考中奥林匹克竞赛获奖学生不再有保送资格，奥赛、体育加分将不超过20分，这些政策的调整势必会对当前各地正在推进的义务教育招生改革和中考改革产生直接影响，也会为义务教育招生和中考与奥赛脱钩，逐步减少招收特长生等改革举措的实施提供支持。[④]

第二，合理的高考加分政策，对实现教育的公平和公正有一定价值。高考加分部分缩小了教育资源带来的差异，缩小了家庭背景带来的差异，给每一个付出了汗水和努力的学生以机会，保证了全民平等受教育的权利。刘海峰教授提出，高考加分在美国也存在，应该说有着相当的现实意义。照顾性加分是社会救济的一个重要方面，是维护教育公平和正义的题中之意，人们一般不会产生异议，应该坚持下去。还有学者认为，对烈士子女这类的考生，可以在高考招生制度上加强扶持力度，甚至可以考虑在满足某些条件的前提下保送入学，因为家庭残缺对孩子的成长影响较大。

---

① 叶铁桥. 高考不能承受加分之重 [N]. 中国青年报，2006-07-12.

② 赵新亮，周娟. 高考加分政策改进而非废除的合理性探讨 [J]. 现代教育论丛，2010(9)：77.

③ 王伟奇，邓松涛. 高考加分出路何在——探寻素质教育与高考加分的契合点，规范高考加分 [J]. 湖南科技学院学报，2013(10)：135.

④ 汪明.高考加分“瘦身”彰显改革诚意 [N]. 中国教育报，2014-05-15(2).

第三节
高考加分政策变革的趋势

《国务院关于深化考试招生制度改革的实施意见》中指出，保留那些合理的加分项目，这表明高考加分政策的重要价值得到国家层面的肯定。高考加分政策改革不仅仅是“瘦身”的问题，而是需要从顶层制度设计上，重新考虑政策资源配置和相应运行机制，更好发挥高考加分政策的积极教育功能和社会功能。

一、加分政策的“瘦身”效果

2010年11月14日，教育部、国家民委、公安部、国家体育总局、中国科学技术协会五部门联合发布《关于调整部分高考加分项目和进一步加强管理工作的通知》（以下简称《通知》）。从2011年开始，各地招生考试部门纷纷对高考加分政策进行“瘦身”。2014年，教育部等五部门出台《关于进一步减少和规范高考加分项目和分值的意见》（以下简称《意见》），高考加分政策调整更大，尤其是大幅降低了体育特长生在高考录取过程中的优惠。

《意见》规定的全国性照顾性加分政策，保留了“烈士子女”“边疆、山区、牧区、少数民族聚居地区少数民族考生”“归侨、华侨子女、归侨子女和台湾省籍考生”加分项目。而全国性奖励性加分政策仅限于“自主就业退役士兵”“在服役期间荣立二等功（含）以上或被大军区（含）以上单位授予荣誉称号的退役军人”加分项目。对于确有必要保留的地方性加分项目，《意见》要求应合理设置加分分值，由省级人民政府确定并报教育部备案，原则上只适用于本省（区、市）所属高校在本省（区、市）招生。有关地方要探索完善边疆民族特困地区加分政策，具体办法由省级人民政府根据实际确定并报教育部备案。这次调整的总体要求是取消部分全国性加分项目，保留和完善部分全国性加分项目，大幅减少地方性加分项目，规范和完善确有必要保留的地方性加分项目。从2015年全国31个省（区、市）实际公布的加分政策看，《意见》的规定得到了严格执行，高考加分政策的无序局面得到了有效治理，高考政策的公平性有了更好的制度保障。2015年我国31个省（区、市）高考加分政策调整的总体情况如下表：

表6–1 2015年全国31个省(区、市)高考加分政策调整汇总

省(区、市)	加分分值(分)
北京	取消“北京市三好学生”“北京市优秀学生干部”加分项目，调整少数民族加分项目，2015年1月1日以后获得的奖励不再加分。
天津	取消奥林匹克竞赛、科技类竞赛、市级优秀学生、重大体育比赛前6名、二级运动员、市级优秀学生干部、两次以上市级三好学生(其中一次须是高三获得)7项鼓励类加分项目。
吉林	取消学科特长生加分资格，取消地区级三好学生、优秀学生干部等“同等条件下优先录取”政策，暂时保留散居地区少数民族加分政策。
浙江	取消体育类、中学生学科奥林匹克竞赛、科技类竞赛、思想政治品德有突出事迹等加分项目。少数民族自治县、民族乡(镇)、民族村以外的少数民族考生保留加分至2016年。
福建	取消“福建省青少年科技创新大赛”和“填报省内高校部分农林类专业考生投档时加10分”的地方性加分项目。保留“全国和省部级劳动模范、先进工作者”和“设区市及以上见义勇为先进分子或其子女”的加分项目，分值为5分。
广西	保留对农村计划生育家庭的独生子女考生和双女结扎户女儿考生的加分项目，总分加10分。2015年1月1日起，取消留学回国人员的随归子女考生的加分项目。
湖南	保留“农村人口独生子女”的加分项目，分值为5分，取消“二女结扎户考生”的加分资格。
新疆	新增1项加分项目，即符合《新疆维吾尔自治区人民警察抚恤优待办法实施细则》规定的人民警察本人或子女的地方性加分。取消 全国中学生奥林匹克竞赛全国决赛获奖者等4项加分项目。
湖北	农村独女加分分值降低，从原来的10分调整为5分；散居地少数民族考生不再享受加分政策；体育特长生加分政策、部分地市县报考当地省属院校考生加分投档政策被取消。
重庆	原加分政策中，“报考市属院校的三峡库区搬迁移民考生加5分”和“报考市属院校的农村独生女，线下5分可视为达线，由学校审查决定是否录取”2项政策，于2017年取消。

续表

上海	取消2015年1月1日以后评上的市及区三好学生、优秀学生干部、优秀团干部、优秀团员，和思想政治品德突出事迹者、奥赛获奖者、科技类竞赛获奖者及两项体育特长生加分项目。
山东	2015年高考加分政策做出调整，5类全国性鼓励性加分项目将取消，5类扶持性加分项目保留。取消的5项为：①体育特长生。②奥林匹克竞赛。③科技类竞赛。④省级优秀学生。⑤思想品德突出者。
河北	取消侨眷高知子女加分项目和散居的少数民族考生加分项目，保留农村独生子女加分项目，加分分值不变，加分范围只适用于省内高校招生。
安徽	取消体育特长生等4个加分项目，保留了烈士子女等4个项目，同时将2个地方性加分项目的使用范围限定在报考省属高校内；新政策实施后，安徽省高考加分人数将从以往的4000多人减至几百人，约骤减九成。
江苏	江苏加分项目再缩减，取消思想政治品德和小语种加分。在综合素质评价中，考生"学习能力""运动与健康""审美与表现"单项达到A级且其他三项均为合格的，高校在同等条件下可以优先录取；均为D级的，高校可以不予录取。
湖南	从2015年1月1日起，湖南取消部分全国性高考加分项目，包括体育特长生、中学生学科奥林匹克竞赛、科技类竞赛、思想政治品德有突出事迹等五类加分内容。
山西	取消省级三好学生、优秀学生干部、体育类考生等地方性加分项目，保留"归侨、华侨子女、归侨子女和台湾省籍考生""自主就业的退役士兵"等项目。
河南	从2015年3月1日起，取消南水北调中线工程丹江口水库移民考生加分项目。其中，2012年12月31日之前迁至移民安置区的上述移民考生高考加分分值不变。
江西	取消了体育特长生、中学生学科奥林匹克竞赛、科技类竞赛等3项全国性加分项目，保留和完善烈士子女考生等5项全国性加分。
辽宁	取消了5项全国性加分项目，其中"体育特长生加分项目"和"省级优秀学生加分项目"在辽宁省是首次取消。保留项目的分值统一从10分降为5分，将降分投档全部调整为加分投档。
黑龙江	取消了奥数、思想政治、国家二级运动员等5个全国性加分项目，取消了见义勇为、侨眷、其他少数民族等5个地方性加分项目，保留和完善了5个全国性加分项目，同时，调整了散居在汉族地区的其他少数民族考生照顾加分项目。

续表

内蒙古	新增三大加分政策,同时取消高职对口招生技能考核优秀者的高考加分。总体上减少和规范了高考加分项目和分值,鼓励性加分大幅缩水直至取消,地方性加分大幅减少。
云南	云南省高考加分政策细节,分5分、10分、15分、20分四档,增加的分值不得超过20分。加5分的主要属于体育加分项目,加10分和20分的主要属于国家保留项目和民族地区照顾项目,加15分的主要是农业人口独生子女报考省内普通高等学校者。
贵州	2015年贵州省高考加分政策调整,奥赛、科技创新大赛、国际科学与工程大赛等鼓励性加分分值由20分降至5分,体育特长加分由10分降到5分,烈士子女、少数民族、侨眷等照顾性加分政策不变。
四川	四川省取消5项全国性加分项目、5项地方性加分项目,"单优考生"照顾政策被取消,最终共有5个加分项目被保留。
广东	广东高考加分只保留包括侨生和台湾考生加分等4个全国性加分项目,取消所有原地方性加分项目和体育特长生加分项目。
甘肃	甘肃取消了奥赛等9个加分项目,过渡期内的加分项目加分分值降为5分。同时,地方性照顾加分项目仅适用于甘肃省地方省属院校,不再包括兰州大学和西北民族大学。
西藏	进藏干部、职工在藏工作每满一年(截止时间为2015年7月31日),其子女报考普通高校加1分投档。父母双方在藏工作,以工龄较长一方为准。加分最高不超过30分。录取与否由招生学校审查决定。
宁夏	宁夏取消了5项全国性加分项目,保留了6项具体的加分项目。在保留和完善的一项地方性加分项目中,从四个方面规定了对民族和山区特困地区考生的10分、20分、30分的提档加分照顾性政策,适用于报考区内高校者。
青海	对连续在牧区工作15年以上、现仍在牧区工作的汉族干部职工子女和世居牧区的汉族群众子女,其户口在当地、从小学到高中全过程与当地少数民族学生接受同等教育条件者,增加10分投档。
陕西	少数民族聚居地区的少数民族考生不再下延10分投档。奥数竞赛、科技创新大赛、国际科学与工程大赛等比赛中的获奖者,有国家一级运动员以上称号者,在思想政治品德方面突出者,不再具有优先录取资格,仅计入考生电子档案,录取时作为参考。

媒体评论说,到2015年8月为止的"瘦身"效果来看,全国性加分项目目前已全部调整到位,地方性加分项目也实现了大幅减少的目标。从2015年1月1日起取消省级优秀学生、思想政治品德突出事迹者、奥赛获奖者、科技竞赛获奖者、重大体育比赛获奖者和二级运动员统测合格者6项全

国性鼓励类加分项目后，各省的全国性加分项目由此前的11项减至5项以内。地方性高考加分项目也将由2014年的95项减至2017年的35项，明显“瘦身”，其中2014年已取消20项。辽宁、吉林、黑龙江、江苏、江西、广东等13个省份已取消了所有地方性加分项目。从高校录取情况看，录取具有加分资格的人数也明显减少。中国人民大学2017年录取的考生中具有加分资格者约200人，较2016年减少45%；武汉大学2017年录取的考生中具有加分资格的人数为500余人，比2016年减少30%；浙江大学2017年录取的考生中具有加分资格的人数为150余人，比2016年减少一半以上。获得加分的主要是少数民族考生。[①]

各省份“瘦身”后的高考加分人数占报考人数比例的差别比较大，其主要原因是各省份各自执行了教育部许可加分标准范围内的不同加分政策。2015年部分省市的高考加分人数，见表6-6。[②]

表6-2 2015年部分省市高考加分与报考人数比例

省(市)	高考报名人数(万人)	高考加分人数(万人)	高考加分比例(%)
重庆	25.50	4.31	16.92
海南	6.20	0.83	13.35
北京	6.80	0.81	11.90
湖南	39.00	4.62	11.85
河北	40.48	4.44	10.97
辽宁	22.52	1.93	8.55
天津	6.2	0.34	5.47
湖北	36.8	1.88	5.12
上海	5.10	0.10	2.02

二、未来加分政策调整的趋向

从目前来看，我国今后会继续实施鼓励性加分与照顾性加分两类加分政策。在高等教育大众化向普及化发展，高考综合素质评价改革的新形势下，有必要建立健全高考加分机制，发挥好高考加分政策的教育与社会功能。

① 柯进. 全国性加分减至5项以内13省份取消所有地方性加分项[N]. 中国教育报，2015-08-03(1).
② 高考加分现状：各省加分人数占比排行榜[EB/OL]. http://edu.sina.com.cn/gaokao/2015-063/0839474199.shtml. 2015-06-23.

（一）鼓励个性发展，把高考鼓励性加分项目转入学生综合素质评价

近年来对高考加分政策的非议中，主要的指向对象就是鼓励性加分政策。原因是在政策的表述方面抑或是在实践操作层面，这类加分乱象丛生，有些甚至沦为了权钱交换、腐败滋生的温床。从法律上说，对诸如获得全国中学生学科奥林匹克竞赛的考生，获得全国青少年科技创新大赛、“明天小小科学家”奖励活动、全国中小学电脑制作活动、国际科学与工程大奖赛或国际环境科研项目奥林匹克竞赛各类奖项者，获得国家一级运动员称号及参加重大国际体育比赛、全国运动会、全国中学生运动会、世界中学生体育比赛选拔赛获前6名的20分加分投档，表面上看公平，实际上并不平等。其中一个重要原因在于个人争取这些加分的条件并不是个人所能够把握，换句话说，各种竞赛获奖者的成绩取得并非单靠自己努力即可，很大程度上也是学校或者所在地区优质教育资源投入的结果，这样看来对他们的加分无疑对教育条件不利者并不公平。因为对于受教育条件不好的孩子，不是因为他们不努力，而是学校教育和师资条件难以达到。实践中也发现，加分政策的受益者主要是大中城市的优质示范性高中的学生，他们的家庭明显更有能力去培养孩子的科技创新能力和体育运动能力。某著名大学对新生来源进行了统计发现，所招收的体育特长生70%来自大城市，20%来自小城市或城镇，只有6%的学生来自农村；艺术特长生中，80%来自大中城市，只有11%来自小城市或城镇，没有一名来自农村。[①] 各省（区、市）每年公示的高考加分学生中，竞赛获奖者和省级优秀学生主要来自于该省（区、市）的重点中学。

为鼓励个性发展，可以把高考鼓励性加分项目转入高校招生的综合素质评价体系。取消鼓励性加分项目并不是不再关注考生的相关特长、突出事迹、优秀表现，而是将相应的内容分门别类地“放置”到学生综合素质档案或考生档案中，作为高考升学的重要参考。[②] 高考加分制度作为一种具有排他性的准公共品，其目标群体为全国范围内符合条件的考生，理应是中央政府的职能部门——教育部负责统一提供。由教育部从整体利益出发，本着公平、公正的原则制定加分项目并在全国范围内执行，从而维护加分政策的公

① 任羽中．为了农民子弟，建议“裸考”[J]．瞭望东方周刊，2009(31).

② 朱沛沛．高考鼓励性加分项目转入综合素质评价析论[J]．上海教育科研，2015(12)：15.

正和权威。

（二）利用国家精准扶贫数据，贯彻对弱势群体的招生补偿原则

高考的公平性首先体现在机会均等上，即所有的考生在参加考试和被高校录取的过程中，应享有平等的竞争机会，这种机会不因学生的家庭背景、社会地位、性别、民族、年龄、身体状况等因素而受到不平等对待。照顾性加分政策之所以具有其正当性，在于其符合法理上的“合理差别”原则要求。依据我国宪法的规定以及我国长期的实践，对于涉及公民平等权方面采取区别对待的、通常认为属于合理差别的情形主要包括：基于年龄的差异、基于人的生理的差异、基于民族的差异、基于特定职位及从事特定职业的特殊要求等。之所以允许“合理的差别对待”，是因为在现代社会，平等不仅体现在形式平等和机会平等，同时还强调实质结果平等。因为每个公民生活的自然环境、社会环境、经济条件、受教育条件等事实上存在着客观的差别，这些差别多数情况下又是个人无法改变的。为了弥补这种不平等，采取一些合理的纠偏措施是符合实质平等的理念要求的。① 我国高考中的弱势群体包括了农村学生、贫困家庭学生、流动人口子女、少数民族学生、残障学生、女性学生等，他们需要以补偿性政策加以扶助。

就具体情况而言，未来需要采取有针对性的加分举措。现实中的少数民族学生、女性学生或农村学生等未必都是弱势群体，而城市学生也未必都是优势群体或政策的受益者。比如有观点认为在偏远的少数民族区县，考生高考竞争力差，即使加了20分恐怕仍然上不了大学，这导致真正需要照顾的少数民族考生并未从中受益，实际得到优惠的往往是汉化程度较高的少数民族考生。有研究者提出，从小在大城市长大并已经享有了优质基础教育资源的少数民族学生，不应该享受招生加分的优惠政策，而应该对边远、贫困地区和基础教育资源相对薄弱地区的考生实施这一优惠政策。这些地区的考生不论是汉族还是少数民族都应平等地享有这一加分优惠政策。同时，不同少数民族的教育发展水平差距比较大，一些少数民族的教育发展水平较高，而一些少数民族的教育发展水平偏低，应分别采取不同的优惠政策。总之，应

① 吉敏丽. 高考加分政策的正当性分析 [J]. 黑龙江省政法管理干部学院学报，2012(6)：24.

当综合根据民族、地区、阶段等因素进行层级划分，区分出不同的优惠等级，实行差别式的优惠。[①] 例如《贵州省2012年普通高等学校招生工作规定》中规定：遵义市红花岗区、遵义市汇川区、安顺市西秀区的少数民族考生，总分加10分；其他县（市、区）的少数民族考生，总分加20分。《云南省2010年普通高等学校招生工作规定》对优惠政策规定了更加详细的实施细则：①边疆及执行边疆政策县的少数民族考生加20分；②哈尼族、傣族、苗族、傈僳族、拉祜族、佤族、景颇族、瑶族、布朗族、怒族、阿昌族、普米族、德昂族、独龙族、藏族、蒙古族、基诺族、水族、布依族在内地的考生加10分；③内地农村户口的彝族、壮族考生加10分；④各州（市）人民政府确定的内地高寒贫困山区的少数民族考生加20分；[②] 等等。

可见，未来研究十分有必要把准确界定弱势群体当作重要研究课题，并把政策权限统一为教育部决策，避免同一加分对象的加分幅度不统一。目前我国高考加分政策出现的问题，很多与加分对象不明确和加分分值不统一有关。[③] 弱势群体是高考当前和未来需要精准扶持的对象，当前和未来首先要做的工作是广泛调研，把相关数据导入全国高校招生统一的“阳光高考”信息平台。

（三）阳光下运行的加分政策机制

继续实施“阳光工程”。教育部在2005年发布了《关于高等学校招生工作实施阳光工程的通知》，通知要求各省级教育行政部门、招生考试机构和高等学校建立和完善以“六公开”：①招生政策公开；②高校招生资格及有关考生资格公开；③招生计划公开；④录取信息公开；⑤考生咨询及申诉渠道公开；⑥重大违规事件及处理结果公开。为主要内容的信息公开制度。2010年教育部明确把“阳光高考”信息平台工作的职责写进《2010年普通高等学校招生工作规定》中，即教育部“阳光高考”信息平台负责公布普通高校招生有关政策、高校招生来源计划、招生章程。实施“高考加分信息阳

① 孙萍. 少数民族高考加分优惠政策存在问题及其调适——以黔东南州为个案 [D]. 西南大学硕士论文，2012：18、26.

② 周启萌. 少数民族考生高考加分优惠政策研究 [D]. 中央民族大学硕士论文，2013：12-13.

③ 鲍嵘，刘宁宁. 改革开放以来我国高考加分政策的内容分析 [J]. 高校教育管理，2015(5)：34.

光工程”，加强公众与舆论监督，通过完善公示信息平台、丰富监督渠道并追究相关信息公开不力官员的责任，将信息公开制度化、规范化、法制化。

建立高考加分项目听证制度。[①]《中华人民共和国宪法》第四十六条第一款明确规定：“中华人民共和国公民有受教育的权利和义务。”依据宪法的相关规定，《中华人民共和国教育法》《中华人民共和国高等教育法》等一系列法律法规对平等受教育权做出了规定。高考加分政策涉及的不仅仅是公民受教育权的享有，还包括公平享有的问题。高考加分政策作为一项公共政策，关系到广大考生、家长、学校的切身利益，在加分政策的制定、执行过程中征求广大群众的意见，有利于最大限度地保障各利益群体的利益。

加大监督与审核责任，处罚作假行为。教育部、国家民委、公安部1998年发布了《关于在各级各类学校升学考试中严禁违反规定将汉族公民更改为少数民族成分的通知》。该通知规定，在学生毕业以前，凡查出是违反有关法律，由汉族更改为少数民族成分的，一律取消学籍，退回原籍。2010年教育部出台的《关于调整部分高考加分项目和进一步加强管理工作的通知》中对学生加分资格造假做出了严格的处罚规定，对加分资格造假的考生要取消其加分资格，取消其考试和录取资格。此外，对相关工作人员的考试违规行为也做出了明确的处罚规定，对有严重违规行为的相关部门工作人员，要严肃处理，甚至开除公职。不过造假行为有情节轻重之分，有的属于道德问题，有的属于违法犯罪问题，对两类行为的处罚需要遵照不同的规则。

① 李小宁. 高考加分政策的异化与回归路径初探 [J]. 基础教育研究，2014（7）：8.

第七章
高考保送生制度问题

保送生制度是指具有突出特长的高中应届毕业生，在获得保送资格后，通过各项审核、测试、考查，无须再参加全国统一高考，直接获得进入高校学习的权利。整体审视保送生制度，它在克服全国统一高考的教育负效、选拔国家亟须培养的某些行业、某些学科的优秀人才方面发挥了重要作用。20世纪90年代以来出现的较多弄虚作假现象，引发公众的质疑。保送生制度未来该怎么走，这是亟须深入研究的重要教育问题。

第一节 保送生制度的历史变迁

保送生制度经历了中华人民共和国建立以后的初创期，恢复高考以来的发展期以及2001年以来的重大政策调整期。1977年恢复高考前的保送生制度，主要服务于工农教育的政治目的。而恢复高考以来的保送生政策，则主要在于减少高考“一考定终身”的弊端，并建立一种以考试为主、保送为辅，使拔尖人才脱颖而出的招生制度。2001年以来，保送生政策历经两次重要调整，总体来说，保送名额不断下降，2017年仅有81所高校招收了2333名保送生。这些历史性的变化，反映或者揭示了什么问题呢?

一、我国保送生制度的初创

1950年高校招生时，国家规定“从宽录取”某些特殊考生，包括一些革命干部和革命军人、少数民族学生以及华侨学生。1951年10月1日出台的《政务院关于改革学制的决定》，认为我国原有的学制有许多缺点，工人、农民的干部学校和各种补习学校及训练班在学校系统中没有应有的地位。为了提高广大劳动人民的文化水平及便于工农干部深造，在学制中特别设立了青年和成人等学校以及工农速成中学。工农速成初等学校修业年限为2年至3年，招收工农干部和其他失学劳动者，施以相当于小学程度的教育。毕业后，经过考试进入工农速成中学或其他中等学校。工农速成中学修业年限为3年至4年，招收参加革命斗争和生产工作达规定年限，并具有相当于小学毕业程度的工农干部和产业工人，施以相当于中学程度的教育。工农速成学校的设立，为保送制度的实施奠定了教育基础。

1953年教育部规定附设于高等学校的工农速成中学的毕业生可以免试直接升入高等学校学习，保送生制度就此确立。保送生制度不仅保证了工农及子女入学，而且有效地改变了高等学校学生成分的比例。1951—1954年的招生人数分别为5.2万人、7.9万人、8.2万人、9.2万人，四年的招生人数共计30.5万人，1954年工农及其子女在高校的比例提高到21.94%。[①] 1958年，加大了保送力度。教育部在《关于工农速成中学毕业生工人、农民、工农干部和老干部以及优秀的高中毕业生保送入学的通知》中指出，为了使高等学校招生更好地贯彻阶级路线，保证新生的政治质量，对于工农速成中学毕业生，经审查认为符合条件的，可以采取保送入学的办法。但由于生源质量下降，1959年停止了招收保送生。

1972年各大高校恢复招生时，针对所谓的“工农兵学员”等，也采取过与保送生制度同质的“自愿报名、群众推荐、领导批准、学校复审”的招考办法，一直实行到1976年。与高考加分制度一样，初创时保送生制度大多是考虑到出身成分、革命贡献等政治性因素。由于“文革”的影响——学习无用论、停止文化考试，保送生制度出现了片面突出政治、不讲文化考查的趋向，致使中国的高等教育质量空前下降。[②]

二、1980—2000年，保送生制度的发展

恢复高考后的高等教育资源十分紧缺、学位争夺激烈，为确保一些特长生进入高校，1984年，国家教委在北京师范大学、山东矿业学院等10多所大学进行了招收保送生的试点。1985年，保送生试点院校扩大到包括北京大学在内的43所高校。保送的条件是德、智、体一贯优秀，有较强的创造能力的应届高中毕业生，招收人数控制在计划招生总数的2%以内（师范院校控制在5%以内），可以列在招生计划来源的机动数中，中学保送学生比例占全校毕业生人数的5%。1985年全国普通高校招收保送生6000余名，占

① 蒋丽珠. 保送生制度：从政治化到人本化 [J]. 郑州大学学报（哲学社会科学版），2006（2）：83.
② 陈健. 保送生制度变迁 [J]. 教育旬刊，2012（7）：36.

招生总数的1.2%；1986年招收3000多人，占招生总数的0.56%。[①] 1988年2月出台的《普通高等学校招收保送生的暂行规定》将高校招收保送生比例上调到3%，师范院校为10%，并明确招收保送生的条件为符合下列条件之一者：①德、智、体、美、劳表现一贯优秀的高中应届毕业生，优先考虑“三好学生”或优秀学生干部；②德、智、体全面发展，有志于教育事业的高中及中等师范学校的优秀应届毕业生；③德、智、体全面发展，各科成绩优良，并参加国际中学生学科奥林匹克竞赛集训的优秀高中应届毕业生。

20世纪90年代，保送生规模扩大，但伴随出现的作假问题也增加了。据不完全统计，1984—2000年，总共约有10万名高中生通过保送生制度进入大学。师范类保送生在1996年高校招生并轨改革后被逐步取消，学科特长生的认定范围则逐年扩大，招生人数也逐年上升。1992年保送生约1.4万人，约占2%；1993年保送生1.6万人，约占1.7%；2000年左右增长到2.5万人左右。保送生规模不断扩大的同时，也出现了乱保送、假“三好学生”等现象。某市1988—1994年的1718名保送生中只有210名保送生获得过国家级或省级学科竞赛奖，而校级“三好学生”和无获奖者达到766人，占总人数的43.8%。[②] 1995年河南省鹤壁市某中学保送的8名学生中有7人的成绩作假。1996年，湖北省某市教委主任利用职权篡改儿子会考成绩，并指定学校将其子评为省级优秀学生干部，使其子保送到国内一知名大学。1997年，中国人民大学清退了3名成绩弄虚作假的保送生。北京航空航天大学教授王友洪曾对某知名高校90～93级思想政治专业保送生的调查发现，12%的学生不清楚自己是怎样被保送的，72%的学生只进行过面试，还有的学生是被招生人员利用各种关系夹带进来的。1995年，部分省份招生办、高校与教育部就保送生政策的存废进行了讨论。其后，教育部试图取消除师范专业以外的所有保送生。由于部分高校的反对，依然保留了保送生政策，但减少了保送生人数并加强了对保送过程的监督以及保送生入学后的复查工作。湖北省在1996年就明确规定，被录取的保送生都必须参加全国统一考试。

1998年，教育部决定在上海、湖北、河北、黑龙江、四川5省市试行保

① 基俊主. 中国高校招生制度 [M]. 长春：东北师范大学出版社，1990：103.

② 罗立祝. 高校招生考试政策研究 [M]. 武汉：华中师范大学出版社，2007：208.

送生参加教育部考试中心统一命题的综合考试，以考试来甄别保送生的优劣。自1999年起，有资格招收保送生和有资格推荐保送生的高校、中学，分别由教育部和各省、区、市教育主管部门确定。由于少数高中出现“推良不推优”甚至“推劣不推良”，走后门、拉关系、徇私舞弊、弄虚作假、违法乱纪等现象，教育部要求对保送生进行综合能力测试，并对保送生提出了高中会考成绩等级的要求，同时要求各中学接受社会监督，公布保送条件和保送名单。2000年，教育部要求各省市在保送生参加综合能力测试以后划定最低录取控制线。然而，保送弄虚作假现象并没有得到有效遏止。2000年湖南某中学保送的14名学生中有13名是各部门主要领导干部的子弟，他们的平时成绩普通偏低。同样，山东某中学被保送到北京名牌高校的学生多为市级领导的子女，他们的成绩在班里属下游，有的连会考都未过关，有的甚至是全班倒数第一。这些严重违法违纪事件，引起了社会各界对保送生制度的极大关注。①

三、2001年以来，保送生制度的调整

由于权力和金钱对保送生制度的侵袭，教育部于2001年对保送生政策进行了重大调整：①“压缩规模、严格标准、严格管理”，取消指标分配，变数量控制为质量控制，同时又对保送生数量进行大幅度削减，从25000人锐减为5000人；②明确规定了只有四类普通高中应届毕业生才有保送资格，这四类学生是省级优秀学生、高中阶段全国中学生奥林匹克竞赛获奖者、国家理科实验班的优秀毕业生和13个城市的13所外语学校的优秀毕业生；③在公共网公布保送生名单，接受社会监督；④增加高校对保送生进行文化测试及相关的考核环节。

2002年，具备保送条件的高中阶段竞赛获奖项目进一步扩展，增加了全国青少年科技创新大赛（含全国青少年生物和环境科学实践活动）、“明天小小科学家”奖励活动和全国中小学电脑制作活动，还增加了国际竞赛项目，包括国际科学与工程大奖赛和国际环境科研项目奥林匹克竞赛。2004年起，包括保送生在内的所有考生都要在考前签署《诚信考试承诺书》，承诺

① 李峻. 保送生政策变迁的多源流分析 [J]. 大学教育科学，2011(2)：49.

内容之一就是保证提供真实准确的个人信息。2005年起教育部在高校招生工作中推广实施“阳光工程”，并在中国高等教育学生信息网上开通了“阳光高考”信息平台。2006年起教育部将保送生资格调整为以下六类：①省级优秀学生；②高中阶段在全国中学生学科奥林匹克竞赛省赛区中获得一等奖以及获得全国决赛一、二、三等奖的应届高中毕业生；③高中阶段获得全国青少年科技创新大赛、“明天小小科学家”奖励活动、全国中小学电脑制作活动等三类竞赛一、二等奖的应届高中毕业生，高中阶段获国际科学与工程大奖赛、国际环境科研项目奥林匹克竞赛奖的应届高中毕业生；④外国语中学特别优秀的应届毕业生；⑤获奖运动员；⑥公安英烈子女。不过，江苏省从2005年起就停止了省级优秀学生的评选工作，并于2006年取消了省级优秀学生的保送资格；江西省、湖北省从2005年起取消省级优秀学生的保送资格；山东省所有高校、东南大学、南京大学等高校也相继取消了省级优秀学生的保送资格。2007年，教育部统一要求高校必须对拟录取的保送生进行文化测试及相关考核，以保证所录取保送生的生源质量。同时教育部还规定，违规作假取得保送资格的行为，经查实后将记入考生的高考诚信电子档案；已被保送进入高校学习的违规学生，将被取消学籍；违反规定推荐保送生的中学将受到通报批评，视情节轻重，还将给予暂停甚至取消其今后推荐保送生资格的处理。

2010年，教育部下发了《关于调整部分高考加分项目和进一步加强管理工作的通知》，调整了高考加分政策，改变了保送资格条件：一是对奥赛全国决赛获奖学生、科技类竞赛相关获奖学生，调整为高校可在同等条件下优先给予参加本校自主选拔录取考核的资格，是否享受加分照顾由生源所在地省级招生委员会决定，不再具备保送资格。二是对奥赛省赛区一等奖获奖学生，调整为高校可在同等条件下优先给予参加本校自主选拔录取考核的资格，不再具备保送、加分资格。教育部另外特别规定，在高中阶段获得全国中学生奥林匹克竞赛决赛一等奖，并被中国科学技术协会遴选为参加国际（数学、物理、化学、生物学、信息学）奥赛国家队集训的学生，应届毕业当年保留高校招生保送资格，经所报考高校考试后决定是否录取。这一新政策从2011年秋季进入高一的学生开始适用，从2014年起，我国保送进入大学的人数大为减少。2010年全国保送生总数只有5000人左右，与2001年相当。2017年仅有81所高校招收了2333名保送生。

有评论说，从1984年试行以来，保送生政策以2001年为分水岭，总体上可以分为两个政策重点有明显差别的阶段：从保送生规模来看，在前阶段保送生范围从农、林、师等冷门专业扩展到所有专业，招收的人数巅峰时多达25000人，占招生计划的2%左右，但后阶段每年的规模在6000～8000人，占招生计划的1%左右；从保送标准来看，前一阶段试图改革统一高考的“硬标准”，偏重于保送的“软标准”，操作空间比较大，而后一阶段为了维护保送生政策的公平性，侧重于保送的“硬条件”，其政策的弹性空间很小，特别是2007年开始对保送生实行文化测试和相关考查，几乎使得原始意义的保送生政策彻底改变；从政策导向来看，前阶段重内容建设，不断丰富政策的适用范围，后阶段重政策意义建设，不断增强政策的公平性。[①]

① 李峻. 保送生政策变迁的多源流分析 [J]. 大学教育科学，2011(2)：48.

第二节
保送生制度的存废之争

2000年高考期间，湖南某中学发生一起保送生舞弊事件，加上此前在四川、青海等地均出现了相同情况，引发了人们对保送生制度的关注和思考。和高考加分政策出现种种问题一样，保送生制度的存废问题也成为一个各界关注的焦点问题。2014年始，奥赛获奖学生不再具有保送资格的国家政策出台以后，保送生制度的存废讨论被再度引发。

一、出台保送生制度的目的

保送生制度始于1953年，20世纪80年代中期恢复发展，2001年和2010年经历两次大调整，旨在为部分优秀的高中应届毕业生提供一条无须高考的升学直通道，以避免被高考所淘汰。按国家教育主管部门规定，保送生必须是德、智、体表现一贯优秀的“三好学生”，政治思想表现突出、学习成绩优秀、社会工作能力较强的优秀学生干部。保送的一般程序为学生本人自愿、所在中学推荐，由高校对保送生进行考察并确定录取与否。

（一）出台保送生制度的初衷是克服统一高考的消极影响

一般认为保送生制度是统考制度的优化和补充，招收保送生有利于高校选拔和培养人才。中学拔尖学生不需要再把精力和时间用在应考上，可去学习更多的知识，还可根据自己的兴趣、爱好、特长选择专业。保送可避免有才能的尖子生因考试失常而失去深造的机会。中学把符合条件的学生保送入大学，有利于激励学生朝德、智、体全面发展的方向去努力。

曾任教育部考试中心主任的杨学为认为：考试有偶然性，有的学生文化水平很高，但由于种种原因，考试失误，分数不能反映他的真实水平；由于考试科类、科目设置、计分比例、考试范围等方面的某些不当，一些偏科的考生也必须追求总分，负担过重，不利于拔尖人才的成长；由于技术上的限制，目前的高考还没有建立比较稳定的标准，还不能很好地测量考生的实践能力、潜在能力等，容易引导一些学生死记硬背，不利于培养学生的创造能力；由于录取体制、方法的限制，录取工作人员水平的限制，在处理德、智、体的关系方面，往往偏重分数的作用。所有这一切，都可能对大学、中学以至青少年的成长带来消极影响。这些消极影响，有一些是可以通过招生、考试的改革去消除的，但很难完全消灭。这种情况下，1983年，江苏、福建以及复旦大学、上海交通大学等进行了由中学推荐参加统考的试验。结果也证明这样做有利于加强大学与中学的联系，选拔的学生是优秀的。1984年，教育部决定，各省、自治区、直辖市招生委员会和高教厅、教育厅可以选择全面贯彻党的教育方针、办学思想端正、教学质量较高的少数中学，由这些学校推荐少数德、智、体一贯优秀的应届高中毕业生参加统考，总分达到最低控制分数线，高等学校即可审查录取。同时，经教育部批准，北京师范大学、山东矿业学院、四川农学院进行招收中学保送生的试验。试验证明，“以考试为主，辅之以推荐”的办法，不如保送的办法效果明显。在这种形势下，教育部决定在以考试作为选拔新生的基本形式的前提下，1985年进行招收少数保送生的试验。因此，教育部决定：①研究能否建立一种以考试为主、以保送为辅的招生制度，把考试与保送两种形式的长处集中起来，以克服它们的不足；②加强大学与中学的联系。中学德、智、体一贯优秀的毕业生，可以保送入大学，有利于中学端正办学思想，引导学生德、智、体全面发展。保送生并不是未经过考试，而是经过中学长期考试、考查，证明学习成绩优秀，因此，这些学生可以不必再通过全国统考来检验。这有利于克服一次统考定取舍的弊病。这种保送同“文革”期间取消考试缺乏客观依据的推荐，是根本不同的。③保送生是中学德、智、体一贯优秀的拔尖学生。保送，可以使他们免去统考的负担，可以提前进入大学学习，这有利于他们的成长。[①]

保送生制度主要并非出于高考公平的考量。尽管保送生制度在后来的实

---

① 杨学为．论试招保送生的目的 [J]．中国高等教育，1986（4）：30.

践中，一再暴露出弄虚作假的事情，但这属于程序和管理制度不公平问题。如果就机会公平而言，保送生制度确实有可能加大教育机会不平等的现实，毕竟成绩拔尖的学生才有保送资格，而这些学生一般都有较好的教育条件，办学条件差的中学往往很少能培养出此类学生。相关的研究也证明，保送生制度一定程度上加大了优势阶层的子女进入重点大学与热门专业的机会。比如罗立祝以某市1988—2005年的3525份原始保送生档案资料为样本，从阶层再生产理论入手，采用辈出率作为研究方法，对不同社会阶层的子女获得重点大学与热门专业的保送机会进行了实证研究，结果发现：①保送高校层次的阶层差异。从获取保送重点大学的机会来看，干部阶层子女所占比例为50.5%，国家与社会管理者阶层子女占23.5%，农民子女只占4.9%。②保送热门专业的阶层差异。兼有权力、文化、社会网络资本较高优势的国家与社会管理者阶层的子女占据计算机与电子信息、外语、国际贸易三大热门专业保送生人数的比例分别为21.16%、21.88%和23.53%，而处于社会弱势地位的农林牧渔阶层子女只占4.4%、6.3%和0%。③保送生获奖等级的阶层差异。国家级竞赛获奖者中，干部阶层子女所占百分比为50%，而农民和工人阶层子女所占比例较低。省级竞赛获奖者的阶层分布情况与国家级竞赛相似。从各获奖等级所占比例来看，获国家级与省级各学科竞赛奖项的210人中有193人保送至重点大学；省、区、校级“三好学生”（或优秀学生干部）与无获奖者合计有1505人，其中有1085人（占72%）保送至一般本科院校，有162人（占10.7%）保送至重点大学。必须指出的是，校级“三好学生”是刚性与可信度较低、人为操作性较强的奖项，却成为保送生入学的最大通道。④保送生高中学业成绩的阶层差异。所有保送生中有149人（占总数的11%）排名在班级或年级20%之后，理论上是无法通过高考进入大学的。而这149人中，干部阶层子女占了一半比例，获得保送入学的机会大大超过其他阶层子女，可见权力在保送机会竞争中产生了作用。[①]

二、废除保送生制度的原因

保送生制度一直饱受争议，发现“偏才”“怪才”还是制造教育不公的

① 罗立祝．社会阶层对保送生高等教育入学机会的影响 [J]．高等教育研究，2008(08)：40-44.

议论声不绝于耳。在某网站发起的“保送生制度，你认为该保留吗”的讨论中，41.5%的网友明确表示保送生制度有碍教育公平，应该取消。[①]

（一）中学普遍“推良不推优”的机制问题

保送生制度在20世纪90年代后逐渐变形，甚至出现了一些高校招收保送生时向家长收取数额不等的赞助费的问题，一些文艺、体育方面的特长生甚至要缴超额赞助费。一些中学更愿意保送成绩不那么优秀的学生，因为成绩优秀的学生参加高考一般都能考上，而保送成绩一般的学生有助于提高学校的升学率。在保送生推荐工作中，“推良不推优”的现象可以说普遍存在。[②]《瞭望新闻周刊》记者易杳调研后认为，这样一个好的制度在执行过程中之所以出现种种问题和纰漏，主要还在于制度的参与者学生(家长)、推荐学校、录取高校都是利益相关者，学生(家长)是毫无争议的利益获得者；推荐学校为了自身业绩和宣传的需要，会想方设法争取更多保送名额，会在保送过程中与学生(家长)结成利益共同体和共谋者。现实中一部分保送生指标是高校主动投放到有保送资格的中学的，一部分名额是中学或学生家长到高校通过各种手段“争取”来的。名气大的重点中学，高校投放的指标多一些，一般重点中学则很少有这种机会。

为解决这个问题，教育主管部门推出了几项改进措施：一是对保送生进行综合能力的测试，涉及除外语以外的其他8门学科；二是对保送生提出高中会考成绩的要求；三是要求各中学在推荐保送生时一律公布保送条件和保送名单，接受社会监督。自1999年起，有资格招收保送生和有资格推荐保送生的高校、中学，分别由教育部和各省、区、市教育主管部门确定。2000年进一步规范保送生、定向生、特长生以及特殊类型招生工作，要求除严格按照国家有关规定推荐录取保送生以外，各省(区、市)还要在保送生参加综合能力测试以后划定录取资格线，测试成绩低于资格线以下的保送生不予录取；同时要求适当增加保送生的透明度。

（二）公平竞争秩序受到严重挑战

实行保送生制度虽然有正当的理由，且对于特殊人才和优秀人才的选拔

① 邓晖. 保送生制度：去，还是留？[N]. 光明日报，2012-11-20(5).

② 易杳. 保送生制度：存乎？废乎？[J]. 瞭望新闻周刊，2000(42)：20-22.

起过非常重要的作用，但保送生制度打破了高考制度的竞争秩序。

2000年，湖南省某中学在输送保送生工作中弄虚作假，更改学生平时成绩，使13名平时成绩中等偏下，不符合保送生基本条件的学生进入年级排名前8%，引发争议。

20世纪90年代以来，保送生制度就频频曝出徇私舞弊、弄虚作假的案例。推荐环节人为因素、社会政治背景发生作用，拉关系，走后门；公示环节小范围内部讨论走过场，信息不全隐瞒关键内容；审核环节真伪不分，明知有假却屈服于人情关系，为了眼前小利放弃招生质量标准。[①]

由于保送过程中走后门的可能比高考大很多，有观点认为比起可能淘汰一些偏才、怪才或一时失利的优秀学生这一缺陷，保送生制度的弊端所造成的社会危害更大。主张取消保送生制度的观点认为，保送存在严重问题，已经沦为腐败的重要形式，从有利于培养人才和实现教育公平的角度看，最终必须彻底废除保送生制度。有研究者指出，各种荣誉称号的加分太乱，一些中学往往把“三好学生”“优秀学生干部”的称号授予成绩中等的学生，指望加分成为素质教育的补充，目前看来是失败的。非正常的加分和保送破坏了高考的公平性。“偏才”毕竟是个别的，因此不应该从制度上鼓励偏科。[②]

（三）保送生质量下滑影响高校教学质量

保送生质量的下滑，直接影响了高校的教育质量。一些知名高校如北京大学、清华大学等，多年前就向主管部门呼吁取消保送生制度。一些高校2000年开始旗帜鲜明地在高考招生中把加分去掉，按实际分数录取。黑龙江省教育主管部门也于1999年做出决定，自2000年起该省高校停止招收保送生。

王友洪对某知名高校90—93级思想政治专业的保送生进行调查发现：①获奖方面，90级是社科系第一届保送生的班级，该班全体学生素质较高，因此取得优异的成绩。该班曾连续三次荣获学校先进班集体的称号，同时还获得北京先锋标兵优秀团支部和北京市优秀班集体，个人特长突出，获得了北京市大学生演讲赛第一名、俄语演讲第一名，高校田径比赛第一名

① 储朝晖．保送生制度该不该废除？[N]．科技日报，2015-05-28(7)．

② 易杳．保送生制度：存乎？废乎？[J]．瞭望新闻周刊，2000(42)：21-22．

等，在文体方面获得多项校级荣誉称号；91级取得的成绩更为瞩目，是全校连续三年免监考班，连续两年获得校优良学风班、体育先进班、优秀团支部、文明宿舍班，连续两年获得北京市优秀团支部和北京市班集体。相比之下，92级和93级学生获奖较少，92级入校两年，仅获校级奖励5项；93级入校一年，仅获校级奖励3项。②学习方面，90级和91级两个年级的学生成绩平均在80分以上，成绩差距不大；92级学生平均成绩为71分，有7人7门次不及格；93级平均成绩为72.3分，有10人17门次不及格。这两个年级各有一人因4门课不及格转为试读大专生。分析92级和93级的学生成绩发现，这两个年级的保送生学习已出现分化，好的很好，差的极差。③违纪现象。90级入校以来，出现过两次违纪现象，一人因考试作弊（此生非保送生，系外系转入），一人因小学期旷社会实践课（该生是特招运动员）。91级至今没有出现任何违纪现象。92级从入校开始，问题层出不穷，如考试作弊、旷课、偷窃等；此班至今已发现3名考试作弊者，一人因多种原因被开除，其中一人是所谓全优生，一人是学生干部；有两名学生被处分。93级入校以来，发生了一名学生旷课20学时的事情。[①]

王友洪调查后分析认为，保送生质量下降的原因主要有以下几个方面：①基层中学推荐工作存在很大问题。我们之所以在思想政治教育专业实施保送生制度，是为了避免出现高考只反映学习成绩而不能很清楚反映学生其他方面的问题，希望中学能够推荐德、智、体全面发展的优秀学生到思想政治教育专业学习。这几年的情况表明，在推荐过程中有弄虚作假的现象。部分学生的档案中，各方面都很优秀，但在进入大学后，这些学生表现却很一般，甚至是很差，令人失望。针对这种情况，建议暂不到纪录不佳的中学招收保送生。②有些招生人员没有把好关。保送生所出现的问题，而主要是学生本身素质造成的。保证学生素质的关键之一是招生人员把好关。在调查中发现，竟然有12%的学生不清楚自己是怎样被保送上来的；72%的学生只参加过面试；更有甚者，个别学生是被学校招生人员利用各种关系夹带进来的。这些学生进入大学后，学习积极性不高，自觉性差，不仅自己表现不

① 王友洪. 北航思政专业保送生状况的思考 [J]. 青年研究，1998（8）：14-15.

佳，还会给学风、班风建设拖后腿，影响正常的学生管理工作。为此，建议应对招生人员进行培训和教育，严格执行保送生招生制度，杜绝营私舞弊现象，对出现问题的人员要追究责任，严肃处理。为避免再出现问题，首先要严格保送流程，保证生源质量，在此基础上，对学生严格管理，及时掌握学生的情况和动向，把问题消灭在萌芽状态，并要加强班级学风和班风建设，给学生创造良好的学习生活环境，使其健康成长。

三、保留保送生制度的理由

保送生制度真如部分人士指责的“一无是处”吗？1998年召开的高校招生工作会议上，大部分省(区、市)和高校招生管理部门都认为，除了奥林匹克竞赛获奖者和师范保送生外，应暂停保送所谓的“三好学生”和“特长生”，但也有一些省(区、市)和部委直属院校希望继续实行保送生制度。

(一) 对选拔创新拔尖潜质人才有重要教育价值

统一高考制度存在先天的局限性，保送生政策具有独特的选才优势，因而建议继续保留，并在改革中解决其所存在的问题。保送生制度有利于选拔统一考试无法识别的“偏才”“怪才”等人才，而这些人才是社会发展所需要的。保送生制度设立的本意具有合理性，可以借鉴国际推荐甄选制的成功经验，不断完善。保送生制度改革的关键在于标准的重新定位和政策的全面革新。除特招少数学科竞赛的尖子生和个别特长生如发表专著、发表有影响的论文以及高水平优秀运动员外，任何有可能被人为因素异化的“软标准”都应取消。对少数保送条件刚性不强的推荐对象，辅之以必要的文化考试，也可将此类学生纳入自主招生系列。在保送生招生主体和规模上，不少论者主张只将招收保送生资格赋予全国及省属重点大学，取消一般本科及专科院校招收保送生资格，这样既有利于提高保送标准，又还原了保送生制度的宗旨，即发现有潜力的高素质的人才。[①]

曾任清华大学招生办公室主任的于涵认为，保送生制度确实在很多方面触动了应有的基本公平底线，这既体现在机会的不公平，也体现在程序的不公平。但并不能因为这点，就完全否认保送生制度对创新拔尖人才选拔、储

---

① 王后雄．我国高考政策的公平性研究 [D]．华中师范大学博士论文，2008：124.

备做出的贡献。以清华大学的情况看，保送生入校后的表现普遍还是比较突出的。清华大学的“10年生源调查”显示，所招收保送生的平均GPA要比全体学生的平均水平高出2分，且均达到了“优秀”的标准，而全体学生的平均水平是“良好”。清华大学电子工程系的数据显示，该系近5年特等奖学金获得者全是保送生，且保送生人数与其所在班级的整体排名有很强的正相关性，这是因为保送生在入学前更多地接触了大学知识，同时具有很强的学习主动性，可以带动班级的学习氛围。[①]

南京大学从1985年至1997年，共招收保送生1040名，其中文科类58名，外语类86名，理工类896名，他们分别来自24个省（区、市）的几百所重点中学，进校后分布在20多个院系。对1985年至1993年进校，1989年至1997年毕业的共9届计658名保送生进行的抽样调查显示，保送生与高考录取生相比情况如下：①保送生修读课程的成绩，其优良比例均高于高考录取生。②保送生获得奖学金的人均次数均高于高考录取生，其中两次以上的有4个对照组。③保送生获得校级“三好学生”和优秀学生干部的人均次数在9个对照组中有8个对照组高于高考录取生（见表7-1）。④将各届同一年级的理工类保送生与高考录取的理工类高分生进行跟踪比较分析，发现在9个对照组中，除93届外，有8个对照组的各项指标高于高考录取的尖子生。这种对高水平大学的保送生进行大面积、高密度、多方位的抽样调查获得的各项指标绝大多数高于高考录取生，足以证明保送生的整体质量是高的。调查还发现，保送生中有相当多的德、智、体全面发展的优秀学生。他们有的加入了中国共产党，有相当一部分担任了校、院、系和班级的学生干部；有一大批是学习上的排头兵、奖学金的获得者。如85级的保送生在入学一年后参加奖学金评选时，全校同年级评出的14名一等奖学金获得者中有9名是保送生。有相当多的保送生成为各学科的重点培养对象。如90级化学系保送生王庆根，不但提前一年攻读本校硕士学位，而且被校、系列为重点培养对象，1993年还被评为“全国三好学生标兵”。[②]

① 邓晖. 保送生制度：去，还是留？[N]. 光明日报，2012-11-20(5).

② 黄细良，赵清. 从南京大学实践看招收保送生的可行性和规范化建设 [J]. 中国高等教育，1998(11)：33-34.

表7-1 南京大学89届至97届九届保送生与高考录取生在校期间的三项指标比较表

届次	比较对象	项目	指标
89届	保送生	获得校级“三好学生”及优秀学生干部的人均次数	0.4
		四年修读课程的人均优良门数(%)	75.5
		获得各类奖学金的人均次数	1.6
	高考生	获得校级“三好学生”及优秀学生干部的人均次数	0.3
		四年修读课程的人均优良门数(%)	63.3
		获得各类奖学金的人均次数	0.8
90届	保送生	获得校级“三好学生”及优秀学生干部的人均次数	0.8
		四年修读课程的人均优良门数(%)	72.2
		获得各类奖学金的人均次数	2.7
	高考生	获得校级“三好学生”及优秀学生干部的人均次数	0.2
		四年修读课程的人均优良门数(%)	59.3
		获得各类奖学金的人均次数	1.3
91届	保送生	获得校级“三好学生”及优秀学生干部的人均次数	0.4
		四年修读课程的人均优良门数(%)	80.7
		获得各类奖学金的人均次数	3.5
	高考生	获得校级“三好学生”及优秀学生干部的人均次数	0.1
		四年修读课程的人均优良门数(%)	67.2
		获得各类奖学金的人均次数	1.3
92届	保送生	获得校级“三好学生”及优秀学生干部的人均次数	0.8
		四年修读课程的人均优良门数(%)	85.7
		获得各类奖学金的人均次数	3.1
	高考生	获得校级“三好学生”及优秀学生干部的人均次数	0.1
		四年修读课程的人均优良门数(%)	67.6
		获得各类奖学金的人均次数	1.0
93届	保送生	获得校级“三好学生”及优秀学生干部的人均次数	0.4
		四年修读课程的人均优良门数(%)	73.5
		获得各类奖学金的人均次数	1.2
	高考生	获得校级“三好学生”及优秀学生干部的人均次数	0.5
		四年修读课程的人均优良门数(%)	67.3
		获得各类奖学金的人均次数	0.5
94届	保送生	获得校级“三好学生”及优秀学生干部的人均次数	0.3
		四年修读课程的人均优良门数(%)	83.9
		获得各类奖学金的人均次数	1.5
	高考生	获得校级“三好学生”及优秀学生干部的人均次数	0.1
		四年修读课程的人均优良门数(%)	64.5
		获得各类奖学金的人均次数	0.4
95届	保送生	获得校级“三好学生”及优秀学生干部的人均次数	0.4
		四年修读课程的人均优良门数(%)	79.3
		获得各类奖学金的人均次数	2.8

续表

届次	比较对象	项目	指标
95届	高考生	获得校级“三好学生”及优秀学生干部的人均次数	0.1
		四年修读课程的人均优良门数(%)	64.2
		获得各类奖学金的人均次数	0.6
96届	保送生	获得校级“三好学生”及优秀学生干部的人均次数	0.6
		四年修读课程的人均优良门数(%)	83.2
		获得各类奖学金的人均次数	2.5
	高考生	获得校级“三好学生”及优秀学生干部的人均次数	0.1
		四年修读课程的人均优良门数(%)	68.9
		获得各类奖学金的人均次数	0.8
97届	保送生	获得校级“三好学生”及优秀学生干部的人均次数	0.4
		四年修读课程的人均优良门数(%)	82.1
		获得各类奖学金的人均次数	2.8
	高考生	获得校级“三好学生”及优秀学生干部的人均次数	0.1
		四年修读课程的人均优良门数(%)	64.6
		获得各类奖学金的人均次数	0.5

注：奖学金含一、二、三等及单项和名人奖，成绩优为90分以上，良为80—90分。

（二）管理不规范不等于保送生制度有问题

南京大学保送生研究项目的研究者根据研究结果赞同继续实施保送生制度。他们认为，有招收保送生资格的高等学校由1985年的52所扩大到1998年的150多所，其中有相当一部分是部属的行业院校和地方非师范院校，甚至有的专科学校也加入了招收保送生院校的行列，这实际上是一种宏观失控。在现有有权招收保送生的高校中，有相当一部分是招不到优秀学生的高校，有的农、林、地、矿类院校招收的保送生竟是一些中学里班级排名40名以后的学生，有的甚至是一些没有把握考上大学的学生，这与保送生制度的宗旨是背道而驰的。正因为优秀学生不肯去这类院校，恰好给一些学习困难的学生以可乘之机，从而影响了保送生的声誉。又如，有的中学不坚持原则，为追求升学率而采取“推良不推优”。究其原因，主要是有的地方教育部门乃至社会各界对中学教育的评价标准主要是升学率，教师的职称晋升、工资晋升和评奖、评优等的依据也是升学率。还有中学受地方官员的干扰而被动地为其子女保送上大学弄虚作假。当然，也有个别高等学校把投放保送名额同收费或赞助相联系，点名录取一些不合格的保送生，等等。上述问题并不是保送生制度本身的问题，而是管理中的问题，况且这些问题也仅发生在少数地区和少数中学或高校里，多数地区的保送生工作是成功的，大多数高等学校招收的保送生质量是过硬的，保送生工作是“招生工作这块绿洲中的一片肥沃的实验田”。对于存在的问题，通过完善保送制度、严格保送程序、加大监管力度等措施，是可以消除的。[①]

主张保留保送生制度的论者认为，全国统一招生考试制度并非十全十美，它把高考总分绝对化，存在“一次考试定取舍”和“一刀切”的弊端。有的考生在高考体检中弄虚作假，体检材料与实际情况严重不符，有的考生评语写得很简单，这些都降低了档案材料的可信度，严重影响了高校招生的质量。不能因保送生制度中存在一些问题，就否定这个制度。国家层面的保送生制度规定比较宏观，各省招办发的保送生文件又不一致，导致这方面的管理显得较乱，再加上没有一个有力的监督机构，易给一些人可乘之机，使保送生招收工作受到诸多干扰，严重阻碍这项工作的开展。[②]

① 黄细良，赵清．从南京大学实践看招收保送生的可行性和规范化建设 [J]．中国高等教育，1998（11）：33–34.

② 王占奎，李贵．对高等学校招收保送生的探讨 [J]．北京科技大学学报（人文社会科学版），1998（2）：62–63.

第三节 保送生制度变革的趋势

清华大学、南京大学等高校招收保送生情况的调查分析表明，保送生制度有利于优秀人才的脱颖而出，关键是在招收保送生过程中，能否真正坚持标准，坚持公正的规范化原则。保送生制度虽然有弊端，但是我们不能因噎废食，一废了之。

一、刚性的保送标准

根据教育部等有关部门规定，2017年，省级优秀学生、中学生学科奥林匹克竞赛国家集训队成员、部分外国语中学（20所）推荐优秀学生、公安英烈子女、退役运动员等五类人员仍具备保送资格。对2017年秋季及以后进入高中阶段一年级的学生，将取消省级优秀学生保送资格条件，2020年起所有高校停止省级优秀学生保送生招生；有关外国语中学推荐保送生名额将逐步减少。实际上，湖北等省（市）从2014年起，具有保送生资格的考生就只有四类，即高中阶段获得全国中学生奥林匹克竞赛决赛一等奖并被中国科学技术协会遴选为国际奥林匹克竞赛国家集训队成员的应届高中毕业生；经教育部批准具有推荐保送生资格的外国语中学中高中阶段连续就读、思想品德和学习成绩优秀的应届高中毕业生（150人）；符合有关保送要求的退役运动员；符合公安部、教育部相关规定的公安英烈子女。

有研究者认为，全面取消早已名不符实的省级优秀学生保送生招生政策已是势在必行，相比省级优秀学生保送，上述这四类人员的保送并不存在严重的特权腐败问题，但从长远来看，这四类人员的保送资格实际上同样没有太大必要继续长期保留。因为，伴随新一轮旨在破除“一考定终身”单一评价体系的高考招生制度改革的不断推进、深化，这四类人员的上大学问题完全可以通过新的高考招生制度来解决，无须再继续保留这样一个完全绕开高考的保送制度。诚如某教育管理者指出的，高校自主招生给予通过选拔的人才20～50分不等的加分优惠，像奥赛国家集训队成员、退役运动员，如果他们足够优秀、拥有足够出色的特殊才能，根本就不需要回避高考，而非得依赖保送这样的特殊捷径。[①]

1998年，具有招收保送生资格的高等学校扩大到150多所，保送生的数量已占到全国每年招生总人数的2%。2015年全国具有保送生资格的考生有3212人，其中省级优秀学生442人，外国语学校推荐生2520人，五项学科奥林匹克竞赛国家集训队成员250人。[②] 根据教育部“阳光高考”信息平台显示的数据统计，目前我国有140所高校招收保送生，2017年实际有81所高校录取了2333名保送生，录取最多的前10所高校录取了1245人，分别是上海外国语大学230人、北京大学223人、北京外国语大学204人、清华大学169人、对外经济贸易大学86人、上海交通大学85人、武汉大学71人、南开大学60人、华南理工大学60人、外交学院57人，占录取总数约53.4%。很显然，目前的保送招生作为一条招生渠道的功能十分有限，但其存在的价值，特别是对公安英烈子女、退役运动员等的特殊价值，仍然不言而喻。随着诚信体系的逐步完善和社会经济的全面发展，是否还有需要保送的对象进入这个渠道，也是一个值得研究的课题。我们不应因其规模小而轻言废除。

二、部分竞赛保送改为自主招生

按照2014年的保送生政策，高中阶段在全国中学生奥林匹克竞赛全国决赛中获得一、二、三等奖的应届高中毕业生，不再直接具备高校招生保送资格。另外，新办法还取消了获得全国中学生奥林匹克竞赛省赛区一等奖的学生，全国青少年科技创新大赛、“明天小小科学家”奖励活动、中小学电脑制作活动获得一、二等奖的学生，参加国际科学与工程大奖赛、国际环境科研项目奥林匹克竞赛获奖的学生等三类考生的保送资格。不少中学、考生

① 张贵峰．取消保送生步子还可以更大些[N]．中国商报，2017-01-24(2)．

② 储朝晖．保送生制度该不该废除？[N]．科技日报，2015-05-28(7)．

存在担忧，竞赛保送取消了怎么办?

清华大学招生办原主任于涵认为，这部分学生的选拔完全可以通过现有的自主招生制度来解决，这也能从根本上解决评价主体、招生主体、育人主体的错位问题。仔细分析以往的竞赛保送，制度设计上存有很多暗箱操作空间。以省级竞赛来说，大多是由科协、学会等专业团体组织承办，评判权、选择权不在教育主管部门，更不在高校手中。这就造成了一种根本性的错位：本应拥有话语权的高校变成了被动的“收生”，变成了完全的乙方；而发放入门牌照的人却不是这家的主人，无须承担后续的培养责任，公平性、责任感都有待考证。所以说，现有改革在某种意义上恰恰反映了这种机制无法保证和解决程序公平、机会公平问题，尽管这也是一种对症下药。如果这种根本性错位不解决，仍然是一种简单的“头疼医头，脚疼医脚”①。2014年清华大学自主招生“新百年拔尖计划”的选拔范围大幅扩大，基本将失去保送资格的各类获奖考生都囊括了进去。“新百年拔尖计划”采取考生个人报名、专家推荐、学校确认的方式报名。清华大学专家组将对报名考生进行资格审核，审核通过者参加清华大学的自主招生笔试，并单独划定笔试分数线。笔试通过者再到清华大学参加相应学科专业面试。对最终通过者，清华大学将根据成绩在限定专业内给予高考总分最高降60分录取的优惠。

三、完善保送生制度管理体系

厦门大学教育研究院郑若玲教授认为，保送生制度作为对统一高考制度的一种补充，如果操作得当，确能在选拔特长生、消除应试的片面性和促进素质教育等方面发挥作用。一是要对保送标准进行严格限定。控制保送规模，在保送生资格上只保留“硬条件”：除特招少数奥林匹克学科竞赛的尖子生和个别特长生以及优秀运动员外，其他任何有可能被人为因素所异化的“软标准”都应取消。二是对现有的涉及保送资质的竞赛项目要进行清理、论证和听证，将保送单位的资质、保送流程、制度、监督等透明化。三是要积极培育高校的自主招生能力，让高校尽快建立起兼具公平性和科学性的人

① 邓晖．保送生制度：去，还是留？[N]．光明日报，2012-11-20(5)．

才评价体系。[①]

解决保送生问题的关键在于完善保送机制。首先是规范推荐环节。学生就读的学校作为关键的推荐方，一方面可能会出于自身业绩的考量主动帮助不符合推荐条件的学生作假，另一方面可能会屈服于来自社会的各种压力，将学生的社会背景和家庭背景作为推荐与否的考量因素。解决这个问题的办法是让学生就读的学校置身事外，把推荐的权力让渡给相关机构和专家，比如奥林匹克竞赛类保送生的推荐方只能是全国五科奥赛决赛的组织方，因为这些机构和参与的专家了解获奖学生的获奖情况，才有推荐的权威性。其次是要建立全国统一的保送生管理平台，保送生的推荐、公示和资格审核都要在这个平台上进行，以接受社会监督。最后，要建立第三方匿名审核制度，组成一个保送生资格审查专家委员会负责保送生的资格审查，确保严把审核关。通过对推荐、公示和审核环节规则的修改，制定科学、严谨的保送制度，严格执行各项制度，才可能选拔出真正对国家有用、对民族有益、对个人发展有利的特殊人才。

① 邓晖. 保送生制度：去，还是留？[N]. 光明日报，2012-11-20(5).

第八章

艺体类高考政策问题

广义上的艺体类高考指艺术类和体育类高考，艺术类高考包括艺术专业和高水平艺术团的高考，体育类高考包括体育专业和高水平运动队的高考。高水平艺术团和高水平运动队属于艺体特长生范畴，考生报考的是高校的普通专业如经济学、计算机科学与技术等。艺术类和体育类专业招生除了普通高考文化课考试之外，考生还要参加专业考试，获得专业考试（省统考或校考）合格证的考生才有资格填报相关艺体院校（专业）志愿。艺体类专业录取时执行相应专业批次控制分数线。本书研究的艺体类高考政策，指的是广义上的艺体类招生考试政策，包括政策变迁、现存的突出问题分析以及未来改革趋向等。

第一节
艺体类高考政策的历史变迁

从中华人民共和国成立以来艺体类招考的历史看，艺术类和体育类的高校招生考试属于一类，两者的共同文化考试科目一样，而且都要加试术科。大多数时候，国家出台的相关文件也是把艺术类和体育类招考放在一起。相对体育类，艺术类的专业类别更加复杂，涉及音乐、美术、戏剧等多个类别，所以艺术类高考的具体改革调整的历史与体育类高考并不一致，但这两类的招生考试政策在国家层面总体一致，在实践中也出现了很多相似的问题，甚至呈现相似的高考政策改革趋向。

一、“文革”前的艺体类高考政策

1949年的高校招生仍沿中华人民共和国成立前的旧制，实行各高校单独招生考试，各校报到率都很低，最高的75%，最低的仅有20%。1950年，出台了中华人民共和国第一部高等学校招生文件《关于高等学校一九五〇年度暑期招考新生的规定》，规定各系公共必考科目为国文、外国语、数学、政治常识、中外历史、中外地理、物理、化学。各大行政区招生根据本地情况，自行掌握。当时全国193所高等学校中，有东北、华北、华东三大区73所学校联合招生考试，大部分一次招足，平均报到率50%，显出了联合招生的优越性。1951年4月24日，出台了《关于高等学校1951年暑期招收新生的规定》，将全国分为东北、华北、中南、华东、西南、西北六大行政区，分别实行统一命题、招生和录取。各大行政区所有学校都参加联合招生，但由于各大行政区内生源和学校招生数不平衡，以至于西北区学校半数缺额，东北区又到华北区补招，因而出现了全国统一招生与各大区之间调配生源的问题。

1952年出台的《关于全国高等学校一九五二年暑期招考新生的规定》中，规定全国高校一律参加统一考试和统一招生。为便于组织领导高等学校的招生工作，中央成立全国高等学校招生委员会。各大行政区组织大行政区的招生委员会，由该区高等学校（或重要高等学校）教务长（或教务主任）及有关部门代表组成。考试科目为国文、数学、外国文、中外史地、政治常识、物理、化学、生物。由全国高等学校招生委员会组织命题，制定参考答案、评分标准。录取时，以上八科成绩分三类按不同比例计分：文法财经各系，政治常识、国文、外国文、中外史地四科分数占总分的60%，数学、物理、化学、生物四科分数占总分的40%；理工农医各系，与上述各科计分比例相反；音、体、美各系，以上两部分各占30%，术科成绩占40%。[①] 1954年，为适应各系、专业对新生学业成绩的不同要求，文史、政法、财经、艺术、体育等专业考本国语文、政治常识、历史、地理、外语。艺术类各专业加试术科。

1955年，考试改为三大类，即理工类、医农类和文史政法财经艺体类，最后一类的考试科目为本国语文、政治常识、历史、地理，艺体院校一般在各大行政区内录取新生。为根本解决统招中存在的问题，音乐、戏曲、美术院校也开始实行联合或者单独招生。各院校的美术术科加试时间安排不一，一个考生可以同年报考多所院校。大部分院校要求考生提交作品，作品评审通过后，方能取得准考证。[②]

1960年5月3日，为了加强对艺术、体育院校和高等师范学校的艺术、体育系科招生工作的领导，更好地照顾学校招生的特点，《文化部、国家体委和教育部关于艺术、体育院校和高等师范院校的艺术、体育系科一九六〇年招生工作的通知》提出，体育院校和高等师范院校的体育系科，同艺术院校系科一样，从全国统一招生中分离出去，在其他学校之前，提前联合招

① 杨学为．中国考试通史（卷五）[M]．北京：首都师范大学出版社，2001：42.

② 付秀飞．美术高考综论 [D]．湖南师范大学硕士论文，2005：3-4.

生。除了通过联合考试选拔优秀考生进入高校深造外，体育院校还可以对工人、农民、工农干部、优秀运动员和高中毕业生中体育成绩优良的体育积极分子实行保送入学的方式，保送生无须参加文化考试，只需参加术科考试，但保送工作不得由体育院校直接从各单位和中学接受保送生，应由各省、市、自治区的艺术、体育联合招生机构统一办理。这两种招生形式并存的状态持续了6年，直到1966年取消高校招生考试。1976年冬天，中央音乐学院提前招生，报考中央音乐学院只需看专业课成绩即可。

二、恢复高考后的艺体类高考政策调整

1977年10月12日，国务院批转了教育部制定的《关于一九七七年高等学校招生工作的意见》。文件规定了高等学校新的招生政策，即废除推荐制度，恢复文化考试，择优录取。艺术、体育院校或专业的招生，由文化部、国家体委根据文件精神，制定具体办法。按照文化部、教育部《关于全国艺术院校一九七七年招生工作的通知》，音乐学院招收新生的专业有：作曲、声乐、钢琴、管乐、弦乐、民族器乐和歌剧系列等，还有钢琴专业进修班；戏剧学院有舞台美术系的灯光和布景两个专业；美术学院招收少量研究生。电影学校、舞蹈学校和戏曲学校暂时不招生。凡志愿报考上述专业的，可直接与有关学校或院校在省（区、市）设立的招生点联系，索取招生简章。[①] 对于体育类专业，由于当年恢复高考仓促，国家统一考试一时难以组织实施，当年并没有组织参加全国统一命题考试，而是分省命题和组织考试，体育院校或专业也是各省（区、市）单独提前招生。

1978年恢复了全国统一高考，分文理两科考试。文科考语文、数学、外语、政治、历史、地理；理工科考政治、语文、数学、物理、化学、外语。外语成绩不计入总分，作为录取参考。1979—1982年外语成绩分别以10%、30%、50%、70%计入总分，1983年起以100%计入总分。国家体委直属体育学院、教育部所属综合性（师范）大学体育系和各省、市、自治区管理的地方体育院系也要求考生参加全国统一文化招生考试，体育专项加试则由各省、自治区、直辖市自行组织，以省、自治区、直辖市为单位统一拟

① 中央五七艺术大学即将招生 [J]. 人民戏剧，1977-05-31，9.

定考试的内容、方法和标准，市（地区）统一组织考试，其他方面均按国家颁布的招生文件精神执行。这种高等体育院校的招生考试制度格局，迄今基本没有大的变化。

（一）艺术类高考政策的改革

艺术类高考政策改革，历经了1984年改革、1989年的国家政策变化以及2004年高校的“自划线”改革。其总的特点是，追求更好地照顾艺术类专业的特殊性和自主性，同时尽可能保证学生有较好的文化基础。社会公平的诉求，使得艺术类招生也实行了统一考试。

1. 1984年的“专业课+文化课”招考模式改革

由于艺术类考生的文化水平不尽如人意，1984年的厦门会议明确提出，艺术类招考文化课考试参加全国高等学校文史类统一考试，不再由各艺术院校自主命题、自行评定。教育部规定艺术院校必须确定录取学生的专业和文化课考试的最低分数线，一般是文化课成绩占35%、专业课成绩占65%，然后参照考生所报志愿顺序，择优录取。特别强调院校要注重考生的文化课考试成绩，对于文化考试成绩达不到最低录取分数线的考生，即使专业成绩突出，也不能录取。[①] 为了学生的长远发展，国家非常重视对艺术专业学生的文化基础要求。

2. 1989年的原则规定与推荐免试生政策

1989年，文化部、国家教委颁布了《高等艺术院校（系科）招生工作暂行规定》，这是根据艺术院校特殊性制定的补充性文件。[②]

（1）关于报名条件。拥护四项基本原则，热爱祖国，遵纪守法；普通高中或中等艺术学校的毕业生，或具有同等学力者；22周岁以下的未婚青年可以报考表演、演奏专业，25周岁以下的未婚青年可以报考其他专业。报考编、导、作曲、史论专业的考生，年龄须在30周岁以下，婚否不限。有特殊贡献与才能的公民，经所在单位推荐，报考各专业的年龄可适当放宽，婚否不限。符合上述条件的国家和集体企事业单位的职工，经所在单位批准，可以报考。中等艺术学校的应届毕业生，可以报考。军队战士经大军区

① 王钰. 艺考四十年与艺术教育一路同行[J]. 艺术教育，2017(2)：21.

② 杨学为. 中国考试通史（卷五）[M]. 首都师范大学出版社，2004：141-142.

级政治部批准，可以报考。非艺术类中等专业学校和技工专业的毕业生工作满两年者，经所在单位批准可以报考。

（2）关于考试。高等艺术院校（系科）的招生考试分专业考试和文化考试两次进行。①专业考试：考试科目由招生学校确定，一般应在四门左右。各科成绩满分为100分。试卷由考试小组或评选委员会集体命制，学校招生委员会审核。评卷工作要做到公正准确。专业考试的时间由招生学校确定。学校务必在5月20日之前，将参加文化考试的考生名单及专业考试成绩通知考生所在省、自治区、直辖市普通高等学校招生办公室，同时将专业考试成绩通知考生本人。②文化考试：招生学校所发文化考试通知单应在学校计划招生数的三至五倍之内。考生凭招生学校的文化考试通知单，在户口所在地普通高等学校招生办公室报名，参加全国普通高等学校文史类统一考试。考试科目为：政治、语文、数学、历史、地理、外语。数学成绩在录取时作为参考。已实行会考的省、自治区、直辖市的考生，其考试科目和办法由地方普通高等学校招生办公室报国家教委、文化部核准后执行。

（3）关于录取。录取工作由招生院校负责。录取办法：在政治思想品德考核和体检合格、专业和文化考试成绩达到分数线的情况下，一般按专业考试成绩从高分到低分并注意相关科目成绩，参照考生所报志愿顺序，德、智、体全面考核，择优录取。专业考试的分数线由学校根据各个专业的特点确定。文化考试的最低控制分数线，可按招生院校所在省、自治区、直辖市文史类最低控制分数线（不含数学）分别确定为：师范院校艺术系、艺术院校师范类专业及史论、编导专业不低于文史类最低控制分数线，艺术院校其他专业不低于文史类最低控制分数线的60％；个别专业确有困难，经主管部门批准可适当降低。对个别专业成绩特别优秀（总成绩平均在80分以上、主课成绩90分以上、专业成绩前三名），文化考试成绩略低于录取分数线的考生，由学校招生委员会集体讨论决定，可适当降分录取。对边疆、山区、牧区、少数民族聚居地区的少数民族考生，归侨、华侨及其子女以及台湾省籍考生，荣立二等功以上的退役军人，烈士子女，有特殊贡献的公民以及实践经验丰富的优秀青年，可适当降低分数，择优录取。对报考外省院校的考生，各省、自治区、直辖市普通高等学校招生办公室必须于8月2日前将其高考成绩电告考生第一志愿所报院校。该院校如未予录取，须于8月7日前电告考生户口所在省、自治区、直辖市普通高等学校招生办公室。艺术院校因考生文化考试成绩未达到录取标准，在完成招生计划确有困难的情况下，可由学校采用专业优秀考生保留专业成绩一年的办法，一年后由学校根据当年招生计划确定考生是否免试专业参加文化考试及录取与否。

（4）关于招收免试生。高等艺术院校附属中等专业学校或中专部可以推荐少数优秀应届毕业生免试升入本院专科或本科学习。推荐的比例，一般应控制在应届毕业生总数的10％以下。推荐办法：推荐名单必须在征得各科任课教师和班主任同意后，根据其在校期间德、智、体各方面的表现和成绩，由学科（专业）负责人填写优秀应届毕业生建议免试升学的推荐书，经校长核准，由本院招生委员会审查录取，并签发录取通知书。同时，将免试生名单抄送院校主管部门和省、自治区、直辖市普通高等学校招生办公室备案。2006年，教育部发文停止中等艺术学校推荐免试生工作。至此，艺术类专业推荐免试生政策退出历史舞台。

1994年2月出台的《关于高等艺术院校系科招生工作暂行规定的补充意见》中规定报考艺术院校系科的考生，可以兼报文史或理工类其他系科专业，须分别参加文史类或理工类规定科目的考试，报考理工类的考生，数学成绩计入总分。自此，高校美术类专业尤其是工科大学美术类专业开始招收理科考生。

3.2004年31所高校艺术类招生考试“自划线政策”改革

2004年，教育部首次规定“允许31所独立设置的本科普通高等艺术院校可自行划定本校艺术类本、专科高职专业文化考试录取控制分数线。专业考试的时间，由招生学校确定”。这31所独立设置的本科艺术院校中，包括中央美术学院、中央戏剧学院、北京电影学院、鲁迅美术学院、上海戏剧学院、云南艺术学院等。据北京教育考试院高招办有关负责人介绍，可自行划线的独立设置本科艺术院校录取学生时，在考生专业合格、高考成绩达到招生院校分数线的前提下，有的专业按考生的专业考试成绩从高到低择优录取；有的专业按考生的专业考试总分和高考总分综合从高到低择优录取；有的专业按考生的文化课成绩从高到低择优录取。

“自划线政策”的出台，给了一些国家级重点艺术院校一定程度的招生自主权，是对艺术类招生考试特殊性的照顾。但是在实际推进过程中，保证招生程序公平、接受社会监督，依旧是艺术院校招生考试的原则。中国音乐学院招生办负责人指出，原来他们的招生原则是“掐尖”，招生老师到各个地区选拔艺术专业的优秀人才，先从选材上有了保障，再进行专业培养。而现在的招生采取的是“掐头、去尾、取中段”的办法，很多有天赋但是偏科的学生无法被招进来，这其实是非常可惜的。对于31所高校艺术类招生考试“自划线政策”，我们是十分支持的，但实际操作中我们更多考虑的是确保整个招生考试体系的安全。所以，近年来中国音乐学院招生的文化课录取分数线，实际上一直在参照不低于北京市的艺术类同科类本科专业录取控制分数线为原则分类划定的。对“自划线政策”想用而不敢用，也从一个侧面反映出公众对考试公平的诉求。2009年，山东、北京两省市实行艺术类专业课统一考试改革，随后，全国高校艺术类专业全部实行专业课统一考试。

（二）体育类高考政策改革

在1979年召开的全国体育工作会议上，国家体委正式提出将工作重心转移到体育业务工作上来，并把1979年至1982年三年设置为初步调整阶段。总体上看，体育类高考的专业考试和文化考试政策一直随着国家体育事业发展需求而处于逐步调整之中，比如1984年开始改革招生来源计划，1987年开始实施体育特长生招生。全面规范高校体育招生工作的法规《普通高等学校体育专业招生工作暂行规定》，由国家体委、国家教委于1989年颁发并于2003年高校自主招生的实施而废止。目前的体育类高考政策，高校在各方面都享受相对较大的自主权，体现了体育事业发展的专业特殊性。

1. 提前考试与录取

1981年，《国家体委、教育部关于一九八一年高等学校体育专业招生工作的通知》中规定，有条件的省、市、自治区可采取单独命题提前进行体育、文化考试（考试科目与全国统一考试相同）；条件不具备的省、市、自治区，可采取提前进行体育考试，文化考试参加全国统考，在同一省、市、自治区招生的体育院系实行联合提前招生录取。同时，该通知中还首次提出参加国际比赛获得优异成绩且文化成绩达到高中毕业程度者，经本人申请，单位推荐，政审、体检合格，经招生院校考试，省、市、自治区招生委员会批准，体育院校可以录取。但师范院校体育系（科）不录取推荐生；体育院系学院开办的二年制专修科，招收各省、市、自治区优秀运动员，由招生学校提前单独组织文化、体育考试，学校自行审批录取。至此，体育院校正式得到国家体委和教育部批准，可以免试录取优秀运动员，也可以由学校单独组织考试录取二年制体育专修科学生。

2. 下放招生计划编制权

1984年，中国奥运代表团在洛杉矶奥运会上取得了令人振奋的成绩，同年，中共中央发布了《关于进一步发展体育运动的通知》，第一次明确提出了“建设体育强国”的目标，这为体育事业的发展提供了政策上的支持与保障。1984年后，国家教委发文将国家教委所属体育院系招生来源计划的编制权交给办学实体学校，其他部委所属院校（国家体委直属体育学院）招生来源计划由部委（国家体委）或所属院校（国家体委直属体育学院）编制，国家教委只宏观负责中央各部委所属高等学校（国家体委直属体育学院）在各地招生总数的平衡。同时，为了有利于择优选拔人才，规定各高等体育院校可保留不超过招生计划的10%作为机动数，待统考后到报考者多、分数高的地方录取。

3. 体育特长生招生办法出台

1987年1月颁发的《国家体委、教委关于著名优秀运动员上大学有关事宜的通知》中明确规定：奥运会、世界杯、世锦赛单项前三名获得者和集体项目前三名的主力队员以及世界纪录创造者，在退役后，年龄在30岁以下，如申请升入高等学校学习的，在符合体检要求的前提下，可免于参加全国高等学校招生统一考试，由高等学校进行必要的文化考核后决定是否录取。1987年4月，国家教委还颁发了《关于部分普通高等学校施行招收高水平运动员工作的通知》，对在省级及省级以上体育竞赛中获得优异成绩的考生，在参加全国普通高等学校招生文化考试后，可以在当地本科院校控制分数线以下50～80分内录取。在优秀运动员免试入学和高水平运动员招生中，各高校可以根据需要提前和符合条件的考生联系，录取时可以不受排名的限制。正是得益于这些政策，我国目前一些高校在体育特色建设上取得了不错的成绩，如清华大学的跳水、北京理工大学的足球、北京师范大学的女子足球、广东工业大学的篮球、天津商学院的水球、上海交通大学的乒乓球等。[①]

4. 1989年的原则规定和推荐生政策

国家体委、国家教委1989年颁发的《普通高等学校体育专业招生工作暂行规定》，是指导我国高等院校体育招生的重要依据。该规定要求在省、自治区、直辖市普通高等学校招生委员会领导下设立由教育部门、体委和招生院校人员组成的体育专业招生组。考生报名时须填写《高等院校体育专业报考登记表》，按重点与一般院校各填报2～3个体育专业的志愿，另外还可按当地规定填写兼报普通高等学校其他专业类的志愿。体育教育和警察体育专业提前进行体育考试；体育生物科学、体育管理、运动心理、体育新闻和体育保健康复专业不进行体育考试，但报考这些专业的考生必须具有一定的体育运动基础，招生学校将对他们进行面试。运动训练专业实行单独招生，文化考试由国家体委统一命题。由考生第一志愿填报的招生学校负责组织考试和评卷。体育考试及录取办法由招生学校自定，录取名单由学校一式二份报送有关省、自治区、直辖市普通高等学校招生委员会办公室备案并加盖公章；遗留问题由学校负责处理。

文化考试方面，报考体育教育、体育生物科学、运动心理、体育保健康复和警察体育专业的考生参加全国普通高等学校理工农医类考试；报考体育新闻专业的考生参加文史类考试；报考体育管理专业的考生参加理工农医类或文史类考试。参加体育教育专业文化考试的考生人数应根据体育考试成绩按计划招生数的三倍确定。考生在报名前四年内取得省级以上的运动会前六名（集体项目前六名的主力队员）者，不参加省、自治区、直辖市组织的预选考试。对实行普通高中会考的省、自治区、直辖市的考生，在取得普通高中会考合格证书的前提下，招生学校可参考会考等第决定录取与否。

体育专业可以招收推荐生。凡获得国际比赛前八名、全国比赛前六名（集体项目前六名的主力队员）、具有高中毕业文化程度或同等学力者，经本

① 唐东阳，黄志勇，曾藕元．我国体育高考招生形式变迁研究[J]．成都体育学院学报，2013（11）：68.

人申请，单位推荐，思想政治品德考察和身体健康状况检查合格者，可报考体育教育、运动训练和武术专业。推荐生的文化、体育考试及录取办法与运动训练专业相同。招收推荐生的考试和录取工作每年只能举行一次，各招生学校须将具体时间报有关省、自治区、直辖市招生委员会备案。

5. 自主招生

2003年5月29日，国家体育总局宣布，1989年颁布的《普通高等学校体育专业招生工作暂行规定》废止。依据高考改革的精神，各省份按照各自的高考要求来确定术课测试项目、内容、比例、评分标准。高校根据学校学科发展的需要有权自行决定录取办法。2003 年，教育部确定了北京大学、清华大学等22所学校可以进行自主招生，部分院校对具有体育特长或培养潜力的考生进行自主招生，自主招生要求考生必须参加所在省、市、自治区统一文化考试。后来，越来越多的高校获得自主招生资格，部分体育院校也陆续实行自主招生。体育单独招生的专业考试由各学校组织，考试内容和考试标准、分数权重以及录取分数线都由招生院校自主确定，文化考试虽然由国家体育总局命题，但录取分数线也是由高校自主划定。因此，高校在这一招生形式中的自主权是比较大的，能按照自身需要招生。

总的看来，艺体类招考政策调整文件比较多而复杂，多样化的报名条件、相对具有灵活性的专业考试与文化考试，以及各种优惠录取政策等，充分反映了艺体类招考的特殊专业要求。同时，也正是这种特殊性要求带来的灵活性，导致了艺体类招考出现了不少影响公平的问题，引起了社会各界的诟病。

第二节 艺术类高考政策的科学性与公平性

我国高校扩招以来，受多种因素影响，艺考一直处于较为火爆的状态，而其中的科学性与公平性问题特别引人关注。在艺考的科学性问题中，主要涉及艺考的文化素质基本要求。在艺考的公平性问题中，主要牵涉老百姓特别痛恨的艺考腐败问题。

一、高校扩招以来的艺考热现象

1999年高校扩招以来，几乎大部分综合型院校，甚至包括法学、农学、医学、体育等专业院校均开设了艺术类专业。以山东省艺考为例，艺术类考生2002年为3.2万人，2003年达到5.6万人，2004年猛增至9.3万人，2005年为14.6万人，2006年报考人数超过16万，2007年16.9万人，2008年16.1万人。全国现有的1683所普通高校中，80%都开设了美术类专业，更有甚者音乐学院都下设了美术学院。[①] 2007年，山东省艺考生有16.9万人，约占全省高考人数的四分之一，河南的艺考人数也较2006年增长了近四成。除了播音主持、表演仍是报考焦点，以前不怎么被关注的影视编导、戏剧文学、数字动画、艺术管理等专业报考人数也出现了井喷。北京师范大学影视与传媒方向，艺术类考生只招22人，但报考人数却超过1500人。2012年、2013年，艺考生连续两年超过90万人，大约相当于全国参加高考人数的10%。中国传媒大学2012年计划招收664名考生，报名人数达22000多人，最热门的播音主持专业拟招100人，报名人数突破8200人。中国美术学院2012年本科计划招生1665人，总报名人数为89567人，同比

① 李芬. 当前“美术高考热”原因调查及其分析 [J]. 内蒙古师范大学学报(教育科学版)，2008(8)：71.

增长了50%。北京电影学院2012年招录比为73:1，超过2011年国家公务员考试53:1的报录比。[①] 2013年，北京电影学院最热门的表演专业报考人数是4392人，招生30人，报录比是146:1；北京邮电大学的报录比为60:1；中国传媒大学表演专业的报录比则达到了177:1。[②] 这种超常规发展的直接结果就是艺术类人才的快速饱和，相关专业成为就业难的重灾区。教育部高等教育司公布的2012、2013两年全国就业率较低的15个本科专业中，动画、广播电视编导、表演、艺术设计学、播音与主持艺术、音乐表演6个艺术类专业上榜，超过总数的三分之一。[③]

艺考热的出现，一方面是由于经济社会发展导致过去高校培养的人才不能满足社会发展的需要，另一方面是受中学艺考升学率较高而文化素质要求不高的影响，部分成绩中等偏下的高中学生把艺考当作升入大学的一条捷径。

二、艺考的科学性问题

艺考热现象中暴露出来的科学性问题，主要是指艺考院校对学生的文化素质要求。这个问题既是艺考的特殊性标准引导的结果，也是艺考越来越热的重要原因。

（一）艺考的“一低一高”问题

第一，高校艺术类专业招生文化分数线较低。一般而言，只要文化课成绩不好的高中生，家长和教师常常会鼓励其参加艺考。从历年的高考录取分数看，艺术类文化课考分要求比普通文理类低一二百分。也就是说，绝大部分艺考生如果仅凭文化课成绩可能升学无望，或者只能进入不太理想的院校，但参加艺考，考上大学甚至重点大学的概率明显提高了。如湖南省2004年文、理科第一批本科录取分数线分别是568分、541分，而美术文、理科类提前批本科录取分数线分别只有373分（数学计入总分）、339分，这也把大量高考不大有希望的学生推向了美术高考，美术高考因此成为艺术类高考中

① 邓崎凡. 艺考热背后的“寒门焦虑”[N]. 工人日报，2012-02-19(2).

② 车如山，赵静. 艺考招生中的基本公平应得到足够重视[J]. 考试研究，2013(2)：13.

③ 谭佳佳，王熠. 论艺术类招考制度的弊端与变革[J]. 中国教育学刊，2015(9)：23.

的第一大专业类别，参加美术专业考试培训的考生人数近年大幅增长。

第二，文科生艺考的上线率和录取率较高。艺术类本科录取率长期高于文理科普通高考。据浙江省绍兴市招生办的统计，2004年全市艺术文科类报考1259名，上线1239名，录取945名，录取率高达75%；艺术理科类报名204名，上线201名，录取95名，录取率为46.6%。艺术文科类专业上线率竟达98.4%，艺术理科类专业上线率更达98.5%。[①] 以艺考大省山东省为例，山东省艺术类的本科录取率基本稳定在接近40%的水平。2014年，该省高考考生共计524361人，其中艺术类考生数为102773人，接近高考总人数的20%，高居全国之首。从生源类型看，文科生参加艺考的比例，明显大于理科生。当地普通文理类考生中，文科考生数量仅相当于理科人数的55%；但在艺考生中，文科人数却相当于理科人数的4.65倍。艺术类文科考生人数接近全部文科考生人数的60%，而艺术类理科考生人数仅占全部理科考生人数的7%。艺考热主要是文科生艺考热，一个重要原因在于普通文科明显偏低的本科录取率。2014年山东省普通文科的本科录取率是32.2%，而普通理科的本科录取率约为56%。在不分文理科的总体统计情况下，艺术类本科录取率接近40%，低于普通文理类47.6%的本科录取率。但文理分科比较的话，情况就发生了变化。艺术类文科本科录取率接近42%，高于普通文科本科录取率近10个百分点。艺术类理科本科录取率接近32%，低于普通理科本科录取率20多个百分点。可见，由于普通文理类本科录取率存在差别，艺考成为文科生进入大学的一条捷径，对理科生则吸引力不大。[②]

艺考第二大省河南省的数据也证实了上述结论。2014年该省普通理科本科录取率大约为47%，普通文科本科录取率仅约27%。虽然没有河南省艺术类文科本科录取率的独立数据，但由于艺考生中文科生远远多于理科生，这一数字应该与艺术类35.3%的总体本科录取率大致相当。如此计算，当地艺术类文科本科录取率约比普通文科本科录取率高8个百分点，与山东的情况基本类似。事实上，普通文理类的本科录取率存在差别并非山东、河南特有，而是一个普遍现象，部分省份甚至可以相差一倍。可见，文科生考上本

① 付秀飞. 美术高考综论 [D]. 湖南师范大学硕士论文，2005：13.

② 谭佳佳，王熠. 论艺术类招考制度的弊端与变革 [J]. 中国教育学刊，2015(9)：21-22.

科的难度明显大于理科生。艺考仍然是文科生进入大学的一条捷径。①

（二）艺考学生文化素质与专业素质的争论

艺术类人才的选拔应不应该有硬性的条款和规定？要不要对文化课成绩作强行规定？否定者强烈主张艺术生的专业素养而不太赞同用文化素质来选拔考生。以美术学院招生考试为例，他们认为，艺考应该面对人类整体的文化艺术发展，在现行体制下，一个铰剪纸特别好的人、一个画唐卡特别好的人，很难考上美术学院。那些沉浸在乡村大地的非物质文化遗产，很少能进入到现代艺术的范畴，也没有纳入到艺术考试的范畴。艺术类的选材标准是软性的，不像竞技体育，有刚性且明确的标准划分。艺术人才的选拔不是看一个学生目前是否成熟，也不是看在招生考试那一特定时间的表现，而是看这个学生是不是可塑之才。②

艺术的特殊性决定了导师的重要性。中国音乐学院结合多年的招考实践，探索性地提出了符合艺术教育招生规律的“导师制”。把学生交给导师后，拿人才培养的结果对导师的教育教学进行衡量。很多教师不见得能在舞台上大放异彩，但是能够培养出一批批优秀的学生。中国音乐学院前院长金铁霖先生就是一个典型例子。和同时代的歌唱家相比，金铁霖在舞台上可能没有特别高的知名度，但是在人才培养方面非常突出。如果一位教师培养出很多优秀的人才，就可以把更多的学生交给这位教师来培养。从招生源头推行“导师制”，可以在一定程度上解决艺术人才培养中遇到的一个普遍问题，即老师是好老师，学生是好学生，但是二者之间产生不了有效的沟通与必然的联系。招生环节“导师制”的推行，能够使导师和学生之间建立更深的了解，建立更加契合的专业联系，从而有利于人才培养和长远发展。

（三）提高艺考学生的文化与专业素质门槛

更多论者认为，提高艺术类人才的选拔质量，需要从提高艺术类人才的文化素质和专业素质两个方面共同着力。文化素质对艺术人才成长的重要意义，已经成为艺术教育界人士的共识。历史上卓有成就的艺术大师，无一不具备深厚的文化素养。当代艺术发展的趋势也对艺术人才的知识结构提出了

---

① 谭佳佳，王熠．论艺术类招考制度的弊端与变革 [J]．中国教育学刊，2015(9)：22.

② 王钰．艺考四十年与艺术教育一路同行 [J]．艺术教育，2017(2)：21.

新的要求。除了形象思维能力外，分析、综合、抽象等逻辑思维能力同样是艺术创作不可或缺的素质。从某种意义上讲，艺术专业的学习对人的素质要求更高，也更加全面。文化课成绩在一定程度上反映了学生的认知、理解、接受等基本学习能力，艺术考生的文化素质应该在现有基础上稳步提高。从短期角度看，此举可以引导学生理性选择艺术类专业，对多年来的艺考热现象起到降温作用。从长远角度看，这一做法还将引导基础教育重视和加强艺考生的文化课学习，鼓励那些具有良好文化素质且真正热爱艺术的学生投身艺术专业。

2013年10月，教育部印发的《关于做好2014年普通高等学校艺术类专业招生工作的通知》提出："各省招生考试机构、高等学校要在当前本地（校）划定文化成绩录取标准基础上，立足高等艺术专业教育和学生长远发展，逐步分类提高有关专业文化的成绩要求。"该通知规定各省级招生考试机构、高等学校要逐步提高艺术类专业文化课的成绩要求。从2014年起，提高艺术类招生文化课的控制分数线，其中美术类本科专业文化课控制分数线不能低于同批次普通文理科学生文化课成绩的70%；音乐专业不能低于同批次普通文理科考生文化课成绩的65%。上述规定对当年艺考产生了比较显著的影响，多个省市的艺考生绝对人数和比例双双下降，甚至出现多年罕见的两位数降幅。2014年湖南省艺考总人数40024人，比上年减少2330人，降幅5.5%。2014年重庆市艺考总人数20484人，比上年减少7807人，降幅高达27.6%。而当年湖南、重庆高考总人数均在增长，可见艺考生比例的降幅更大。2014年湖北省艺考总人数为41916人，比上年减少7748人，降幅15.6%。从目前情况看，这一改革已经取得了初步的效果。[①]

只有学生的综合学习能力强，他才可能在艺术这条道路上走得更远。从近几年的情况看，各美术类校考专业录取时在强调学生专业基础能力的同时，整体文化水平呈逐年提高的趋势。中国美术学院2017年本科招生专业考试设有杭州、郑州、成都、深圳、沈阳5个考点，全国共有约6.5万人次报考，最终录取1588名新生。中国画科的题目是刘长卿的一首诗《寻南溪

① 谭佳佳，王熠．论艺术类招考制度的弊端与变革 [J]．中国教育学刊，2015(9)：23-24.

常道士》："一路经行处，莓苔见屐痕。白云依静渚，芳草闭闲门。过雨看松色，随山到水源。溪花与禅意，相对亦忘言。"要求考生根据诗意，画一幅画，人物、景物、植物自拟，题材不限，并要求题跋抄录全诗。这类考题更多地考查学生的综合能力，引导基础教育由应试教育向素质教育转向。"近年来，省联考越来越受到重视，很多学生都可以在地方上接受学习，参加校考越来越少。同时校考老师的出题经验越来越丰富和宽泛，学生自由发挥的空间越来越大，因此以往的应试套路、短期的速成模式，也越来越难产生效果。"[①] 不过，还有很多省份的艺考依然还很热，毕竟外部市场动力依然还很足。比如，2017年陕西省普通高校艺术类专业划分为5个类别：美术类、播音编导类、音乐类、舞蹈类、表演类，其中美术类、播音编导类专业基础课实行全省统考。记者探访各校招考现场发现，与往年相比，2017年报考艺术类院校的人数有所增加，艺考"高温"不减。

三、艺考的公平性

我国53所院校2017年高校高水平艺术团测试合格考生有3878人，录取优惠政策是第一批次最终模拟投档线下20分以内且不低于一本线。不少招生院校组织了名目繁多的专业考试考前辅导班，对那些难以承担高额辅导培训费的考生来说势必造成事实上的不公平。对边疆少数民族地区，要加强教育改革的力度，可以适当增加传统非物质文化遗产相关门类的手工艺专业，让具有这些技艺的学生有更多机会去深造。在招生考试当中，应该考虑教育的公平性，增加对社会资源和活态文化的关注，而不要让一个公式化的、一刀切的考试扼杀掉一个民族几千年文化的丰富性。

艺术类招生考试改革中，最需要解决的是社会深恶痛绝的艺考腐败问题。

（一）艺考腐败现象

一直以来，艺术类招生考试都是招考腐败的重灾区。虽然全国各省在统一标准和加强考场监督方面进行了不少改革，但艺术类招生考试仍存在不少问题。

---

① 冯智军，施晓琴. 艺考究竟考什么？——2017年度美术学院艺考观察 [N]. 中国文化报，2017-03-12(1).

1. 当前我国艺术类招生考试腐败的主要特点

（1）艺术类招生考试腐败案值增大，腐败行为频次增多，易发腐败环节拓展。

（2）腐败活动隐晦，案值难以确认。在与司法人员的交流中发现，艺术类招生考试中的腐败活动比较隐晦，违规与违法相互交织，使得案值难以确认。

（3）艺术类招生考试腐败形成一个“内部市场”。一则表现在艺术类专业院校通常采用“拜师学艺”方式，在考试前考生即已通过各种渠道拜到老师门下，考试录取通常就在这些学生之间进行，很少有“圈外”人员能够进入；二则表现在行贿人、中介人与受贿人三者之间围绕考生升学机会这一被“商品化”的对象或公开或暗地进行私下买卖。

（4）中介组织进一步加剧了艺术类招生考试过程中的腐败问题。[①] 艺术类招生考试腐败与中介组织之间的交织模式成为当前我国艺术类招生考试腐败的一大鲜明特点。

2. 艺考中常见的作弊现象

（1）考前泄题。由于美术专业考试常要提前安排模特、准备静物等，倘若招生单位的保密措施不力，容易造成泄题事故。

（2）夹带图片和草图资料。此类行为主要出现在设计创作考试及以默写为方式的素描、色彩考试中。

（3）陪考。个别水平欠佳的考生事先花钱请人陪其一同报考。在考场内帮其改画或互相调换试卷。陪考人也有几类，有水平较好的考生、大学生甚至培训班的老师。

（4）替考。考生本人报名，用自己的资料，请别人去参加考试。替考者也主要是水平较好的其他考生、大学生或培训班老师。替考的前提是在考试证件上做手脚，如伪造身份证、准考证等。

（5）在试卷上做记号。此种行为一般需要事先与某些评卷人员取得沟通，与评卷人员协同作弊，这种现象相当少见。

---

① 聂继凯．艺术类招生考试腐败预防失灵研究 [D]．华中科技大学硕士论文，2011：20.

（6）监考人员包庇作弊考生。指监考人员明知考场内考生有作弊行为，却视而不见，不加制止。[①]

（二）艺考腐败的根本原因

1. 校考的软标准与利益的结合

校考中，教师一般拥有打分的自主权。尤其是表演类专业考试，以面对面的评分科目为主，尤其是自选专业的考试中存在评分标准不明确的问题。由于校考的软标准，“考前托关系送礼”“考时徇私送人情分”等招生不公平现象很难禁止。[②]对艺术作品和艺术表演评价有见仁见智的特点，教师给学生打分时，哪一点是客观的艺术水准评价，哪一点是主观利益评价，很难做出准确判断。出现腐败，往往源于考场外的利益关系。[③]

2. 校考的不规范行为与利益的结合

一些院校在省外设的考点经常操作不规范，试卷不按规定时间打印，不按要求寄送；录取前不报分省录取计划，到了录取时才报，给“关系户”随时调剂录取名额。如某艺术学院招生人员曾利用调剂外省录取名额的手段将关系考生纳入招生计划内。艺考腐败案中，涉及金钱的交易往往通过培训费等方式实现。

（三）治理艺考腐败的主要举措

1. 采用统一考试测试专业

公平公正、阳光透明是防止招考腐败的重要防线，人才选拔培养首先必须坚持这一基本准则，而美术类专业统一考试正是维护招考公平公正的有力措施。从上海市美术类专业考试的实践来看，可以分为几个阶段：20世纪90年代为各招生院校自行组织专业考试；90年代末到2000年为多所学校联考形式；2001年至2004年为部分科目由全市组织的方式；2005年探索美术类专业全市统一专业考试；2006年起正式组织实施包括美术类在内的四大类艺术专业全市统一专业考试。素描、色彩和速写是美术类教学中必不可少

① 付秀飞. 美术高考综论 [D]. 湖南师范大学硕士论文，2005：34-35.

② 郭彪，许静. 独立设置艺术院校本科招生制度分析——教育公平的视角 [J]. 中国考试，2013（12）：27.

③ 韩立萍. 如何应对艺术院校招生工作的特殊性 [J]. 北京教育（高教版），2005(9)：55-56.

的重要基础课程。通过这三个科目的考试，能够反映出考生对绘画基础的掌握情况。

2. 加强监管是永恒举措

为规范艺术类招生考试，铲除腐败“黑幕”，教育部发布了《关于做好2014年普通高等学校艺术类专业招生工作的通知》，明确要求各省级招考机构加大在艺术类招生工作中的信息公开和公示力度，并严禁工作人员、教职工尤其是专业教师，单独、联合或委托举办高考艺术类应试培训、推广活动，一些省份还因此出台相应措施加以明确和细化。从2014年一些地方艺考中曝光的“黑幕”来看，形势依然严峻。据媒体报道，一些招生中介四处兜售艺考“包过指标”，涉及几十所高校艺术专业，便宜的四五万元，贵的十几万元，一些交了钱的考生，竟可以提前拿到考题。问题出在哪里？关键在两点：一是监管不严，二是对违规、违法者惩处不力。确保艺考公平，监管者严格依规依法忠实履责是关键，因此，必须对失职、渎职者严格问责。唯有如此，才能铲掉艺术类招生考试中的“黑幕”，让践踏教育公平者出局，让真正有能力者被录取。①

打破过于集中的招生权力。近年来，广东、安徽、江西、甘肃等地针对艺术类招生考试推行了不少改革措施，制定了相对统一的标准并加强对考试现场的监督，取得了一定的效果。如广东对声乐、美术考试实行“盲打盲画”；北京一些院校三分之一的考官邀请外校教师担任；甘肃要求各考点不得宴请来组织校考的院校负责人。如何既能体现艺术人才的不拘一格，又保证招生的公平公正？中国教育科学研究院研究员储朝晖等人建议，一是打破艺术类招生考试负责人的双重身份，打破过于集中的招生权力，专业课教授者不得兼任专业测试的测评者，建立专业、独立的第三方测评机制和科学、合理的评价制度；二是公开透明，考试全场录像，电脑全程监控，畅通各种举报和申诉渠道，建立追责制度；三是斩断培训班利益链条，严格规定考官不可组织、参与任何形式的考前辅导和培训，违者必究。② 上海市教委发布《关于进一步规范本市普通高等学校艺术类专业考试招生工作的通知》，要求

① 何晨阳．莫让艺考成为教育腐败“重灾区”[J]．决策探索，2014(3)：10

② 郑天虹，鲁畅，张漫子．艺考腐败案为何屡屡发生[N]．美术报，2017-02-18(3)．

自2015年起，艺术类招生考试现场评分专家不少于5人，其中校外专家不少于二分之一；严格执行回避制度；专业考试实行全程录像（录音）等。并要求，自2015年起，上海同一高校同一艺术类专业应采用同一种录取办法，逐步提高艺术类专业文化成绩要求；组织校考的高校要严格控制校考合格证发放数量，不得超过相应艺术类专业招生计划数的4倍。同时，艺术教育、服装设计与工程、风景园林、文化产业管理4个非艺术学门类专业不得按艺术类专业招生考试办法招生。

第三节
体育类高考政策的科学性与公平性

体育类高考政策与艺术类高考政策特别相似的地方，是都面临科学性与公平性问题。在科学性问题上，体育类高考也面临了文化素质与专业素质的矛盾及争议；在公平招生问题方面，尤其在体育特长生加分中出现了不少招生腐败问题。解决好文化素质和专业素质的矛盾，加强对体育类高考的全程监管，是未来招生的改革方向。

一、体育类高考的主要问题

中华人民共和国成立以来，我国的体育人口迅速增长，大大高于发展中国家的平均水平；城乡居民的体质与健康状况大有改善；人口平均预期寿命已经接近世界发达国家的水平；全民健身运动正在为现代化的建设者塑造着强壮的体魄；体育场馆建设取得了长足的进步；学校体育、职工体育、农民体育、社区体育、民族体育、老年人体育、残疾人体育推动了群众体育事业的全面发展。[①] 在中国高校类型序列中，体育类院校占全国高校的1.2%。2011年，全国已有289所高等院校开设体育教育本科专业。2013年，全国运动训练专业、武术民族传统体育专业分别增至84所和45所。[②] 现代体育运动一般分为体育教育、竞技运动和身体锻炼，从体育管理角度则可分为竞技体育、学校体育、社会体育三大部分。高校竞技体育通常由两部分构成，即高校群众竞技体育与高校专业竞技体育。高校竞技体育主要以特招专业运动员参加大学生赛事及其他各级竞赛争取成绩为目标，为学校争取荣誉并体现学校的综合实力。整体看，所有体育类高考都面临文化素质和专业素质的矛

① 金涛，张凤彪，周超．我国公共体育服务供给困境及原因分析 [N]．北京体育大学学报，2013(12)：35-42.

② 胡春雷．关于我国体育学科定位问题的思考 [J]．成都体育学院学报，2010(3)：6-9.

盾。在体育类高考出现的问题中，尤以高校竞技体育招生特长生出现的腐败问题为甚。

（一）体育特长生加分中的腐败问题

高考体育加分政策属于鼓励性加分范畴。1987年4月，国家教委出台《普通高等学校招生暂行条例》规定：应届毕业生高中阶段参加地区级以上体育竞赛获单项前5名的队员或集体前3名的主力队员，获国家二级运动员称号的考生，总分低于同批录取学校控制分数线20分以内，可提供档案，由学校审查择优录取。并对参加的赛事级别进行了详细说明，其中指出获得重大国际、国内体育比赛前6名，获国家一、二级运动员称号，且报考当年通过省招委和体育行政部门统一组织的测试并被认定的考生可享受加分。

2004年教育部废止了《普通高等学校招生暂行条例》，同时出台了《普通高等学校招生工作规定》。由于不少高校开始试点自主招生，且教育部将制定高考体育加分政策的权力下放到地方，导致地方的加分自由空间加大，各地出现了不少违规现象：2004年西安一些考生高考体育加分造假；2006年湖南一些考生高考体育加分造假；2010年厦门马拉松比赛中一些高中生作弊等这些事件引发极大争议，挑战了高考体育加分政策的“红线”。

体育类高考相对于普通文化考试，其考试内容、考试方法、评分标准和考试过程都表现得更为公开。但是，由于技术原因，其考评过程难以达到完全公开的程度，特别是一些只有通过技术评定才能充分反映考生运动水平的考试项目，其人为的决定因素就显得更为突出了。如体操和武术的套路考试、篮球比赛的综合评定、排球某些单个技术的技术评定等项目都具有主观评定的成分。在这些项目的考评中，只要参与评定的考评员稍有松懈或有私心，作弊就有可能发生。特别是在缺乏现代化手段监督的情况下，作弊的可能性大大增加，而且还难以识别作弊行为。①

体育加分造假的背后是权钱交易。一是找“枪手”替考。在有重要比赛时，那些欲办二级运动员证书的学生找高水平运动员一同参加比赛，高水平运动员在比赛中取得的名次归那些假运动员所有，据此办理运动员等级证

① 张永胜. 体育高考若干理论问题探讨[D]. 广西师范大学硕士论文，2008：62.

书，而替考的运动员则从假运动员处获取“辛苦费”。二是在某些集体项目中替补“搭车”。那些需要二级运动员证书的学生作为替补队员随队参赛，只要比赛获得名次，球队所有队员（含替补队员）都能办理运动员等级证。三是暗箱操作。打通巡考人员，暗中帮助考生通过比赛测试。有些地方甚至直接买卖二级运动员证书。而且运动员等级证书的办理不需要提供比赛视频，这为冒名顶替、弄虚作假提供了巨大的操作空间。①

（二）专业素质与文化素质的矛盾

体育高考成绩由文化课考试和专业术科考试两部分组成。体育类文化课考试采用全国普通高等院校招生文化课考试。专业素质与文化素质之间的矛盾，是体育高考的老问题。对体育高考生的文化素质和体育专业素质，该如何把握标准，至今仍旧是一个有争议的问题。

部分文化成绩好、体育成绩差的学生进入高校以后很难在术科上有所突破，最后导致术科成绩不佳，不受用人单位的青睐。部分学者认为考虑到体育专业的特点，录取时先划定文化课分数线，在该分数线以上的考生中，按体育专业成绩由高到低录取为宜。山东省体育考生按两条分数线进行录取，即按文化课分数投档，再按体育分数从高往低排序，一直排到招生计划数满为止。但体育优秀生的文化分往往较低，档案投不出来，而文化优秀生的体育分往往较低，排序名次靠后，这一对矛盾相当突出。

有调查显示，体育高考生每天大多用4～8小时的时间来进行文化学习，学习时间比普通高考生每天少2小时左右。而且每天4～8小时的学习时间中，由于训练后的疲惫、学习态度不端正以及自身文化基础差等原因，体育高考生的学习效率并不高。多数体育高考生文化学习兴趣较低，无学习计划，文化学习主动性与自制力都较差。②

二、体育类高考的科学性

目前我国高校招收体育人才的途径主要有三种：一是体育专业的统一招生，一般主要指体育教育专业、体育人文专业；二是运动训练和民族传统体

① 黄睿. 高考体育加分政策的异化与学校体育的回归 [J]. 山东体育科技，2016(1)：67.

② 朱宁宁. 山东省普通高中体育高考学训现状与对策研究 [D]. 首都体育学院硕士论文，2015：28、36.

育专业的招生，主要采用单招的模式；三是高水平运动队的招生，通过高水平运动员考试进行招生录取。体育招生考试的项目设置只有做到合理、科学，才能有效地促进体育招生的有序发展。为避免体育招生考试项目变成应付考试，在设置考试项目的时候必须要兼顾各项素质，对考生的考查做到尽量全面和有针对性。

（一）高水平运动员的高考科学性

2017年我国251所高校高水平运动队测试合格人数为6982人，按规定录取优惠不得低于二本线。在现有的各种体育招生形式中，有些对考生的文化要求过于宽松。如体育单独招生考试总分满分600分，只要能考260分左右就能过线，如果运动成绩足够好，还有可能只要100多分就能过线，而且考试科目比普通高考少，试题难度比普通高考容易很多。高水平运动员招生这一形式中考生虽然要参加全国普通高考，但文化录取分数线远低于普通考生的录取线。

教育部颁发的《2010年普通高等学校招收高水平运动员办法》，对招收高水平运动员的文化考试以及控制线进行了规定：只要体育专项测试合格，本科专业（一本和二本）对考生高考成绩的最低要求为生源所在省（区、市）本科第二批次录取控制分数线，高职（专科）专业对高考成绩的最低要求为生源所在省（区、市）高职（专科）第一批次录取控制分数线。少数体育专项测试成绩特别突出，确有培养前途的考生，高考成绩只需达到生源所在省（区、市）本科第二批次录取控制分数线65%即可录取。获得一级运动员、运动健将、国际健将及武术武英级（或以上）称号之一的考生，可申请参加招生院校组织的文化课单独考试，由招生院校自主择优录取。至于优秀运动员免试入学，在文化方面的要求更是形同虚设。

体育单独考试的考试科目过少，目前只考语文、数学、外语、政治，对学生人文素质和科学素质提高有重要作用的历史、地理、物理、化学、生物等课程均不在考试之列，因此一些体育运动学校急功近利，整个高中学习期间只按照考试科目开设语文、数学、外语、政治这几门课程，个别学校甚至在初中阶段就把历史、地理、物理、化学、生物等课程砍掉或减少课时量。至于音乐、美术、劳动、计算机等课程更是得不到应有的重视，从而造成学生知识结构的缺陷，不利于他们的人文素质和科学素质的提高。[①]

（二）体育专业的高考科学性

按运动水平能力来划分，体育教育和人文社会专业的考生相对而言运动水平较低，属于一般体育特长，但文化水平相对较高；运动训练和民族传统体育专业的考生运动成绩部分达到二级或者二级以上相对应的水平；高水平运动队的运动成绩属于优异水平，进入高校后继续进行系统训练参加各项赛事。第二种和第三种水平的考生相对于第一种参加体育教育和体育人文专业考试的考生在人数上是较少的。[②] 体育学科突出了身体活动的特殊性，与其他学科相比较最大的不同是需要在身体活动的基础上进行教学和教育。

1. 必需的专业素质

（1）速度素质。速度素质的概念是指人体快速运动加强动作频率能力，快速的运动反映着机体运动时的加速度和最大速度的能力。速度的种类大概可以分反应速度、动作速度和移动速度。

（2）灵敏素质。灵敏素质指的是人体在各种突然变化的基础条件下，机体反应迅速、灵活、准确、协调地完成动作的机体能力，是人体机能在各种运动技能中和身体素质在运动变化中的综合表现。可简要归纳为迅速改变体位、转换动作和随机应变的能力。

（3）耐力素质。耐力素质是指机体维持特定的强度负荷或动作质量，并能在该前提下持续一段时间的能力。运动员只有具备了良好的耐力素质，才能在高强度的比赛中保持动作的质量。[③]

现行的选拔模式是否能够完全反映考生的专业能力，所选拔的考生是否能顺利地修完大学课程，学生体育高考成绩能否反映大学成绩？有研究对学生的体育高考成绩与大学主干课程成绩进行统计分析，得出以下结论：

---

① 唐东阳，黄志勇，曾藕元．我国体育高考招生形式变迁研究 [J]．成都体育学院学报，2013（11）：69.

② 鲁益彪．江西省体育高考存在问题与对策研究 [D]．华东交通大学硕士论文，2012：18.

③ 李少鹏．江西省体育高考科学化研究——基于三年高考成绩的数据分析 [D]．江西师范大学硕士论文，2016：5-7.

（1）学生体育高考各项成绩的平均值差别不大，最高的立定三级跳成绩比最低的800米跑成绩的平均分高出1.56431分。铅球成绩学生之间的差距最大，800米跑成绩学生之间的差距不大，水平比较接近。

（2）在7门主干课程中，田径成绩的平均分最高，比最低的排球成绩高出14分之多。表明学生在田径课学习中较为认真，这也可能是因为体育高考的项目设置以田径内容为主。排球成绩的标准差最大，说明学生之间的排球成绩差异较大。

（3）体育高考的四个项目（100米、铅球、立定三级跳、800米）中，铅球成绩与800米跑成绩呈较大负相关，铅球成绩与百米跑成绩也呈负相关。主干课程成绩变量中，田径成绩与篮球成绩、体操成绩与游泳成绩等均呈正相关，说明田径成绩好的学生篮球成绩也较好、体操成绩好的学生游泳和排球成绩也较好。

（4）体育高考立定三级跳成绩和800米跑成绩与主干课程田径成绩有着明显的相关性，体育高考立定三级跳成绩好的学生田径成绩往往也好，而体育高考总成绩好的学生，往往武术成绩和体操成绩较好，而篮球成绩较差。研究者对体育高考四项素质与7门主干课程成绩逐一进行了回归分析，发现800米跑成绩对各门主干课程成绩的影响不大，立定三级跳、铅球和百米跑成绩对主干课程成绩有较大影响。①

总之，一般体育类院校培养的体育师资，主要服务于教育事业，例如目前高校体育教育专业较为重视学生的实践能力，强调“一专多能”和“实践能力”，其课程指导方案要求体育教育专业的学生需要通过术科必修课程学习，掌握所开设项目的主要技术、战术，并掌握教学、训练、裁判能力，这些属于运动实践能力。这些运动实践能力需要一定的身体素质为基础才能更好地发展起来，而要选拔这样的学生必然需要经过一个严格的、有目的的考试，体育高考需要满足这一要求。

2. 必要的文化素质

文化素质水平需要和体育专业目标联系起来。现实情况是报考体育院系

① 王勇．体育高考成绩与大学主干课程成绩的统计学分析——以福建师范大学体育教育专业为例[D]．福建师范大学硕士论文，2003：1.

的考生除了要参加文化课考试外，还要进行体育专业考试。文化课成绩和体育术科成绩两者都获得较好的成绩，需要考生付出较大的努力。参加体育高考的考生一般分为三类：一是文化成绩较好，身体素质较好，但无专项；二是文化成绩不好，身体素质较好，有专项；三是文化成绩一般，身体素质好，无专项。

体育训练需要占用考生较多的时间，必然减少文化课学习的时间。调查问卷中了解到高三下学期开始训练的考生为20.32%，高二开始训练的考生为48.66%，近50%的考生在高二下学期和高三下学期，即考前一年或者半年进行集中训练。有些学校开展体育专业的训练始于高一年级，有近1/3的考生高二以前就开始接触体育专业训练。可见参加体育高考训练时间跨度不一，不同时间段都有考生加入。[①] 高中整个阶段都处于训练状态势必对文化课成绩产生不利影响，要在两者之间找到平衡点才能达到目的。考生的精力和时间是有限的，考生需要兼顾文化课学习和体育训练，两者存在着不可避免的矛盾。对于体育成绩出色而文化成绩较差的体育高考生，可以适当减少体育训练时间，增加文化学习时间，解决文化学习中存在的困难与问题。

三、体育类高考的公平问题

体育考试和比赛中存在的作弊行为，严重损害了高考的公平性，也让国家政策在执行过程中变了味。提升体育类高考制度的公平性势在必行。

（一）规范加分政策

高考体育加分政策属于我国高考加分政策的一种，它对于弥补高考招生制度的不足发挥了重要作用，同时对于促进我国体育事业的发展，全面提高学生综合素质，促进高考公平、公正起到了巨大作用。然而，最近几年，新闻媒体曝光了多起考生在高考体育加分项目的比赛中弄虚作假的事假，引发了公众对这一制度的质疑。

2010年底，教育部联合相关部门发布《关于调整部分高考加分项目和进一步加强管理工作的通知》，对体育特长生的高考体育加分政策进行了大

① 鲁益彪. 江西省体育高考存在问题与对策研究 [D]. 华东交通大学硕士论文，2012：21-23.

幅调整，“瘦身”后的高考体育加分项目变为足球、篮球、排球、田径等8个项目，各省份可在此基础上适当增加不超过2个项目。该通知规定自2014年高考实行。结果湖南规定增加健美操和定向越野两个项目，其中仅健美操一项获得加分资格的学生就有近800人。2014年7月，辽宁本溪、河南漯河又有考生被曝光在高考体育加分中作弊。

为了杜绝体育高考加分造假，《国务院关于深化考试招生制度改革的实施意见》“改革招生录取机制”部分第一条便明确指出大幅减少高考加分项目和严格控制高考加分项目数量，并从2015年开始取消高考体育与艺术等特长生的加分政策。具体见表8-1、8-2、8-3。[①]

表8-1 2014年全国各省市考生国内外重大体育赛事前六名加分情况统计表

	加分分值					
	20分	15分	10分	5分	0分	优先录取
省（区、市）	北京 天津 上海 山西 广西 内蒙古 新疆 西藏 黑龙江	湖南	山东 河南 安徽 江西 湖北 重庆 云南 辽宁 甘肃 海南 四川 浙江 宁夏 河北	福建 吉林 广东	江苏 贵州 青海	陕西

表8-2 2014年全国各省份考生获得国家二级运动员加分情况统计表

	加分分值				
	20分	10分	5分	0分	优先录取
省（区、市）	北京 天津 上海 内蒙古 黑龙江	河北 河南 山东 湖北 江西 海南 四川 重庆 云南 辽宁 广西 甘肃	安徽 福建 湖南 山西 广东 吉林	江苏 贵州 浙江 青海 西藏 宁夏 新疆	陕西

（注：表1、表2源自中国教育考试网）

① 刘伟，杨长久，郭骏骅. 刍议高考体育加分政策[J]. 体育科技，2016(4)：155-156.

表8-3　高考体育加分项目变化及调整情况统计表

	1983年	1986年	2004年	2010年	2015年
项目类别	地区级以上体育竞赛获单项前5名，或集体前3名	国内外重大赛事前6名，运动健将，一、二级运动员	在前者基础上，各地方根据实际情况增加运动项目（未具体规定）	足球、篮球、排球、田径、游泳、武术、乒乓球和自选两个项目	取消加分项目，保留2015年1月1日前取得成绩的项目

（二）加强监督与组织管理

公平的招生秩序必须通过社会监督来完成。社会监督是由舆论、信仰、法律、宗教、理想、道德、人格、价值观、伦理等多种手段来实施的，从而使社会处于一个稳定结构。① 遏制高校招生腐败，理论上需要依赖多种社会控制手段，避免人为的因素干扰。

体育类学生的专业素质测试具有隐蔽性、复杂性，这在客观上增加了监督制度执行的难度。同时，这类测试在监督形式上往往采取内部监督、自我监督，缺乏有效的社会监督，尤其是当监督者与被监督者的利益纠缠在一起时，就更难实现有效的监督。② 目前对招生工作的监督主要是同级监督，未来需要通过法律法规和制度建设，使这种监督形式得以改革和完善，使监督机构充分发挥其应有的作用。高校招生从招生计划分配到新生录取入学的整个过程，都应及时向利益相关者提供全面、准确的信息。参与监督的主体必须是多元的，如来自政府、高校、中学乃至考生等的代表，逐步建立多位一体的监管组织和监管机制，实行权威、有效的监管。③

严密的组织管理措施是防止作弊的最佳途径。考生身份的确认，成绩的生成，成绩的传递与保存，成绩的录入等方面，都是容易出现漏洞的环节。为此，体育高考要加强考生的身份验证和考场准入制度；制定各项考试结果即时公布制度，提高透明度；加强对成绩保管的监督措施；严格监控录入成绩的程序；完善体育高考投诉制度；配备及使用标准计量仪器，减少考评员

① 陈永辉，韩湘平，陈玉清．社会转型时期我国学校体育竞赛腐败现象的社会学探析 [J]．山西师大体育学院学报，2008(2)：84.

② 刘泽林．高校招生现存问题及对策思考——以高等体育院校为例 [J]．考试研究，2011(4)：41.

③ 刘泽林．高校招生现存问题及对策思考——以高等体育院校为例 [J]．考试研究，2011(4)：42.

人为因素的干扰；完善成绩的改错程序；对每个考场安装录像设备，做到有据可循；对体能类项目成绩特别突出的考生进行兴奋剂抽查等。

（三）加大惩罚力度

与普通文化考试不同，在体育高考作弊行为中，参与者的博弈不仅表现在考评员与考生之间，还表现在考评员与考评员之间，考评员与监管人员之间。考生或考评员在体育高考中是否作弊，取决于两者的收益与风险的大小，只有作弊的风险绝对大于收益时，考生或考评员在体育高考中的最优策略才是不作弊。按照目前的相关规定，由他人代替参加体育高考或服用兴奋剂等手段作弊，一旦被发现，考试成绩无效，取消考生本次考试资格。惩罚力度不大，不足以起到震慑作用。而一旦在体育高考中作弊成功，将给考生升入大学的机会。对于考评员来说，在体育高考中作弊被发现的风险也不高，特别是在主观评分中，作弊更是难以被发现。所以，有些意志不坚定、作风不正派的考评员，容易被考生送来的财物打动。为此，加大对体育高考作弊的惩罚力度，让作弊者不敢作弊，是杜绝作弊的有效方法。例如，把作弊风险提高到影响作弊者一生利益的高度，规定作弊考生终生不得参加体育高考，对参与作弊的考评员撤掉所有职务、资格，情节严重者追究法律责任。[①]

---

① 张永胜．体育高考若干理论问题探讨 [D]．广西师范大学硕士论文，2008：63．

第九章

高考改革的理论反思及政策建议

回顾上述各个主题的研究可以发现，高校招生区域均衡问题、自主招生问题、高考内容改革问题、高校招生综合评价问题、高考加分政策问题、高考保送生制度问题、艺体类招考政策问题，都涉及高考改革的科学性与公平性以及依法治考问题。由此，深入反思高考改革的公平性和科学性以及相应的法律法规，是高考改革难以回避的重要课题。

第一节
高考评价目标的科学性反思

高考的首要目的，在于高校通过考试这一主要手段去选择适合自身培养目标要求的生源，这就产生了高中生源的多水平供给与高校多样化需求的矛盾。这个矛盾，无论在高等教育的精英化阶段、大众化阶段抑或是普及化阶段，只要高校还需要通过考查考生的文化水平等适应性素质来挑选学生，考试这种评价手段就具有合法性和长期性。反思考试和招生等评价的目标，也成为我们需要正视的理论与实践问题。

一、关于科目改革的目标

高中阶段对学生全面发展和个性形成极为关键，对提高国民素质和培养创新人才具有基础性作用。高考对高中教育教学的指挥棒作用表明，如果高考评价目标不能包容高中教育的学科目标，则高中教育势必扭曲发展，学生的全面发展和个性发展也难以落到实处。

（一）文理分科与学生素质缺陷

自1977年恢复高考以来，我国高中教育基本沿着文理分科的轨道运行。即使20世纪90年代以来各省份陆续推行了高中学业水平考试，但其成绩基本没有成为高考评价的有机组成部分，而高考命题仍然分文理科，因此不能打破这种文理分科的整体制度安排。这种运行状态的直接结果是：大量学生的文理知识不全面，综合素质欠缺。文科班的学生漠视科学知识，理科班的学生忽视文、史知识，严重影响了这些学生综合素质的发展。[①] 文理分科的利弊还有很多争议。这种分科机制深刻反映了国家在一定历史时期对学校人才培养质量、规格等的要求。当前的经济社会发展，要求高中生要具备全面的知识基础。当宽口径、复合型专业创新人才成为一个国家核心竞争力的时候，高中教育必然需要打破文理分科的现状。这是《国务院关于深化考试招生制度改革的实施意见》明确要求高考“不分文理科”的主要原因。

（二）文理全面与学生综合素质发展

1999 年出台的《中共中央、国务院关于深化教育改革，全面推进素质教育的决定》提出“调整和改革课程体系、结构、内容，建立新的基础教育课程体系”。2001 年，教育部出台《基础教育课程改革纲要(试行)》，正式全面启动基础教育课程改革。高中教育的根本目的在于提高学生的文理综合素质，实现人的全面发展。在国际教育统计分类标准中，一个国家的教育体系被分为“初等教育”（primary education）、“中等教育”（secondary education）和“第三级教育”（tertiary education）。“中等教育”又分为两个层次，“低层级的中等教育”（lower secondary education）和“高层级的中等教育”（upper secondary education）。“普通高中教育”就属于“高层级的中等教育”范畴。普通高中教育阶段实行文理全面教育，既有利于人的知识素养的整体发展，又有利于人的其他素质的形成。因为科学素养的形成既需要自然科学知识，也需要人文科学知识，人文素养的形成既离不开人文科学知识，也离不开自然科学知识。

2003 年，教育部在颁布的《普通高中课程方案(实验)》中明确提出，“普通高中教育是在九年义务教育基础上进一步提高国民素质的、面向大众的基础教育”。普通高中教育应为学生的终身发展奠定基础。普通高中教育在性质上非常明确地具有基础性。“普通教育”一般具有下列基本特征：①注重历史文化的学习，引导学习者尊重、理解和弘扬传统；②注重理智的训练和情感的陶冶，培育学习者广泛的生活能力、适宜的生活态度和健康的审美趣味；③注重教育内在价值的实现，引导学习者建立良好的学习品质，培

① 康翠萍．理性定位：我国高中阶段教育目标与内容的现实选择 [J]．教育科学研究，2011(2)：17.

育自主的、批判性的学习者；④注重学习者学习主体性的发挥，倾向于启发的而非强制的、对话的而非灌输的、平等的而非等级制的教学模式；⑤注重共同知识基础的学习，致力于为公民成长打下良好的基础；⑥注重伦理和价值观的学习，培育他们丰富的人性和健康的人格。[①]

20世纪80年代末以来，国际上掀起了基于标准的学业评价改革浪潮，强调"基于标准的教育考试"，各国纷纷出台相关政策措施对学生的学业水平测试加以规范。如，"美国国家教育进展评估平台"（National Assessment of Education Progress,NAEP）定期对学生的学业水平进行测试，客观分析和描述学生的学习状况；英国"资格与课程局"（Qualifications and Curriculum Authority，QCA）监管国家课程测验，负责制定国家课程和各种教育证书标准，组织统一的学业水平检测等。[②] 与此一致，我国也建立起高中学业水平考试评价制度，并成为新高考制度的有机组成部分。

（三）科目选择与学生个性素质

关于高中科目选择问题，《普通高中课程方案(实验)》表述为："为适应社会对多样化人才的需求，满足不同学生的发展需要，在保证每个学生达到共同基础的前提下，各学科分类别、分层次设计了多样的、可供不同发展潜能学生选择的课程内容，以满足学生对课程的不同需求。"

从国际比较看，美国的综合中学集升学准备、职业训练、公民教育于一体，课程设置分为学术、普通、职业三个方向，各方向的比例分别占总数的43%、33%、24%。[③] 2010年10月，在北京召开的"杰出少年的发现与成长"国际研讨会上，美国斯坦福大学教育学院院长德伯拉·斯蒂匹克（Deborah Stipek）指出，如果一定要讲美国教育有什么传统的话，那么就是"选择性"。她说："千里马不是靠伯乐识别的，千里马是靠自己跑出来的；对于学校教育而言，就是要提供尽可能多的可供学生选择的课程。"[④] 我国新课程改革背景下，各高中也开设了数量不等的选修课，但为了适应文理

① 转引自：石中英．关于现阶段普通高中教育性质的再认识 [J]．教育研究，2014(10)：20.

② 王焕霞，廖伯琴．我国高中学业水平考试的实践困境与制度审思 [J]．教育学报，2011(6)：77.

③ 刘德华，仇冰洁．高中教育变革的法理基础与可能路径——基于公民受教育权的法律视角 [J]．教育科学研究，2011(2)：14.

④ 刘坚．新世纪课程变革：亲历者的视角 [J]．北京大学教育评论，2013(4)：12.

分科的高考制度，学生跨班级选修和选课指导制度的实施情况一般或不太好，选修模块没有开齐开全，模块开设与否主要取决于其与高考的关联程度，而不是学生的兴趣与潜能。许多高中学生明确表示自己是为高考而学习，对选修课持“因高考而选，为高考而学”的态度；大学生尤其是一些重点大学的学生普遍承认自己在高中阶段“只重视高考科目”。[①] 这种功利倾向，很大程度上是高考对高中教育教学的“指挥”。1998—1999 年一份对来自 125 所卓越联盟高中的 36000 名学生的调查显示，79%的学生回答努力学习的最重要原因是考大学，58%的学生表示是为了找到更好的工作；而在考大学的动机上，55%的学生选择为了取悦父母，44%的学生选择父母施加的压力，42%的学生选择对学科感兴趣，31%的学生选择是老师鼓励其努力学习。[②] 这表明，一味苛求学生改变功利性的倾向，无法改变这种局面，适切的做法只能是改革高考的导向。

从高中教育的基础教育性质来看，高校招生或者说高考需要评价的科目，应该建立在高中教学科目包括规定学分的选修科目的全面学习基础上。而高中学科水平考试，正是保证高中教育基础性与选择性的关键性考试评价手段。在高中学业水平考试成为新高考有机组成部分的现实条件下，如果高中学业水平考试内容不能包括高中生的各类选修课程考核，如果选修课不能进入高校招生标准，高中选修课的教学势必会流于形式甚至会逐渐萎缩，难以实现促进学生个性发展的目标。事实上，笔者 2017 年上半年对上海和浙江新高考实施效果的调研中，发现新科目方案实施后学校校本课程、特色选修课程开设情况不容乐观，上海与浙江教师选择“科目增多”的比例为 48.63%与 24%，选择“科目减少”的比例为 11.64%与 41%，选择“没有明显变化”的比例为 39.73%与 31%。

二、关于内容改革目标

我国 21 世纪初的新课程改革中，规定课程目标着眼于学生素质的全面提

---

① 刘坚．新世纪课程变革：亲历者的视角 [J]．北京大学教育评论，013(4)：11-12.

② John H. Bishop. Nerd Harassment and Grade Inflation: Are College Admissions Policies Partly Responsible? [EB/OL]. http://www.ilr.cornell.edu/cheri/ wp/cheri_wp08.pdf. Reports Descriptive (141): 2-3.

高。2003年教育部颁布了《普通高中课程方案(实验)》和15个学科的课程标准(实验)，从2004年开始全国各省市陆续实施高中新课程改革，确立了知识与技能、过程与方法、情感态度与价值观的三维课程目标。三维课程目标源自布卢姆20世纪50年代的研究工作。20世纪70年代以前，研究者基于传统知识观将事实性知识当作唯一的知识类型。到了20世纪90年代，认知科学的研究早已突破这种传统知识观，将知识分为四大类：事实性知识、概念性知识、程序性知识、元认知知识（表9-1）。[①] 认知科学家认为，知识是教育系统的基石，课堂中可以传递的只是教师的知识或者其他什么人的知识，这些东西对学生而言只是信息，直到学生对这些信息有了自己的体验之后，才会形成认知的概念、领会、应用、评价和综合等层级的目标。[②] 2014年新高考方案发布以来，国家又开始了继知识立意、能力立意、三维目标立意以来的第四轮课程方案和标准的修订，建立起了各学科的核心素养。其主要的评价目标是坚持立德树人，增强学生的社会责任感、创新精神、实践能力，培养中国特色社会主义建设者和接班人，基于实际生活情境考查学生发现问题、分析问题、解决问题的能力，考查学生的情感、态度、价值观。

表9-1 安德森的认知教育目标分类表

知识维度	认知过程维度					
	1. 记忆	2.理解	3.运用	4.分析	5.评价	6.创造
A. 事实性知识						
B. 概念性知识						
C. 程序性知识						
D. 元认知知识						

内容目标既关系到学生的素质发展，也关系到学生的学习负担。内容目标直接体现于教材，也体现在教学大纲以及考试大纲等方面。教材难度的调整常常是课程教材改革的重要内容。1958年，美国为了应对苏联成功发射人造卫星的挑战，颁布了著名的《国防教育法》，强调“新三艺”，尤其是提高了教材难度。在中国，减轻学生课业负担的呼声一直很高。很多家长、社

① 吴刚．奔走在迷津中的课程改革 [J]．北京大学教育评论，2013(4)：39.

② 盛群力．21世纪教育目标新分类 [M]．杭州：浙江教育出版社，2008：39.

会人士，包括著名学者、两院院士都认为，减轻学生课业负担需适当降低教材难度。但全国教育科学规划领导小组办公室启动的“中小学理科教材国际比较研究”课题组通过3年多的研究发现，我国中小学理科教材难度在10个国家中属中等水平，我国学生课业负担过重主要是课外加码和教不得法所致。在10个国家中，中小学理科教材最难的是俄罗斯，以下依次为：美国、澳大利亚、德国、中国、新加坡、韩国、日本、法国、英国。在对教材难度进行国际比较研究的同时，课题组还对中小学各学科的实际教学情况进行了调查和分析，发现我国中小学的实际教学难度比教材难度平均高出50%—100%，同时又布置大量作业，重复练习问题严重，占用了学生大量课余时间，而且给学生造成了很大的心理压力。[①] 教师能力提升应成为未来基础教育改革的头等大事，希望未来各省（区、市）的专业教育与考试机构多开展教师培训，让老师们学会解读课程大纲和考试大纲，学会命题，学会评价学生，否则那种置教育目标不顾而布置大量作业和重复练习的做法还会持续下去。

在比较教材难度之外，还需要比较考试的内容。在我国，高考强大的指挥棒作用影响着高中的教育教学。如果能够对上述10个国家的考试内容和竞争程度进行比较，研究结论必然更有说服力。高考的性质是常模参照考试而非标准参照考试，常模考试的依据是考试大纲和教材，但是，常模参照考试的常模是学生的集体水平，而非固定的课程大纲和教材，因此是考生水平越高，出题的难度也越高。在考前不知道别人水平的情况下，学生为了考出更好的成绩，在竞争中占有更大优势，必然会尽可能提升学习的难度。说到底，学生负担是否过重，与教材有关，但更与高考的竞争性考试带来的学习强度有关。因为这个原因，有学者在研究反思了美国百年的标准化考试以后，建议高校招生考试采用基于课程标准的成就考试或曰高中学业水平考试（curriculum-based achievement tests），认为这样的标准参照考试最有

① 袁振国．研究发现中国的教材只不过中等难度，学生课业负担过重主要是课外加码和教不得法所致[EB/OL]. http://www.sohu.com/a/196994518_112404.

利于高中生的健康发展，且更能准确预测学生在大学的发展。[①] 他们认为，基于这种标准，再引入能够评估的其他智力与非智力元素，能够把学生的发展引导到一个更为有利的方向，从而避免学生精力和国家经费的低效消费。

为提高学科考试对教学的引导作用，我国不少省市还相继开展了对高考命题质量的评价和考生水平评价工作。其评价的基本方法论是“基于定量数据基础上的专家评价”，即坚持定量与定性相结合。以天津为例，天津教育招生考试院从2007年就开始进行命题质量评价以及考生水平评价，他们组建了稳定的市、区两级教师评价队伍，包括大学学科论教师、中学教学研究人员和中学一线教师，参与年度评价工作的教师逾60名，10年来共有402人次参加了高考评价工作。他们采用“信息收集—评价分析—评价反馈—教学改进”的工作模式，自编程序开发了专业的数据分析工具，已建立起面向市、区、校三级的学生水平评价服务体系。面向市级的任务，主要是自主命题的命题质量评估和服务全市教育教学的考生水平评估，2008年开始每年通过《考试研究》刊发了10篇评价报告。面向区级的任务，是提供学科评价结果的反馈服务，目前有区级用户3个，累计召开区级反馈会101场，培训教师近5000人次。面向校级的任务，则是针对学科薄弱问题召开教学改进专题培训会。经过训练，学校教学改进效果明显，深受教师好评。

三、关于高校招生评价的目标

《国家基础教育课程改革实验区2004年初中毕业生考试与普通高中招生制度改革的指导意见》中，首次使用了“综合素质评价”的提法。2008年出台的《教育部关于普通高中新课程省份深化高校招生考试改革的指导意见》中，明确提出要将普通高中学生综合素质评价制逐步纳入高考招生体系中。2014年12月出台的《教育部关于加强和改进普通高中学生综合素质评价的意见》，对综合素质评价的内容、方式以及程序等方面提出了明确要求。基于心理测量学视角，国际学界一般认为招生评价目标一般分为认知和非认知技能两个大的方面，这与我国高校招生提出的德、智、体全面考核要

① Richard C. Atkinson, Saul Geiser. Reflections on a Century of College Admissions Tests[J]. Research & Occasional Paper Series: CSHE.4.09, 2009: 1–18. http://cshe.berkeley.edu/.

求比较一致。

认知技能方面，指的主要是高考科目与内容改革方面的文化知识能力，主要通过纸笔测评学生的分析智能，包括语言智能和数理逻辑智能等。按照美国心理学家斯腾伯格的观点，创新智能和实践智能难以通过考试来测评，这是为什么学校培养的人才与其社会成就相关度不太高的主要原因。非认知因素也被称为“软技能”，是大学成功的重要元素。一个世纪以前，学者们就注意到非认知技能和学生学习成绩之间的联系，提出学习成功需要依赖注意力、意志和品质。[①] 对于学生而言，他们必须学会管理时间、与同学相处、处理挫折。美国很多高中成绩优秀的学生到大学后成绩下降了，主要不是认知问题，而是很多非认知因素起了重要作用。[②] 我国也存在一些高考成绩很好的学生，后来在大学学习很一般甚至出现难以毕业的情况，这同样有非认知因素的原因。可以说，高考成绩好的学生，认知技能一般都相对较好，也具有一定的非认知技能，但并非所有高考成绩好的学生都具有很好的非认知技能，有些关键性非认知技能如自律、时间管理、毅力可能在高中时候是家庭与高中的严格监督管理在起作用，并非他们自身已经形成这种技能。大量证据显示，除了智力等认知因素，学生学习成绩与有效自我控制、积极学习态度、与人合作等很多具有可塑性的非认知因素密切相关，在这些因素上的教育投入和有效教学干预，不仅能促进学生学习成绩的提升，也可以减小种族、民族和性别差异。[③]

非认知技能是一种重要的预测工作成就的因素。尽管认知因素与工作成就最相关，但非认知因素如个性、兴趣、自信、价值观等也是与工作成就相关的可靠因素。芝加哥大学诺贝尔经济学奖获得者詹姆斯·赫克曼认为，动机、时间管理和自律等非认知因素是个人在未来生活和工作中取得成功的关

① Emma Garcia. The Need to Address Noncognitive Skills in the Education Policy Agenda, 2014 [EB/OL]. http://www.epi.org, epi briefing paper:7.

② Caralee Adams. Focus on: College Readiness, Education Week [J]. 2012(14): 14.

③ Camille A. Farrington, Melissa Roderick, Elaine Allensworth, Jenny Nagaoka, Tasha Seneca Keyes, David W. Johnson, and Nicole O. Beechum. Teaching Adolescents to Become Learners——The Role of Noncognitive Factors in Shaping School Performance: A Critical Literature Review[J]. Literrature Review 2012, Chapter1-4.

键因素。在信息社会，越来越多的大公司偏重员工的软技能。在都是合格大学生的前提下，世界500强公司看重的大学生素养中，位列前6位的分别是：①积极的态度；②尊重他人；③采取主动；④自信；⑤值得信任、诚实和道德；⑥好的交流者/人际交往技能。位列倒数6位的是：①全球化或国际化商业知识；②高中平时成绩；③定量/统计/数学技能；④在学生专业组织中的活跃性；⑤计算机软件应用技能；⑥专业领域的知识。非500强公司看重的素养与500强公司看重的素养排序略有差别，但大致与前者看法一致。① 可见，学术技能是必要的，但对学生的工作成功而言还远远不够。在美国，大约1/5的高中生不能取得高中文凭，2005年只有59%的大学生在学习了6年后才毕业，2010年有大约1/3的大学生需要补习高中知识，而每年用于补习的费用高达1400万美元。但是仅仅用各州统一考试分数标准评价高中是否成功，扭曲了学校教育体系，美国需要设计新的考试来考查大学和职业成功都需要的非认知技能。② 为了给教育教学更好的导向，无论是政府管理组织、专业考试机构抑或是大学招生部门，除了评估核心学术技能，也需要评估与学业与事业成功相关的非认知技能，如独立自觉性、有效合作、适应力以及压力管理，等等。

非认知因素的基本要素。影响学习和事业成功的非认知因素，按照芝加哥大学团队的总结研究，主要是学术心态、学术毅力、学习策略、社会技能、学术行为五个方面。③

① Michael Jones, Cindi Baldi, Carl Phillips, Avinash Waikar. The Hard Truth about Soft Skills: What Recruiters Look for in Business Graduates[J]. College Student Journal, 2016: 424–426.

② Deborah Yaffe. Policy Notes [EB/OL]. http://www.ets.org/research/pic 2009: 4–8.

③ Camille A. Farrington, Melissa Roderick, Elaine Allensworth, Jenny Nagaoka, Tasha Seneca Keyes, David W. Johnson, and Nicole O. Beechum. Teaching Adolescents to Become Learners—The Role of Noncognitive Factors in Shaping School Performance: A Critical Literature Review[J]. Literrature Review 2012, Chapter1–4.

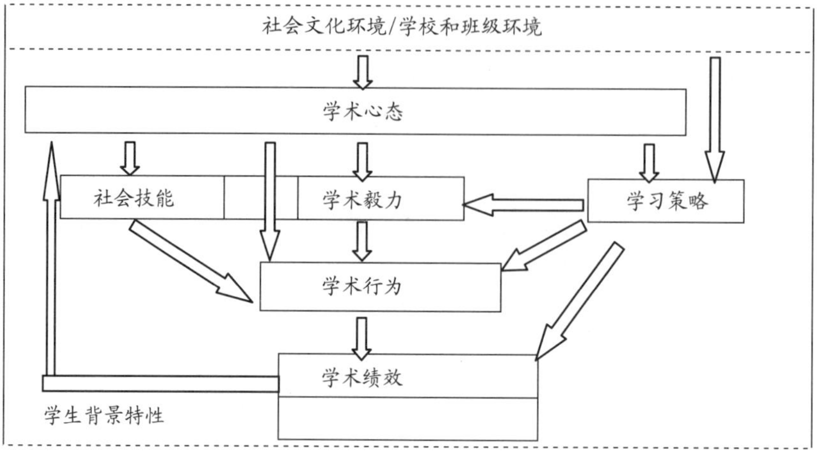

图9-1 非认知因素对学生的作用机制

（1）学术心态，是学生拥有的社会心理态度或者学术信念，它受制于社会文化环境和学校文化环境并直接影响另外四个非智力因素，最终通过学术行为影响学术绩效。积极的学术心态包括学术群体归属感、相信通过努力就可以提升能力、相信自己可以成功、认识到学习任务的价值等，它们能推动学生强化自己的学术行为而坚持完成课业。

（2）学术毅力，是学生通过自律、自控等品质专注于学习目标、全力克服各种困难去完成学校课业任务的心理倾向，杜威、科尔伯格以及皮亚杰等甚至将“自律”作为一种基本的道德发展水准。它直接影响学术行为并最终影响学术成绩，它是学生能否取得长期教育成就的关键因素。

（3）学习策略，是个体在认知学习中使用的程序或战术，包括自我监控学习、元认知、目标设置和实践管理、学习技能等策略。有效的学习策略能支撑学术行为，最大化学习效果。

（4）社会技能，是指学生之间、师生之间、学生与成人之间的人际交流品质，包括合作、同情心、承诺和社会责任等。发展学生的社会技能是教育的重要目标，对他们完成学术目标的学术行为以及未来生活和事业成功都十分重要。

（5）学术行为，通常与是否好学生及能否取得好成绩联系最直接，体现为课堂出勤、准备上课材料、参与各种活动和课堂讨论、课后完成作业等，它们相对容易被教师观察、测量和监管。

为了有效评价上述技能，高校在招生中必须使用多元综合评价资料及手段。非认知技能的评估方法有很多，比如设计不容易作假的自我评估、他人评价、情境化测试、自我履历测试、集体面试等，它们通常能够互补使用，增加认知测试的效度和信度。以面试为例，面试是大学招生或者企业员工招聘中最常采用的方法。根据面试内容不同，可分为行为描述面试和情境性面试以及二者结合的多维模式面试。根据目标指向度，通常分为结构化面试和非结构化面试，前者在面试之前就会设计好结构化的问题，后者通常是评估者临时问的一些题目。研究表明，结构化问题往往效度、信度更好。最好的结构化面试问题包括以下要求：一是高度结构化，二是根据目标要求选择问题，三是评估的目标不能被其他方法代替，四是计分的行为等级量表预先测试过，五是每个问题都被实证检验过，六是只能在面试以后才能评级，七是统计得分要用标准分，八是必须培训面试者。[①] 我国高考新方案在上海和浙江的试点已完成三年一轮的试验期，其他省份也将先后进入高校招生综合评价改革的新阶段。我们期望高考能更多地用多样化教育目标和多维度评价去引导学生发展，毕竟认知维度的考试成绩好只是未来学习好或者工作好的必要条件而非充分条件。

① Patrick C. Kyllonen, Anastasiya A. Lipnevich, Jeremy Burrus, Richard D. Roberts. Personality, Motivation, and College Readiness: A Prospectus for Assessment and Development[J]. ETS Research Report, No. RR-14-06, 2014: 20-26.

第二节
高考群体竞争的公平性反思

在考试招生中是以公平为首还是效率优先，在教育理论界是一个争论多年的话题。从历史经验来看，高考改革以“公平为首”还是以“科学优先”，往往取决于当时国家政治、经济、社会乃至区域教育发展的具体情况。[①] 高考改革公平为首的观点，实际上是以高考特别是考试评价手段为前提的一个逻辑延伸，考试公平问题也是现实中广大学生及家长最容易关注到的社会问题。在高考生源供给与高校需求存在矛盾的情况下，因为高考以考试为主要评价手段，自然就会产生考生之间、高校之间如何公平竞争的理论与政策实践问题。从国家高考改革思路看，在高考区域招生均衡问题中，主要涉及的就是弱势群体和普通群体的高考公平问题，普通群体的高考公平又涉及省际公平和城乡公平问题。

一、弱势群体与底线公平

关注社会底层就是关注弱势群体，就是高考改革的底线公平。罗尔斯（John Rawls）提出的两条正义原则，即强调政治权利自由平等原则，强调处理社会和经济权利的机会平等原则和关注社会底层的差异原则。他认为同时满足这两条大的正义原则，才是一个公正的社会。[②] 高考中的弱势群体，主要是指生活在经济条件较差的地区，在高考竞争中长期难以获得平等受教育机会的学生群体，这个群体中的考生未必都是经济条件处于国家规定的贫困线以下，但地区人均经济收入状况处于贫困线下。2002年3月，时任国务院总理朱镕基在九届全国人大五次会议上

① 刘海峰，李木洲．兼顾公平与科学的高考改革 [J]．中国考试，2015(9)：4.
② 王绍光．安邦之道——国家转型的目标与途径 [M]．北京：生活·读书·新知三联书店，2007：219.

所作的《政府工作报告》中，使用了“弱势群体”一词，这是社会弱势群体这一概念首次出现在政府正式文件中。2004年，中共十六届四中全会通过的《中共中央关于加强党的执政能力建设的决定》提出了“构建和谐社会”的概念，而社会弱势群体问题是构建和谐社会过程中亟待解决的关键问题之一，因而再次成为各界关注的焦点。国家为了保障弱势群体的受教育权做出了巨大的努力。《中华人民共和国教育法》第三十七条规定，国家、社会对符合入学条件、家庭经济困难的儿童、少年、青年，提供各种形式的资助。2006年起，全部免除西部地区农村义务教育阶段学生学杂费。2007年，在全国农村全部免除义务教育阶段学生学杂费，对贫困家庭学生免费提供教科书并补助寄宿生生活费等。

从学生贫困原因而论，由于我国农村和城市之间经济发展水平差异较大，从而导致了城乡贫富分化现象。对全国105所高校的贫困家庭学生调查显示，目前贫困生家庭主要分布在经济不发达的中、西部地区，大部分家庭居住地在农村地区，经济收入在当地处于中低水平；部分贫困生家长是社会救济人员和社会优抚对象，如孤老残疾、失业下岗职工、偶发因素造成的贫困者、部分无业人员、外来务工人员贫困人口；贫困生父母绝大多数与“农”相关，缺乏固定收入；贫困生的父母学历普遍偏低，受教育水平一般为初中以下；贫困生家庭平均人口多，劳动力人口较少；绝大多数家庭曾有过重大负面遭遇，如父母残疾、患重大疾病、离异、病故、遭遇自然灾害或年老失去劳动能力、失业等；子女教育支出使一部分家庭致贫。因此，贫困生家庭的经济特征可归纳为：地处农村、职业地位和收入低、父辈教育水平低、教育人口多，以及曾遭遇重大致贫事件。[①] 这些因素说明，实施国家扶贫定向招生专项计划，意义深远，体现的是国家的人道关怀。不过，高校要把政策落到实处，尚需要加大帮扶力度。对2016年我国95所高校发布的高校专项计划招生简章进行分析，发现对农村学生的资助较少，仅有27所高校在招生简章中，提及对农村学生的资助，有16所高校在招生简章中提及对学生因参加高校专项计划考试而产生的路费、住宿费进行补贴和资助。有

① 毕鹤霞，沈红．中国高校贫困生家庭“因何致贫”——基于全国105所高校的实证研究[J]．教育与经济，2010(4)：21.

3所师范类高校把农村学生纳入免费师范生中，享受相应待遇，有2所高校提及农村考生可以享受减免学费和获得相应奖学金，其余几所高校仅仅在招生简章中介绍了国家的资助政策体系。专门提出对农村学生进行物质资助和精神资助的高校仅有复旦大学、同济大学、北京大学和清华大学，这4所高校不仅关注学生的物质贫困，缓解他们的经济压力，还关注他们的学业发展和心理辅导，帮助他们全面、健康发展。①

考虑到高考弱势群体录取机会长期偏低，2012年开始，教育部等五部门联合发文实施国家扶贫定向招生专项计划，每年安排1万名本科招生计划，生源范围为国务院确定的21个省（区、市）的680个贫困县。承担专项计划实施任务的高校，根据贫困地区特别是农村经济社会发展需要，以农林、水利、地矿、机械、师范、医学以及其他适农涉农专业为主招生。国家按贫困地区生源比例和专业需求等因素安排分省计划数量。学生参加全国统一高考，实行单报志愿、单设批次、单独划线，在本科提前批结束后、本科一批开始前录取。具有贫困地区户籍和当地高中三年学籍、符合当年高考报名条件的学生，均可填报专项计划志愿。2014年专项计划实施区域为832个贫困县(包括所有集中连片特殊困难县和国家级扶贫开发重点县，含新疆生产建设兵团在新疆南疆三地州的22个团场)，以及重点高校录取比例相对较低的河北、山西、安徽、河南、广东、广西、四川、贵州、云南、甘肃等省份。《关于做好2016年普通高等教育招生计划编制和管理工作的通知》指出，要促进高等教育区域和城乡入学机会公平。国家贫困地区定向招生专项计划安排6万人，由中央部委和地方“211工程”学校为主的本科一批招生高校承担。地方重点高校招收农村学生专项计划，由各省（区、市）在本科一批招生的本地省属高校承担，招生计划原则上不少于有关高校本科一批招生规模的3%。重点高校农村学生单独招生计划，由教育部直属高校和其他自主招生试点高校承担，招生计划不低于有关高校年度本科招生规模的2%。为落实国务院关于提高中西部地区和人口大省录取率，缩小录取率最低省份与全国平均水平差距的要求，2016年，

① 邓锐．2016年我国高校专项计划招生简章的比较、问题与发展趋势 [J]．湖北招生考试，2017（5）：23.

教育部要求高等教育资源丰富且升学压力较小的上海、江苏、浙江、福建等省（市），应在上年常规跨省生源计划和2016年协作计划的基础上，进一步增加面向部分中西部省（区）的生源计划。

以上举措，主要关注的是贫困地区的弱势考生群体，未来是否要进一步出台针对贫困考生个体的措施，还需要大力研究。毕竟除了贫困地区，在城市也存在少数生活处于贫困状态的特殊考生群体，他们也应被纳入高考底线公平的政策考虑范畴。这就需要依靠类似“精准扶贫”的国家政策，在弄清贫困家庭考生现状的基础上，出台有针对性的措施。

二、普通群体与省际机会公平

普通群体是相对于弱势群体而言的，在教育中指的是总体经济条件处于国家贫困线以上的考生群体。《中华人民共和国教育法》第九条明确规定，公民不分民族、种族、性别、职业、财产状况、宗教信仰等，依法享有平等的受教育机会。享受平等的教育机会，是罗尔斯所说的权利和机会平等原则。一般而言，考试公平主要包括三个方面：①报考条件公平。即对报名者一视同仁，凡符合条件的中国公民都有资格参加各种考试，不受地域、性别、民族、家庭出身、宗教信仰、政治倾向等条件的限制，任何组织考试的单位不得以上述条件限制公民参加考试。②考试过程公平。在考试过程中，对考试的命题、笔试、面试、评分等各个环节都必须坚持同一标准，统一考试。③考试结果使用公平。考试最基本的特征是统一的标准，在考试结果的使用上更应坚持统一的标准，以“分数面前人人平等”作为录取的主要原则，以考试成绩为主要录取依据。①

从普通考生群体高考公平来看，社会反响较大的两个问题是省际公平和城乡公平。这实际上指的是高考录取率的结果大致合理或者相等，属于高考结果公平的范畴。可实际上，抛开国家投入，各省教育起点不同，各省学生的教育投入程度不同，很难要求高考录取率完全相等。从省际公平来看，为贯彻落实党的十七大关于促进区域协调发展的要求，教育部会同国家发展改革委员会，从2008年开始推行“支援中西部地区招生协作计划3.5万人，由

① 陈红元. 考试法立法基本问题研究 [D]. 西南政法大学硕士论文，2004：11.

办学条件较好的天津、辽宁、吉林、黑龙江、上海、浙江、山东、湖北、广东、海南和重庆等11个省市的公办普通本科高校承担，面向升学压力较大、高等教育资源有限的内蒙古、安徽、河南、甘肃、贵州等5个中西部省区招生”。2008—2016年，每年从支援省份向受援省份安排的招生协作计划依次为3.5万人、6万人、12万人、15万人、17万人、18.5万人、20万人和21万人，连续8年呈增长态势。从支援成效看，与2012年相比，2014年协作计划输出省份“985工程”高校招生减少5个百分点，输入省份招生增长接近12个百分点。招生协作计划的实施，大幅度增加了中西部地区考生接受优质高等教育的机会①，明显缩小了高考录取率的区域差异。到2015年，高考录取率最低的省份与全国平均水平的差距从2010年的15.3%缩小到5%以内。②

根据教育部发布的《2016年支援中西部地区招生协作计划实施方案》可以看到，目前各本科高考录取率较高的省份和录取率较低的省份（见表9-2）。其显著特点是，招生计划输入地10个省（区）(如山西、安徽、河南、广西、四川、贵州、云南、西藏、甘肃、新疆)全部为中部和西部省（区），而输出省市基本为我国经济较为发达的省（市），或者是教育相对比较发达的省（市）。以经济发展水平为例，2016年的输入省（区）中，四川、安徽、广西、西藏、山西、贵州、云南、甘肃8省（区）的人均GDP低于4万人民币，而输出省（市）中北京、上海、天津、江苏、浙江、福建的人均GDP超过了1万美元。③以教育资源为例，输出省（市）几乎占据了90%以上的国家重点大学。以中国科学院为例，在北京、上海、武汉、广州4个城市中，就有中科院系统研究所71个，而中西部地区的河南、内蒙古、宁夏、贵州4个省（区）中，却一个也没有。直到2017年国家出台“双一流”大学建设，郑州大学、云南大学、新疆大学才进入国家一流大学的建设行列。

① 张小萍，张良. 中国高校“支援中西部地区招生协作计划”实施成效分析——“985工程”高校为例 [J]. 清华大学教育研究，2015(3)：48.

② 万玉凤. 协作计划不影响支援省份高招录取率 [N]. 中国教育报，2016-05-16(1).

③ 2016中国各省人均GDP排名：9省超1万美元 [EB/OL]. http://www.guancha.cn/economy/2017_02_28_396351.shtml.

表9-2 2016年本科协作计划输出省(市)和输入省(区)及人数

输出省(市)	输出规模(个)	2016本科协作计划输入省(区)及输入规模(人)									
		山西	安徽	河南	广西	四川	贵州	云南	西藏	甘肃	新疆
合计	140000	15950	6350	23100	20000	6400	42300	9400	2500	13000	1000
北京	5000	570	227	825	714	228	1511	336	89	464	36
天津	14500	1652	658	2392	2071	663	4381	974	259	1346	104
辽宁	12800	1458	581	2112	1829	585	3867	859	229	1189	91
吉林	5000	570	227	824	714	229	1511	336	89	464	36
黑龙江	9700	1105	440	1601	1386	443	2931	651	173	901	69
上海	11000	1253	499	1815	1571	503	3324	739	196	1021	79
江苏	19100	2176	866	3152	2729	873	5771	1282	341	1774	136
浙江	11000	1253	499	1815	1571	503	3324	739	196	1021	79
福建	15600	1777	708	2574	2229	713	4713	1047	279	1449	111
江西	5500	627	249	908	786	251	1662	369	98	511	39
山东	12000	1367	544	1980	1714	549	3626	806	214	1114	86
湖北	13500	1538	612	2228	1929	617	4078	906	242	1254	96
湖南	4300	490	195	709	614	197	1299	289	77	399	31
海南	1000	114	45	165	143	46	302	67	18	93	7

资料来源：中国社会科学网。

三、普通群体与城乡机会公平

高考的结果公平主要指的是第三级教育的录取率，在种族、民族、性别、阶层等方面的比例大致接近或者相等。但城乡录取率结果相等的条件，只是人的入学权利平等，可是城乡学生整体素质和教育投入并不相同，其录取率自然也就不会相同。深入分析高考结果公平，除了和高考起点有关系，也与高等教育发展阶段紧密相系。世界各国高等教育的发展阶段不同，对结果公平的认知程度与要求也不同。在高等教育达到普及化阶段的国家和地区，人们越来越看重结果公平。在高等教育进入或者接近普及化的知识经济时代，公民是否获得第三级教育的文凭资格被认为是否能在劳动力市场上获得工作的基础性条件，如何实现高考的结果公平也因此成为西方发达国家学者们研究的热点问题。

由于国情不同，美国、英国的高考公平主要聚焦于种族问题，特别典型的研究热点是不同种族学生的高考公平问题研究。在美国，近年来的研究大量指向《平权法案》存废的影响，以及如何帮助非洲裔黑人和拉美裔人提升大学入学机会。其中，在美国教育界具有重大影响的一个案例研究，是由布朗大学教育合作研究中心和安能伯格改革学院与波士顿公立学校教育行政部门合作完成的，一项关于波士顿地区非洲裔和拉美裔男性学生的高中与大学入学结果公平性研究。① 在波士顿，61%的19岁以下男性学生是黑人和拉美裔，其中有约85.3%的17岁以下黑人和拉美裔学生属于穷人。2007—2011年的调查数据显示，在6～17岁的学生中，有27.6%的拉美裔和22.7%的黑人学生是穷人，而这个年龄组的亚裔和白人学生比例是10.6%和3.7%；在16～64岁男性中，白人的失业率是6.1%，而黑人和拉美裔的失业率是13.7%和21.5%。按美国教育部统计，2009—2010学年，30%和16%的黑人和拉美裔高中学生平均推迟一年入学，四分之一以上拥有高比例黑人和拉美裔学生的高中没有提供学术严谨的几何II课程，三分之一以上的高中没有提供化学课程。2012年，美国25～29岁的公民中有33%获得了学士学位，而黑人和拉美裔学生只有16%和11%拥有学士文凭。按照出生于美国本土的黑人和拉美裔学生进行统计分析，发现黑人和拉美裔学生在小学、初中和高中处于最贫困的状态，他们的成绩表现最差，且就读于条件最不好的学校。以高中生每年在学校学习180天计算，黑人和拉美裔学生的出勤率只有86.7%，这意味着他们平均每年缺席了24天。对四年制大学的毕业率进行统计，发现亚裔学生的毕业率达到90.5%，白人学生达到81.5%，而黑人学生只有66.9%，拉美裔学生只有60.4%。因此，该研究认为需研究和预测他们的人口变化，政府部门要重新制定规划确保他们的教育水准，如雇用有相似文化背景的教师，建立学生高期待的社区文化和教育预警指标，加强社区各级学校的资源投入和管理，保证他们能达到州核心课程标准等。在一系列政策措施的引领下，截

① Helena P. Miranda, Christina Mokhtar, Rosann Tung, Ray Ward, Dan French, Sara McAlister, and Anne Marshall. Opportunity and Equity: Enrollment and Outcomes of Black and Latino Males in Boston Public Schools [EB/OL]. http://www.cce.org and at www.annenberginstitute.org.

至2014年，波士顿公立高中非洲裔黑人的辍学率由2006年的10%下降到了4.5%，拉美裔学生的辍学率由11%下降到了5.2%。

与美、英国家不同的是，我国高考结果不公平主要体现为城乡差异过大。我国是拥有13亿多人口的发展中国家，其中约有6.4亿人口分布在农村地区。从1978—2008年间中国城乡居民在初中、高中和大学三个教育层次入学机会变化趋势看，在初中阶段，入学机会的城乡不平等和阶层不平等没有发生变化，但因家庭文化资本和兄弟姐妹人数的差异所导致的不平等在1999年后上升。在高中阶段，升学机会的阶层不平等没有发生显著变化，但因父母受教育年限差异导致的不平等呈持续上升趋势，城乡不平等和因兄弟姐妹数量差异导致的不平等在1999年后呈显著扩大特征。这表明在中国，社会各阶层之间的相对教育偏好或需求结构比较稳定。真正对教育政策或宏观经济环境敏感的是户口、家庭文化资本和兄弟姐妹人数等因素。[①] 按照教育部官方网站公布的2016年教育统计数据，我国目前有普通高等学校2862所，其中本科院校1237所，独立学院266所，高职（专科）学校1359所。就教育部官方统计发布的2016年各级各类学历教育学生情况来看（见表9-3）[②]，全国初中学生考入高中（含中职）的升学率为93.9%，全国高中阶段学生考入大学（含本专科）的升学率为53.6%。

表9-3　2016年各级各类学历教育学生情况

	毕业生数(人)	招生数(人)	在校生数（人）
普通本专科	7041800	7486110	26958433
本　科	3743680	4054007	16129535
专　科	3298120	3432103	10828898
高中阶段教育	13306142	13962617	39700588
高　中	7969902	8029206	23710461
中　职	5336240	5933411	15990127
初中教育	14550183	14871663	43573815

① 吴愈晓．中国城乡居民的教育机会不平等及其演变（1978—2008）[J]．中国社会科学，2013（3）：20-21.

② 教育部．2016年各级各类学历教育学生情况[EB/OL]. http://www.moe.edu.cn/s78/A03/moe_560/jytjsj_2016/2016_qg/201708/t20170822_311668.html.

但问题是我国城乡之间，东部、中部和西部的经济发展水平以及教育发展水平差异大，而城乡之间的高考升学率究竟差距有多大一直没有确切的统计。按表9-3中的数据，全国平均有53.6%的高中（含中职）毕业生升入了高校，剩下46.4%的人没有上大学，这里面农村学生占了多大比例，显然是个重要问题。又根据教育部公布的各级普通学校毕业生升学率来看，我国普通高中学生的总体升学率近六年来平均接近90%，2016年全国普通高校招生数与普通高中毕业生数之比目前为94.5%（表9-4）[①]，未来这一比例不会变化太大。

表9-4 2011—2016年各级普通学校毕业生升学率

年份	小学升初中(%)	初中升高中(%)	普通高中升普通高校(%)
2011	98.3	88.9	86.5
2012	98.3	88.4	87.0
2013	98.3	91.2	87.6
2014	98.0	95.1	90.2
2015	98.2	94.1	92.5
2016	98.7	93.7	94.5

显然，按2016年的数据计算，普通高中里只有约44万人没有上大学，而多数职业高中毕业生没有升入大学。如何加强这些学生的职业技能教育，提升我国的总体人力资源质量，成为我国各类形式的高等教育未来的重要使命。当前研究中，很多人把目光聚焦于升入高校学生的结果比例不公平上，比如重点大学的学生比例，比如本科院校与高职院校的录取比例。笔者认为，深入研究没有升入高校的各类高中生，有助于从国家政策层面改变我国农村教育的相对落后局面。党的十九大报告中提出要普及高中教育，如果能提升农村学生接受各类形式的高等教育的比例，必将大大改善我国农村地区的人力资源质量，为我国顺利实现第二步战略目标创造条件。

① 教育部．各级普通学校毕业生升学率[EB/OL].http://www.moe.edu.cn/s78/A03/moe_560/jytjsj_2016/2016_qg/201708/t20170822_311606.html.

第三节
高考法治改革的安全性反思

保障考试和招生安全是高考制度的永恒主题。高考的安全性是科学性和公平性的基础，一切有法可依才能按规则办事，才能更好实现高考的社会功能和教育功能，维护考生的平等受教育权和合法权益。随着信息化时代的到来，防止招考作弊越来越严峻，我们不时能看到，某地高考出现舞弊事件的报道。这就需要通过加强高考法治建设，更加合理地分配和限制各方权力，严肃处治各种作弊行为，保证考试招生的安全性。要破解考试招生中出现的乱象问题，必须坚持依法治考和依法治招。

一、高考安全需要纳入法制轨道

首先是考试举办安全。每年高考时节，教育部都会召开部长主持的高考安全工作会议。比如2017年高考临近，教育部门会同国家教育统一考试工作部际联席会议各成员单位出台“四个严”的措施：①严格安全保密措施。教育部印发2017年《高考考务工作规定》，要求各地加强安全保密制度建设，实现对制卷、运送、保管、分发、施考、评卷等全过程监管，确保试题试卷安全。②严厉打击考场舞弊。各地教育部门会同公安、工信等部门建立联防联控、齐抓共管的工作机制。从5月份开始，集中开展了打击考试舞弊四个专项行动，对非法招募替考“枪手”、组织助考活动、违法贩卖作弊器材、发布涉考信息等危害考试安全、扰乱考试秩序、谋取非法利益的行为进行了重点侦查，依法打掉了一批犯罪团伙。③严明考场管理秩序。各地全面加强考点入场管理，积极采取多种检测手段，防止考生和涉考人员携带高科技作弊工具进入考场；采取多证核对、人机比对等措施严防替考。同时，各地教育部门逐级、全员签订考试安全责任书，切实提高监考教师的法律意识、责任意识和工作能力。④严肃开展诚信教育。各地教育部门考前集中开展了“诚信高考”教育活动，重点宣传刑法（修正案九）和新修订教育法中涉考违法处罚条款，让考生知晓考试舞弊所要承担的严重后果。各地教育部门还将陆续公布高考举报电话，接受社会监督。从而确保高考安全、平稳、顺利举行。

其次是招生安全。我国自1977年恢复高考以来，20世纪80年代实行了招收委培生和自费生的招生体制改革，到后来出现“分不够、钱来凑”的现象，破坏了高校招考中的公平性，最终该制度被叫停。保送生选拔中的种种“黑幕”也曾引起民众义愤。在录取制度方面，20世纪80年代为扩大高校招生自主权，增加投档比例的改革，造成录取季节“条子、票子满天飞”的腐败现象。2001年，山东3名考生以“受教育权不平等”为由将教育部诉至法院。2014年5月，中国人民大学招生就业处原处长蔡某涉嫌受贿罪被捕。2016年，江苏省教育厅公布《关于2016年江苏高等学校跨省招生计划的说明》，表示江苏省将调出3.8万个招生名额安排到中西部省份，但不会影响本省学生的高招录取，并且还会协调高校在江苏扩招，平息了之前向外省调剂招生计划引发的争议。所有这些都说明，确保高考安全，需要通过法治确保考生的公平竞争。

高考法治安全中一直存在考试公平和地域公平的矛盾。2006年中国政法大学关于招生指标分配的改革引发热议，也反映了民众对教育机会公平的关注。[①] 当前考试不公平的主要表现是考试结果使用不公平，主要是地域录取名额不公平。在全国26个省市实行全国统一考试的背景下，不同省份的录取分数不一致，各地考生所享受到的受教育机会也不公平。考试公平与区域公平的关系，类似北宋科举中欧阳修的“凭才取人说”和司马光的“分路取人说”。前者是考试面前人人平等，后者是按区域分配名额。考试面前人人平等，这是基本的程序正义原则。而如何按区域来分配名额，则受我国各地经济、文化、教育水平等诸多因素影响，解决起来具有一定的挑战性，也需要一个发展的渐进过程。

① 庞守兴. 质疑高校自主招生改革方案 [J]. 教育发展研究，2003(10)：26-28.

二、高考法治的核心是保障公民的公平受教育权及合法权益

公民的平等受教育权即公民平等地接受教育的权利。平等受教育权的要旨，在于国家应当保障所有公民都平等地使用公共教育资源的机会。《世界人权宣言》第二十六条规定高等教育应根据成绩对一切人平等开放。《经济、社会、文化权利国际公约》中提到高等教育应根据成绩，以一切适当方法，对一切人平等开放。联合国教科文组织《取缔教育歧视公约》中规定，各缔约国应当拟定、发展和实施一种国家政策，以促进教育上的机会平等和待遇平等，特别规定高等教育应当根据个人成绩，对一切人平等开放。[①]

（一）考生的基本权益

知识经济社会，接受高等教育越来越成为个人实现可持续发展和社会流动的必要条件。一个人拥有的文化资本越多，他就会更容易、更快地积累起新的文化资本。不同阶级或者阶级集团在文化资本的分配方面不平等，就会导致这些不同阶级出身的学生在学术市场上获得的利润不平等，这又会反过来加强个人拥有的经济资本和社会关系资本的不平等。[②]

有学者研究认为，考生的基本权益主要包括[③]：

1. 考试参与权

包括：①建议批评权。指对各级高招办、高校等，以各种方式直接提出或者通过有关部门以及新闻媒体提出批评、建议的权利。②检举控告权。即对高考招生中的舞弊等违法行为提出控告或检举的权利。③信息知情权。即考生依法享有对招考安排、考试通知以及其他信息的了解权，而各级高招办及招生院校则有依法向社会公开自身招生信息、录取结果的义务。

2. 公平对待权

考生在招生考试活动中应当得到有关招生部门的平等对待。而有关招考单位及工作人员，则有对每一个考生平等对待的义务，如高校招生章程不能对考生进行性别、年龄、身体歧视。除特殊专业的特殊规定外，不得因为考生个体的外貌、体重、身高、残疾等拒绝录取考生。

---

① 肖蔚云，王禹，张翔. 宪法学参考资料（下）[M]. 北京：北京大学出版社，2003：1270-1275 .

② 杨善华，谢立中主编. 西方社会学理论 [M]. 北京：北京大学出版社，2006：171.

③ 郭延凯. 试论高校“依法治招”的实施 [J]. 江苏高教，2010(4)：89-90.

3. 利益保障权

指考生通过招生考试部门的积极的、公平的组织工作，使利益获得保障的权利。如考试中，考生有权要求监考教师制止作弊行为，从而保障自己的合法权益。

4. 自由选择权

包括：①各种合法权利的自由选择。如考生可以自由填报自己喜爱的学校及专业,其他人不得横加干涉。②抵制行政主体非法侵害的权利，如抵制各级招考部门借高考乱收费，侵害考生受教育的权利。

5. 程序过程权

包括：①高考过程中，考生有为了自身的利益，向招考部门要求了解与本人有关的档案资料和其他相关信息的权利。②申请权。考牛因为卷面的原因,有权申请监考者确认的权利。③通知获得权。指考生在招考部门制定涉及他的权益的法规、规章或做出具体处理决定前，有得到招考部门告知有关内容、理由、依据等相关情况的权利。如对作弊考生的处理，招考部门必须依有关规定予以告知。④申请回避的权利。⑤举证权。

6. 事后救济权

包括：①被招考部门告知救济途径和方法的权利。②提出申诉、复议和诉讼的权利。③委托代理人的权利。④申请回避的权利。⑤陈述和辩论的权利。⑥上诉的权利。⑦申请执行的权利等。

（二）需要完善的法律法规

受教育平等权是基本人权，也是我国宪法保障的重要权利。《中华人民共和国宪法》第三十三条第二款规定：“中华人民共和国公民在法律面前一律平等。”第四十六条规定：“中华人民共和国公民有受教育的权利和义务。”

《中华人民共和国教育法》第九条规定：“中华人民共和国公民有受教育的权利和义务。公民不分民族、种族、性别、职业、财产状况、宗教信仰等，依法享有平等的受教育机会。”第三十六条规定：“受教育者在入学、升学、就业等方面依法享有平等权利。学校和有关行政部门应当按照国家相关规定保障女子在入学、升学、就业、授予学位、派出留学等方面享有同男子平等的权利。”由此可以推导《中华人民共和国高等教育法》第九条第一款规定的“公民依法享有接受高等教育的权利”中，也包含公民的受教育平等权。尽管这两部法律没有说“地域平等权”，但笔者认为，“平等的受教育机会和权利”隐含着“地域平等权”。这两部法律，还明确了高等教育的行政管理权力主体是政府。《中华人民共和国教育法》第十四条第三款规定：“高等教育由国务院和省、自治区、直辖市人民政府管理。”《中华人民共和国高等教育法》第十三条规定：“国务院统一领导和管理全国高等教育事业。省、自治区、直辖市人民政府统筹协调本行政区域内的高等教育事业，管理主要为地方培养人才和国务院授权管理的高等学校。”第十四条规定：“国务院教育行政部门主管全国高等教育工作，管理由国务院确定的主要为全国培养人才的高等学校。国务院其他有关部门在国务院规定的职责范围内，负责有关的高等教育工作。”

根据制定主体不同，其他有关平等受教育权的法律文件，包含三个部分的部门规章和相关规范性文件，即由国务院教育主管部门制定的部门规章和规范性文件，由省级政府教育主管部门制定的规范性文件，由普通高校制定的规范性文件。这些部门规章和规范性文件的颁布可以视为权力主体实施的法律行为。在实际操作层面对高考招生名额区域分配产生了直接影响。[①] 显然，现行高考政策的正当性主要依据这三个方面的法律文件。目前高校考试招生的具体操作，事实上以政府部门的各种条例、办法、通知、意见和各个高校的招生章程等为准。

三、逐步形成依法治考和依法治招的格局

《国家中长期教育改革和发展规划纲要（2010—2020年）》中将制定教育考试法列入立法计划，明确提出：“按照全面实施依法治国基本方略的要求，加快教育法制建设进程……制定有关考试、学校、终身学习、学前教育、家庭教育等法律。”从法理的角度，国家教育考试制度其实可以视为一种崇尚“程序正义”的程序制度，该制度赋予了现代高考制度毋庸置疑的权威性。考试立法应当尽快升级，不只是对教育考试的违规予以立法，还应对教育考试的运作程序、考生权益等做出全面的规定。因为高考招生录取行为

① 解中南. 高考招生名额区域分配制度的法学研究 [D]. 吉林大学硕士学位论文，2017：8.

是高校根据国家的教育法律、法规、政策，按照一定的标准，遵循一定的原则和程序，选拔合格新生的行为，其行使的是法律法规赋予高校的招生录取权，性质上属于国家公权力。①

我国自1977年恢复高考制度以来，教育部于1987年先后颁布了《普通高等学校招生暂行条例》《关于扩大普通高等学校录取新生工作权限的规定及其实施细则》等一系列法规及细则，以取代过去宣传教育式、行政命令式的管理方式，成功引导了高考法治的变迁。2004年5月，教育部发布了《国家教育考试违规处理办法》。该办法统一了各项国家教育考试的违规处理办法，将考生可能发生的违规行为分成“违纪”9种和“作弊”14种，将监考等考试工作人员可能发生的违规行为分成“违纪”9种和“作弊”10种，可操作性大为增强。这是对现行各项考试法规的厘清和整合，成为新形势下从严治考、依法治考最有效的法律依据。到2012年1月，教育部又根据形势的发展，出台了《关于修改〈国家教育考试违规处理办法〉的决定》，加大了对考试作弊的处罚力度。其中规定组织团伙作弊、由他人代替或者替代考生参加考试等作弊行为，可以视情节轻重，给予暂停参加该项考试1至3年的处罚。新办法细化了考试违规行为的划定，加大了处罚力度。比如考生携带具有发送或者接收信息功能的设备进入考场，即使没用也将被认定为作弊；胁迫他人为自己抄袭提供方便的，在答卷上填写与本人身份不符的姓名、考号等信息的，都将被认定为作弊。此外，新办法还明确了非法获得加分资格也属于作弊。

2005年，教育部正式开通了“阳光高考”信息平台，向社会公布全国各高校分省（市、区）、分专业的招生计划、招生政策、具有招生资格的院校名单及各类考生资格名单，并对保送生、自主招生录取考生等相关信息进行公示，极大地促进了高考信息的公开化与透明化，接受社会的广泛监督。2011年7月，教育部又发布《关于深入实施高校招生阳光工程的意见》，要求切实维护好广大考生的合法权益，确保高校招生公平，提高招生工作的公信力和人民群众的满意度。教育部要求采取的10项措施包括：①扩大信息

① 刘华．我国高考招生录取的法律程序规制 [D]．湘潭大学硕士学位论文．2009：8.

公开范围，规范信息公开内容；②创新信息公开形式，拓展信息公开渠道；③主动强化社会监督，增强信息公开实效；④完善诚信承诺机制，约束各种不诚信行为或企图；⑤完善审核公示机制，拟享受高考加分及参加特殊类型招生考试的考生，须经过公示；⑥完善档案管理机制，省级招生考试机构和各高等学校要为考生和工作人员建立高校招生诚信档案；⑦完善违规惩处机制；⑧加强招生考试管理；⑨提升招生考试服务；⑩创新争议解决模式。为解决区域公平问题，2012年以来国家相继出台了“国家专项”“高校专项”“地方专项”等一系列政策，增加农村贫困地区学生进入重点高校的机会。在政策带动下，我国贫困地区农村学生上重点高校人数连续两年增长10%以上。为整治和规范高考加分，2015年教育部取消了关于体育、艺术特长生等6项全国性鼓励类加分项目，只保留少数民族考生、烈士子女加分等扶持性政策；地方性高考加分项目减幅63%，辽宁、吉林等13个省份取消了所有地方性加分项目。2015年，本专科计划招生新增2万人，全部用于中西部人口大省；农村贫困地区定向招生专项计划招生名额增至5万名，各高校自主招生继续向中西部地区考生和农村地区考生倾斜。所有这些，都说明高考综合改革只有走法治之路，通过立规建制，有效执行，建立社会诚信和招生诚信体系，才能减少随意性、盲目性。

可以看到，我国的高校招生考试改革已经取得了很多成功经验。[①] 比如自主招生各显特色，招考公开透明，严格防止作弊；体现以人为本原则，把高考时间改在每年6月的7日、8日、9日三天；2012年，成立了国家教育考试指导委员会，为保证高考决策的科学性提供保障，陆续推出进城务工人员子女就地高考的异地高考政策，等等。不过，我国形成依法治考和依法治招的局面还任重道远。到目前为止，还没有制定考试法，仅出台了《高等教育自学考试暂行条例》，其他大多为行政规章，这影响了高考法治的权威性和执行效果，难以有效打击和遏制各种考试违法犯罪和考试腐败。我国刑法没有考试违法犯罪的相关规定，刑法中间接提及考试作弊的罪名主要是泄漏国家机密罪、滥用职权罪、玩忽职守罪和招收公务员学生徇私舞弊罪，这些

---

① 刘海峰．高考改革论 [M]．浙江教育出版社，2013：251-253.

罪名难以全面适用考试违法犯罪行为。[1] 此外，由于社会政治的低参与和经济上贫富分化的客观存在，经济精英和权力精英阶层之间容易形成“反法治的互利性”，如果没有好的法治环境，他们很容易各自利用自己所拥有的稀缺资源进行利益交换，破坏考试公平。[2] 这也是未来我国需要继续加强高考法治建设的重要理由。

① 陈启新. 我国考试法立法研究综述 [J]. 教育与考试，2014(1)：12-13.
② 萧功秦. 中国的大转型——从发展政治学看中国变革 [M]. 北京：北京新星出版社，2006：119.

参考文献

1.著（译）作

[1] 杨学为.中国考试改革研究[M].北京:北京大学出版社,2003.

[2] 杨学为.高考文献1949—1976（上）[M].北京:高等教育出版社,2003.

[3] 杨学为.高考文献1977—1999（下）[M].北京:高等教育出版社,2003.

[4] 杨学为.中国考试史文献集成（第八卷）[M].北京:高等教育出版社,2003.

[5] 杨学为.高考文献（上）[M].北京:高等教育出版社,2003.

[6] 杨学为.中国考试通史（卷五）[M].北京:首都师范大学出版社,2004.

[7] 刘海峰.高考改革论[M].杭州:浙江教育出版社,2013.

[8] 刘海峰.刘海峰演讲录[M].武汉:华中师范大学出版社,2012.

[9] 刘海峰.高考改革的历史反思[M].武汉:华中师范大学出版社,2014.

[10] 刘海峰.高考改革的理论思考[M].武汉:华中师范大学出版社,2007.

[11] 刘海峰.科举制与科举学[M].贵阳:贵州教育出版社,2004.

[12] 张亚群.科举革废与近代中国高等教育的转型[M].武汉:华中师范大学出版社,2005.

[13] 罗立祝.高校招生考试政策研究[M].武汉:华中师范大学出版社,2007.

[14] 刘清华.高考与教育教学的关系研究[M].武汉:华中师范大学出版社,2016.

[15] 李木洲.高考改革的历史反思——基于制度变迁的视角[M].武汉:华中师范大学出版社,2014.

[16] 盛群力.21世纪教育目标新分类[M].杭州:浙江教育出版社,2008.

[17] 杨善华,谢立中主编.西方社会学理论[M].北京:北京大学出版社,2006.

[18] 中华人民共和国教育部办公厅.教育文献法令汇编（1949—1952）[M].1958.

[19] 中国教育年鉴编辑部编.中国教育年鉴1949—1981）[M].北京:北京大百科全书出版社,1984.

[20] 李文胜.中国高等教育入学机会的公平性研究[M].北京:北京大学出版社,2008.

[21] 邓资.中国知青梦[M].北京:人民文学出版社,1993.

[22] 王绍光.安邦之道——国家转型的目标与途径[M]. 北京: 生活・读书・新知三联书店,2007.

[23] 杨晓明.高等教育政策问题研究[M]. 郑州: 郑州大象出版社, 2011.

[24] 曾满超.教育政治的经济分析[M]. 北京: 人民教育出版社, 2000.

[25] 中央文献研究室.十二大以来重要文献选编（上）[M]. 北京: 人民出版, 1986.

[26] 胡鞍钢,王绍光,康晓光.中国地区差距报告[M]. 沈阳: 辽宁人民出版社, 1997.

[27] [美]约翰・罗尔斯,著.正义论[M]. 何怀宏,等,译. 北京: 中国社会科学出版社, 1997.

[28] [美]詹姆斯・杜德达斯,著.21 世纪的大学[M]. 刘彤，主译. 北京: 北京大学出版社, 2005.

[29] [美]德里克・博克,著.走出象牙塔—现代大学的社会责任[M]. 徐小洲，陈军，译.杭州: 浙江教育出版社, 2001.

[30] [美]亨利・罗索夫斯基, 著. 美国校园文化——学生、教授、管理[M]. 谢宗仙，等，译.济南: 山东人民出版社, 1996.

[31] [美]杰罗姆・卡拉贝尔,著. 被选中的——哈佛、耶鲁和普林斯顿的入学标准秘史[M].北京: 中国人民大学出版社, 2014.

[32] 谢青,汤德用主编.中国考试制度史[M].合肥: 黄山书社, 1995.

[33] 陈屹著.诱惑与困惑[M]. 北京: 中国社会出版社, 2001.

[34] 綦俊主.中国高校招生制度[M]. 长春: 东北师范大学出版社, 1990.

[35] 肖蔚云,王禹,张翔.宪法学参考资料（下）[M]. 北京: 北京大学出版社, 2003.

[36] 萧功秦.中国的大转型——从发展政治学看中国变革[M]. 北京: 北京新星出版社, 2008.

[37] 秦春华.超越卓越的平凡——北大人才选拔制度研究[M]. 北京: 北京大学出版社, 2015.

2.期刊论文

[1] 杨学为.莫把高考当作单纯的“智育” [J]. 求是, 1996(22).

[2] 杨学为.论试招保送生的目的[J]. 中国高等教育, 1986(4).

[3] 瞿振元.坚持科学选才与促进公平的有机统一——对深化高考改革的几点认识[J]. 中国高教研究, 2014(10).

[4] 戴家干.试水CAP剑指何方？ [J]. 教育与职业, 2014(9).

[5] 刘海峰,李木洲.兼顾公平与科学的高考改革[J]. 中国考试, 2015(9).

[6] 刘海峰.高考是一种文化[J]. 教育与考试, 2007(6).
[7] 刘海峰.传统文化与两岸大学招考改革[J]高等教育研究, 2004(2).
[8] 刘海峰.传统文化与高考改革[J]. 上海高教研究, 1996(1).
[9] 刘海峰.论西部地区的“高考移民”问题[J]. 教育研究, 20004(10).
[10] 刘海峰.科举考试的发展规律[J]. 高教自学考试, 1998(10).
[11] 杨东平.关于我国高考加分政策改革的思考[J]. 南京理工大学学报(社会科学版), 2013(1).
[12] 刘坚.新世纪课程变革: 亲历者的视角[J]. 北京大学教育评论, 2013(4).
[13] 谢作栩.高等教育大众化进程中的区域发展问题初探[J]. 广东工业大学学报(社会科学版), 2001(2).
[14] 郑若玲,袁卫.高考加分政策何去何从[J]. 教育与考试, 2017(2).
[15] 秦春华,林莉.高考改革与综合素质评价[J]. 中国大学教学, 2015(7).
[16] 张亚群,张智玲.高考招生向中西部贫困地区倾斜政策透视[J]. 考试研究, 2014(1).
[17] 梁巧,李中清等.无声的革命: 北京大学与苏州大学学生社会来源研究(1952-2002)[M]. 中国社会科学, 2012(1).
[18] 刘清华,吴茫.考试改革需要理论理性与实践理性[J]. 考试研究, 2015(1).
[19] 刘清华.加强选才能力建设实施综合素质评价[J].中国高等教育, 2013(10).
[20] 刘清华.美国大学先修课程60年: 卓越与公平的互动[J].高等教育研究, 2014(11).
[21] 刘清华.美国大学先修课程60年: 问题、改革及评价[J]. 外国教育研究, 2015(10).
[22] 刘清华.高校招生考试评价体系改革的思路[J]. 东南学术, 2007(4).
[23] 刘清华.加强选才能力建设 实施大学招生综合素质评价[J]. 中国高等教育, 2013(10).
[24] 霍力岩.多元智力理论及其对我们的启示[J]. 教育研究, 2000(9): 71-72.
[25] 陈亮等.AP 课程的机遇与挑战——专访美国大学理事会副主席王湘波[J]. 新课程研究, 2014(9).
[26] 任长松.追求卓越: 美国高中AP课程述评[J]. 课程·教材·教法, 2007(12).
[27] 冯用军.高等教育区域均衡发展与西南民族地区和谐社会建设研究[J]. 煤炭高等教育, 2010(2).
[28] 王后雄,李佳,李木洲.高考公平的内涵及属性[J]中国教育学刊.2012(5).
[29] 易杳.保送生制度: 存乎? 废乎? [J]. 瞭望新闻周刊, 2000(42).

[30] 余澄,王后雄.我国高考科目设置的发展历程及其改革价值取向[J].教育理论与实践, 2015(35).
[31] 李木洲.高考加分政策的变迁及问题透视[J].山东高等教育, 2014(7).
[32] 李木洲.高考加分政策的变迁及问题透视[J].山东高等教育, 2014(7).
[33] 罗立祝.缩小各阶层高等教育入学机会差异,促进教育公平——建国60年高校招生政策文本的视角[J].教育与考试, 2010(6).
[34] 罗立祝.高考加分政策的历史演变与反思[J].考试研究, 2008(3).
[35] 罗立祝.社会阶层对保送生高等教育入学机会的影响[J].高等教育研究, 2008(08).
[36] 颜色盛,李美霞.高考加分政策对比与探讨[J].中国考试, 2014(1).
[37] 周剑清.高校自主招生的误区、禁区与盲区[J].国家教育行政学院学报, 2010(6).
[38] 吴根洲,朱姝.高考统考科目的变革及其趋势分析[J].教学与管理, 2010(12).
[39] 王伟宜.优质高等教育资源获得的阶层差异状况分析, 1982—2010——基于我国7所重点大学的实证调查[J].教育研究, 2013(7).
[40] 王伟宜.不同社会阶层子女高等教育入学机会差异的研巧[J].民办教育研究, 2005(4).
[41] 万圆.2015年自主招生优惠政策的使用效益及影响因素分析[J].复旦教育论坛, 2016(6).
[42] 刘希伟."高考移民"的新动向与治理策略[J].教育发展研究, 2015(15-16)
[43] 刘玉祥,程新圩,李立峰.体艺科特长生招生政策的问题及对策研究—以上海市为例.考试研究, 2012(6).
[44] 刘进华,沈红.高校自主招生中俄比较与启示[J].清华大学教育研究, 2008(5).
[45] 谢小庆.行政权力应退出考试领域[J].中国改革, 2004(12).
[46] 谢小庆.测验效度概念的新发展[J].考试研究, 2013(3).
[47] 薛荣.从经典测试理论到项目反应理论: 谈语言测试的两种数学模型[J].外语研究, 2007(4).
[48] 赵新亮,周娟.高考加分政策改进而非废除的合理性探讨[J].现代教育论丛, 2010(9).
[49] 王伟奇,邓松涛.高考加分出路何在——探寻素质教育与高考加分的契合点,规范高考加分[J].湖南科技学院学报, 2013(10).
[50] 朱沛沛.高考鼓励性加分项目转入综合素质评价析论[J].上海教育科研, 2015(12).

[51] 吉敏丽.高考加分政策的正当性分析[J]. 黑龙江省政法管理干部学院学报, 2012(6).
[52] 董美英,程家福.谁是高考加分政策的受益者——基于2012年全国高校抽样调查数据[J]. 高等教育研究, 2016(1).
[53] 敖勇前.概化理论研究综述[J]. 皖西学院学报, 2008(2).
[54] 陈启新.我国考试法立法研究综述[J]. 教育与考试, 2014(1).
[55] 王诗宗.治理理论与公共行政学范式进步[J]. 中国社会科学, 2010(4).
[56] 吴愈晓.中国城乡居民的教育机会不平等及其演变(1978—2008)[J]. 中国社会科学, 2013(3).
[57] 何翔舟,金潇.公共治理理论的发展及其中国定位[J].学术月刊, 2014(8).
[58] 李猛.中国区域非均衡发展的政治学分析[J]. 政治学研究, 2011(3): 114.
[59] 张千帆.高考压力从哪里来?——中国优质高等教育资源稀缺的制度根源及其改革方案[J]. 政法论坛, 2016(5).
[60] 姚君,邓松涛,王乐平等.关于高考加分政策与推进素质教育的契合关系的调研报告[J]. 湖南科技学院学报, 2013(8).
[61] 冯菊香,郝琦.高考加分政策对西部教育发展的负效应[J]. 探索与争鸣, 2009(8).
[62] 刘小鹏.当前高考加分政策比较及其伦理价值分析[J]. 现代教育科学, 2015(3).
[63] 郭中凯."高考加分政策"失真现状、归因及对策研究[J]. 现代教育科学, 2015(4).
[64] 周斌.政府与市场角色定位与职能界定——以教育能否产业化为例[J]. 成都大学学报(社会科学版), 2005(1).
[65] 郭昕,朱春晖.从教育公平视角探讨我国的高考制度改革[J]. 湖南科技大学学报(社会科学版), 2014(2).
[66] 荀振芳,汪庆华.自主招生: 精英角逐的场域[J]. 清华大学教育研究, 2011(8).
[67] 胡中锋,董标,李方.我国高考的回顾与反思——兼论"新高考制度"的出发点[J]. 江西教育科研, 1997(4).
[68] 刘亚敏,师东海.21世纪以来我国教育公平的基本理论研究探析[J]. 教育理论与实践, 2009(7).
[69] 陈上仁.浅谈高等教育区域化发展的均衡机制[J]. 国家教育行政学院学报, 2006(10).
[70] 傅添,李婷婷.淡化奖励、突出补偿是高考加分政策的必然要求[J]. 教育理论

与实践, 2011(7).
[71] 于丹等.理性行为理论及其拓展研究的现状与展望[J]. 心理科学进展, 2008(5).
[72] 吴愈晓.中国城乡居民的教育机会不平等及其演变(1978—2008) [J],中国社会科学, 2013(3).
[73] 左兵.建国以来我国区域发展政策对高等教育的影响及启示[J]. 国家教育行政学院学报, 2007(11).
[74] 张燕燕,王孙禺,王敏.我国高等教育资源区域分布历史演变驱动因素与作用机制分析[J]. 清华大学教育研究, 2013(2).
[75] 陈兴德.高考规律论纲[J]. 教育与考试, 2009(3).
[76] 秦前红,徐亦鹏.配额与平等——评我国的高校招生制度[J]. 法学评论 2010(3).
[77] 胡向东.中国高考面临的文化困境与出路[J]. 湖北招生考试, 2009(2).
[78] 张柯冉.我国高考加分政策的合理性探讨——由几例高考加分事件引发的思考[J]. 考试研究, 2009(4).
[79] 杜瑞军.高等教育入学机会的分配标准透视教育公平问题——对新中国50年普通高校招生政策的历史回顾[J]. 高等教育研究, 2007(4).
[80] 杜瑞军.对我国高等教育入学机会分配的历史回顾——基于对1949年以来普通高校招生政策文本的分析[J]. 复旦教育论坛, 2007(2).
[81] 冯虹,杨玉茗,田添.计划分配方式改进对考试招生机会公平的意义——对国务院“关于深化考试招生制度改革的实施意见”的思考[J]. 天津师范大学学报(基础教育版), 2015(2).
[82] 封旺洲,罗志银,吴国贤.高考加分政策改革中的实际问题探究[J]. 教育理论与实践, 2013(20).
[83] 李峻.保送生政策变迁的多源流分析[J]. 大学教育科学, 2011(2).
[84] 刘善槐贾盼盼.我国农村普通高中的生存困境与出路[J]. 教育发展研究, 2013(22).
[85] 刘畅.区域高等教育非均衡发展现状与对策调整[J]. 国家教育行政学院学报, 2010(4).
[86] 张天雪.区域教育均衡发展: 立场与路线[J]. 教育发展研究, 2013(11).
[87] 庞守兴.质疑高校自主招生改革方案[J]. 教育发展研究, 2003(10).
[88] 郭延凯.试论高校“依法治招”的实施[J]. 江苏高教, 2010(4).
[89] 毕鹤霞,沈红.中国高校贫困生家庭“因何致贫”——基于全国105所高校

的实证研究, [J]. 教育与经济, 2010(4).
[90] 王振存. 理性看待高考公平——审视高考区域差异带来的考试招生难题[J]. 教育科学研究, 2016(10).
[91] 尹银,周俊山,陆俊杰. 谁更可能被自主招生录取——兼论建立高校自主招生多元评价指标体系[J]. 清华大学教育研究, 2014(6).
[92] 樊亚峤. 综合素质评价纳入高考录取的阻力与对策[J]. 中国教育学刊, 2016(6).
[93] 鲍嵘,刘宁宁. 改革开放以来我国高考加分政策的内容分析[J]. 高校教育管理, 2015(5).
[94] 李小宁. 高考加分政策的异化与回归路径初探[J]. 基础教育研究, 2014(7).
[95] 刘进,贾慧卿. 再论自主招生的科学性——基于对学生入校后学业表现的分析[J]. 上海教育科研, 2016(9).
[96] 文雯,管浏斯. 大学自主招生学生学习性投入初探——以九所“985”“211”高校自主招生群体为例的实证研究[J]. 复旦教育论坛, 2011(6).
[97] 郭喜青. 高考选拔标准的IMAP透视[J]. 现代教育科学, 2003(6).
[98] 盛兰芳. “高校三位一体”综合评价招生改革跟踪研究[J]. 教育评论, 2016(9).
[99] 蒋丽珠. 保送生制度: 从政治化到人本化[J]. 郑州大学学报(哲学社会科学版), 2006(2).
[100]黄细良,赵清. 从南京大学实践看招收保送生的可行性和规范化建设[J]. 中国高等教育, 1998(11).
[101]王占奎,李贵. 对高等学校招收保送生的探讨[J]. 北京科技大学学报(人文社会科学版), 1998(2).
[102]王钰. 艺考四十年与艺术教育一路同行[J]. 艺术教育, 2017(2): 21.
[103]唐东阳,黄志勇,曾藕元. 我国体育高考招生形式变迁研究[J]. 成都体育学院学报, 2013(11).
[104]李芬. 当前“美术高考热”原因调查及其分析[J]. 内蒙古师范大学学报(教育科学版), 2008(8).
[105]谭佳佳,王熠. 论艺术类招考制度的弊端与变革[J]. 中国教育学刊, 2015(9).
[106]郭彪,许静. 独立设置艺术院校本科招生制度分析——教育公平的视角[J]. 中国考试, 2013(12).
[107]金涛,张凤彪,周超. 我国公共体育服务供给困境及原因分析[J]. 北京体育大学学报, 2013(12).

[108]胡春雷.关于我国体育学科定位问题的思考[J]. 成都体育学院学报, 2010 (3).
[109]唐东阳,黄志勇,曾藕元.我国体育高考招生形式变迁研究[J]. 成都体育学院学报, 2013(11).
[110]陈永辉,韩湘平,陈玉清.社会转型时期我国学校体育竞赛腐败现象的社会学探析[J]. 山西师大体育学院学报, 2008(2).
[121]康翠萍.理性定位: 我国高中阶段教育目标与内容的现实选择[J]. 教育科学研究, 2011(2).
[122]石中英.关于现阶段普通高中教育性质的再认识[J]. 教育研究, 2014(10).
[123]吴刚.奔走在迷津中的课程改革[J]. 北京大学教育评论, 2013(4).
[124]吴愈晓.中国城乡居民的教育机会不平等及其演变(1978—2008) [J]. 中国社会科学, 2013(3).
[125]朱欣.高校十年自主招生的政策调整与争议[J]. 江苏高教, 2014(2).

3.学位论文

[1] 李立峰.我国高校招生考试中的区域公平问题研究[D]. 厦门大学博士论文, 2006.
[2] 王后雄.我国高考政策的公平性研究[D]. 华中师范大学博士论文, 2008.
[3] 张秀娟.新中国成立以来的社会变迁与高等教育平等演变[D]. 南京师范大学博士论文, 2015.
[4] 征玉韦.高等教育获得机会省际差导研究[D]. 华中师范大学硕士论文, 2009.
[5] 秦后国.高校自主招生的法律控制研究[D]. 武汉大学硕士论文, 2011.
[6] 陈红元.考试法立法基本问题研究[D]. 西南政法大学硕士论文, 2004.
[7] 鲁益彪.江西省体育高考存在问题与对策研究[D]. 华东交通大学硕士论文, 2012.
[8] 聂继凯.艺术类招生考试腐败预防失灵研究[D].华中科技大学硕士论文, 201.
[9] 付秀飞.美术高考综论[D]. 湖南师范大学硕士论文, 2005.
[10] 朱宁宁.山东省普通高中体育高考学训现状与对策研究[D]. 首都体育学院硕士论文, 2015.
[11] 孙萍.少数民族高考加分优惠政策存在问题及其调适——以黔东南州为个案[D]. 西南大学硕士论文, 2012.
[12] 解中南,高考招生名额区域分配制度的法学研究[D]. 吉林大学硕士论文, 2017.
[13] 苏利静.高校招生名额分配制度的宪法学分析[D]. 西南政法大学硕士论文,

2014.

4.报纸文章

[1] 秦春华.怎样看待自主招生新方案[N].光明日报, 2015-03-18 .
[2] 秦春华.顶尖大学还需要招收艺术特长生吗？ [N].光明日报, 2016-1-26.
[3] 秦春华.大学为何偏爱体育特长生[N].光明日报2016-05-24.
[4] 刘清华.高校怎么制定招生综合评价政策[N].光明日报, 2015-10-06.
[5] 刘清华.自主招生:“非智力因素”需要更多重视[N].光明日报, 2017-06-24.
[6] 刘清华.学生选科高校选人 新高考影响几何[N].光明日报, 2017-09-09.
[7] 钟华.社会公平是否该由教育买单[N].中国社会科学报, 2012-06-06.
[8] 雷新勇.高考,谁来命题更科学[N].中国教育报, 2010-12-15.
[9] 陈小宏,张浩.定向招生,促进区域和行业均衡发展[N].中国教育报, 2010-11-10.
[10] 张亚群.考试公平VS区域公平:钢丝怎么踩[N].中国教育报, 2012-01-18.
[11] 施剑松.新一轮高考改革应争取“利益相关者”认可[N].中国教育报, 2017-03-10.
[12] 原春琳.教育部:自主招生高校调整不到位或被取消资格[N].中国青年报, 2013-04-01 .
[13] 黄全愈.一流的学生从哪里来[N].南方周末, 2006-05-18.
[14] 曹继军,颜维琦.看“新高考”如何促学生素养全面发展[N].光明日报, 2017-05-30.
[15] 邓晖.保送生制度:去,还是留？ [N].光明日报, 2012-11-20.
[16] 姜泓冰,赵婀娜,江南,王明峰.新高考,招录方式新在哪儿[N].人民日报, 2017-07-19.
[17] 魏海政,刘磊,阳锡叶,等.高考加分政策民意调查[N].中国教育报, 2014-07-04.
[18] 高靓,李凌等.高考加分“瘦身”起跑线回归公平[N].中国教育报, 2014 -06-05.
[19] 柯进.全国性加分减至5项以内 13省份取消所有地方性加分项[N].中国教育报, 2015-08-03.
[20] 邓崎凡.艺考热背后的“寒门焦虑”[N].工人日报, 2012-02-19.
[21] 任羽中.为了农民子弟,建议“裸考”[N].瞭望东方周刊, 2009(31).
[22] 冯智军,施晓琴.艺考究竟考什么？——2017年度美术学院艺考观察[N].中国文化报, 2017-03-12.

[23] 郑天虹,鲁畅,张漫子.艺考腐败案为何屡屡发生[N]. 美术报, 2017-02-18.
[24] 叶铁桥.高考不能承受加分之重[N]. 中国青年报, 2006-07-12.
[25] 储朝晖.保送生制度该不该废除? [N]. 科技日报, 2015-05-28.
[26] 汪明.高考加分“瘦身”彰显改革诚意[N]. 中国教育报, 2014-05-15.
[27] 张贵峰.取消保送生步子还可以更大些[N]. 中国商报, 2017-01-24.
[28] 程默,罗曼.加分公示:阳光高考的防腐剂[N]. 中国教育报, 2009-07-08.
[29] 姜澎.应试加应赛,学生更受伤[N]文汇报, 2010-07-03.

后 记

本课题研究几乎囊括了考试招生制度改革领域的所有主题，这些主题与20世纪50年代至今的所有高中生的命运，都有或多或少、或深或浅的联系。恢复高考40年来，我国有1.2亿多人进入高校学习，但总体上没有进入高校学习的高中生占了多数。以2016年为例，有46.4%的高中生，主要是职业高中学生，还没有机会进入高校学习。让他们接受各种形式的高等教育，对于我国全面建成小康社会和基本实现现代化的第二步战略目标，具有重大战略意义。深入反思高考制度的变革历程，高考政策的探讨主题虽然复杂多样，但有一点却是相似的，那就是高考政策的科学性、公平性和安全性，是我国高考综合改革的共性价值理念追求。

高考综合改革是复杂的系统工程，其问题表现复杂，影响因素复杂，理论视野复杂，这决定了高考综合改革政策需要依赖全面系统的研究，从而为高考政策的制定、执行、监管、评估以及完善奠定更加扎实的理论基础。本书《高考改革热点与难点问题研究》正说明了高考综合改革的复杂性。针对高考综合改革的复杂性，我对本书涉及的每个高考政策问题的研究，首先是力求做出客观的历史梳理，其次是尽可能总结出当前取得的成绩和面临的主要问题，最后是尽可能提出改进思路。这样做的目的，与其说是在给出解决问题的答案，不如说是在秉持高考综合改革的全局观。高考综合改革固然复杂，但在优质高等教育和高中教育资源供给还不充分的现实下，高考改革实践的核心始终是为了有利于每个高中生的可持续发展。因此，高考评价目标是否科学、高考群体竞争是否公平、高考改革是否有安全保障，就成了高考研究与改革的三个基本理论与实践问题。隐藏在这些问题中的解决思路，既在于高考制度的科学、公平、安全供给，也在于优质教育资源和教育制度的充分供给。

在高考恢复40周年之际，能够参与“高考改革的热点与难点问题研究”课题研究，实乃一件幸事。因为这个课题研究，我不仅重温了自己参加高考的那个年代的各类高考政策，也查阅并研究了中华人民共和国成立以来各个年代的各类高考政策。我看到高考政策总体上还是在朝着科学、公平和安全的方向迈进；我看到知识改变命运的观念已经深入人心且被一代又一代的人所证实；我也看到中华人民共和国成立以来尤其是1977年恢复高考以来我国的教育取得了巨大成就。

本课题既是我承担的国家社科基金项目“学校利益相关者视角下实施高考新方案的教育功效研究”（14BGL128）的部分研究成果，也是我恩师厦门大学教育研究院刘海峰教授布置给我的又一篇“博士论文”，凝聚了刘老师的关爱与支持，在此向刘老师表示衷心的感谢。在研究过程中，参考了大量学界同行的研究成果，在此也一并致谢。本书能够顺利出版，还要特别感谢浙江教育出版社的编辑们，他们对书稿进行了非常细致的修改，提出了十分中肯的意见。撰写本书的经历将为我将来的研究工作奠定更好的基础，让我坚定前行。学然后知不足，敬请各位专家、读者批评指正。

刘清华

2017年11月于南开大学周恩来政府管理学院高教所